中国优秀博士论文
DOCTOR
法 学

U0754245

版权许可制度论

杨红军 著

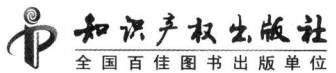

知识产权出版社
全国百佳图书出版单位

内容简介

　　版权许可制度包括授权许可制度、法定许可制度和强制许可制度。本书对三种许可制度的共性原理进行了提炼，包括许可的制度基础、许可对象的界定、许可的价值、精神权利与财产权利冲突的协调等。对数字化环境下授权许可方式的革新、授权许可过程中不当行为的规制、法定许可制度适用范围的调适、强制许可制度的理性选择等问题进行了深入研究。对版权许可合同实践中的法律适用问题，包括合作作品版权的许可、权属变动对作品使用权的影响等内容进行了系统论述。

责任编辑：崔　玲　　　　　　**责任校对：**韩秀天
封面设计：张　冀　　　　　　**责任出版：**卢运霞

图书在版编目（CIP）数据

　　版权许可制度论／杨红军著．—北京：知识产权
出版社，2012.10
　　ISBN 978-7-5130-1496-0

　　Ⅰ.①版…　Ⅱ.①杨…　Ⅲ.①版权-保护-研究
Ⅳ.①D913.04

　　中国版本图书馆 CIP 数据核字（2012）第 210480 号

中国优秀博士论文·法学
版权许可制度论
杨红军　著

出版发行：**知识产权出版社**

社　　址：北京市海淀区马甸南村 1 号　　　邮　　编：100088
网　　址：http://www.ipph.cn　　　　　　邮　　箱：bjb@cnipr.com
发行电话：010-82000860 转 8101/8102　　传　　真：010-82005070/82000893
责编电话：010-82000860 转 8121
印　　刷：知识产权出版社电子制印中心　　经　　销：新华书店及相关销售网点
开　　本：880mm×1230mm　1/32　　　　印　　张：10
版　　次：2013 年 1 月第 1 版　　　　　　印　　次：2013 年 1 月第 1 次印刷
字　　数：251 千字　　　　　　　　　　　定　　价：30.00 元

ISBN 978-7-5130-1496-0/D·1555（4354）

摘　　要

伴随着经济、社会和技术的迅猛发展，版权制度正经历一个巨大的嬗变过程。版权许可制度是整个版权制度的关键，因为它是沟通作品创作与作品利用的重要桥梁。授权许可制度、法定许可制度、强制许可制度共同构成了一个完整的版权许可制度体系，尽管它们具有诸多不同之处，但存在着许多共通的地方，而且彼此在一定条件下还呈现出相互转化的趋势。将授权许可制度、法定许可制度与强制许可制度作为一个整体进行研究，在提炼出三种制度共性内容的基础上再就各自的理论背景、变革与发展、挑战与回应等内容进行论述将具有重要的理论意义和实践价值。

本书将采取共性研究与个性研究相结合、理论研究与应用研究并重的研究思路，运用多种研究方法对相关问题进行论述。全书除导论与结语外，共分七章内容，其中前三章是对授权许可制度、法定许可制度与强制许可制度的共性研究，后四章分别对三种具体许可制度模式即授权许可制度、法定许可制度、强制许可制度及授权许可合同实践中的法律适用问题进行研究。

第一章为版权许可制度本体论。该章包括许可的制度基础、精神权利不能被许可以及许可的发生机理等三部分内容。出版商特权制度从观念上可视为封建统治者与出版商之间所缔结的一个契约，它具有明显的舆论控制目的，而且把作品创作者排除在了契约主体的范围之外，这就使其呈现出明显的狭隘和封闭的特征。版权制度从观念上可视为社会与作品创作者之间所缔结的一个契约，它承载着平等、正义等契约观念。只有在平等、正义等契约观念下的版权制度中，许可制度才能不断发展和完善。版权由财产权利和精神权利两部分组成，作为被许可对象的只能是财产权利，精神权利不能作为被许可的对象，这可以从人格价值观、外部性理论及法律家长主义理论等三个方面进行论证。精神权利不能被许可可以维持作者人格的完整性、确保不对作者以外的其他利益主体产生负外部性以及避免作者可能由于欠缺深思熟虑而作出对其不利的行为。"权能分离"学说和"权利束"理论可作为解读版权许可发生机理的两个视角。基于作品而存在的每一项财产权利由使用权能、收益权能及处分权能组成，其中使用权能、收益权能可根据合同约定或者法律规定暂时从版权中分离出去，即由他人对作品进行利用并从中收益，从而形成版权许可或合理使用。版权是一个复杂的系统，由诸多"权利束"组成，版权许可实质上为版权"权利束"的拆分与重组。

第二章为版权许可制度价值论。版权许可制度是回报作品创作的重要机制，这可以通过"劳动价值论"和实用主义的"激励论"得到清晰的说明。版权许可制度具有彰显作品创作者人格的重要价值，版权许可的过程也是作者人格被他人承认的过程，由版权许可所带来的作品创作者收入的增加也会进一步增强其自我表达的能力，从而为寻找其他更加完善的人格表达方式奠定坚实的物质基础。作品、知识、文化与社会变迁之间存在着密切的联系，版权许可制度与合理使用制度一样发挥着传播作品、缓解版权保护与作品传播冲突的重要功能。作品可以被看做一个特殊的

中国优秀博士论文 法学 DOCTOR

符号，它是作者抽象思想的外在表达，传达着作者的重要情感经历。但是，作品只是近似地反映作者的情感经历，两者之间存在着难以克服的"鸿沟"即符号空间。版权许可的过程可以促进不同符号的相互替代，版权许可市场的建立为人们创造出了不断发现或者创造新的物质财富与精神财富的机会。

第三章为版权许可制度协调论。该章以精神权利与财产权利的冲突为对象，在对精神权利与财产权利冲突本质进行分析的基础上，对协调冲突的具体机制进行论述。由于精神权利不能被许可，保留在作者手中的精神权利会掣肘已经被许可的财产权利，从而在两者之间发生冲突。精神权利与财产权利的冲突破坏了"作品创作—作品传播—作品利用—作品再创作"的良好"生态秩序"，导致了作品创作、作品传播与作品使用过程中的无序状态。精神权利与财产权利的冲突一方面使作者维持作品与其之间特定联系的控制力降低，另一方面也会使作者以外的其他人充分利用作品的能力受到限制。针对精神权利与财产权利的冲突，本书主张采取"精神权利保留—精神权利限制"的协调路径，即坚持精神权利只能保留在作者手中，而不能被许可或被转让，同时，为避免保留在作者手中的精神权利对已经被许可的财产权利造成过多的制约，对前者要进行适当的限制。对精神权利的限制可以从对作品创作过程的清晰透视中获得一个合理性的论证。此外，对精神权利进行限制还具有一定的人权意蕴。对精神权利进行限制可以从精神权利的权项、精神权利的权能以及精神权利的救济等三个维度同时展开，也可以只在其中一个或两个维度展开。

第四章是对授权许可制度模式的论述。随着数字化技术的普及，新的版权授权许可方式正不断出现，包括 DRM 许可、默示许可、GNU 许可与知识共享许可。新的授权许可方式拓展了版权许可制度的适用空间，但各自也面临着一些需要解决的问题。版权人在进行版权许可过程中会实施一些与公平、正义等价值目标不相符的行为，包括由搭售、一揽子许可、捆绑许可以及限制作品使用范围所产生的不当行为，在计算机软件版权授权许可过程中通过拆封合同、点击合同等格式合同规避信息产品责任、版权客体限制及合理使用制度的不当行为。授权许可过程中所出现的不当行为可以从反垄断法控制与版权滥用抗辩两个方面进行有效的规制。在当前实践中，版权重复交易的问题非常突出，版权公示制度的构建对版权交易安全的维持至关重要。可借鉴物权法中的相关理论以及国外的相关立法例，构建专有授权许可的公示制度。登记是版权专有授权许可的理想公示方式。在公示效力方面，应当采取公示对抗主义。

第五章是对法定许可制度模式的论述。法定许可、强制许可与授权许可既相互排斥又相互补充，同时彼此之间还呈现出相互转化的趋势。法定许可制度的合理性可以通过法和经济学中的产权规则与责任规则理论得到很好的说明。数字化技术和网络技术的出现对作品传播效应的影响是以往的传播技术无法比拟的，在此背景下，法定许可制度正面临着适用范围如何调适的问题。法定许可制度适用范围扩张的主张主要涉及四种新的传播技术对作品利用的影响，即 P2P 技术、数字声音取样技术、在线广播技术以及数字图书馆技术。不过，实践中也出现了一种不同的声音即应当遏制法定许可制度适用范围日益扩张的趋势，逐步收缩现有法定许可制度的适用范围，并提出以版权集体管理制度来替代法定许可制度来解决网络或数字环境中所出现的诸多与版权保护相关的问题。面对着这些技术，本书认为应当从以下几个方面着手：一是密切关注其他国家或地区版权实践中对类似问题所持有的姿态；二是在保持现有制度相对稳定的基础上有限度地扩张法定许可制度的适用范围；三是要尽快完善我国的版权集体管理制度。

第六章是对强制许可制度模式的论述。强制许可制度分为三种类型，分别是通过履行通知、备案等法定程序获得的强制许可、通过向主管机关申请获得的强制许可以及通过司法程序获得的强制许可，其中通过向主管机关申请获得的强制许可是理论和实践中采用最为普遍的一种强制许可类型。版权强制许可制度选择和确定的过程也是不同利益博弈的过程，在这个过程中既有作品使用者的赞成之声，也有版权人的反对之音。对该制度持有不同姿态的背后是两种价值观之间的冲突，即效率和公平之间的冲突。本书认为，版权强制许可制度在理论和实践中所暴露出来的问题不应当成为对该项制度予以废除的理由，降低交易成本、扩大作品传播的功能也不应当成为置版权人利益于不顾从而丧失该项制度不断完善和发展机会的理由。上述第一种类型的版权强制许可制度所具有的功能在我国可以通过完善的法定许可制度得到更好的实现，因此没有必要再通过版权法加以规定。第三种类型的强制许可即通过司法程序获得的版权强制许可制度与反垄断问题密切相关，可以考虑在司法实践中逐步予以接纳。就当前情况而言，在版权法中引入第二种类型的版权强制许可制度即通过向主管机关申请而获得强制许可是较为现实的选择。

第七章是对版权许可合同实践中的法律适用问题进行论述。版权许可合同是介于版权法与合同法之间的一项法律制度，其订立及履行需要同时考虑版权法与合同法的相关制度。在继受取得人对外订立版权许可合同的情况下，需要处理许可方与被许可方的共有关系、各自的处分权限及第三方的善意取得等问题。我国版权制度中应当完善有关合作作品界定、合作作品著作权分配及行使等方面的规定。版权制度中应规定法定权利范围以外的对象通常不能被许可，许可合同可以涉及未知作品使用权及未来作品著作权，但立法应对之进行适当的限制。关于权利瑕疵担保义务的内容在版权许可合同中可继续适用，而有关物的瑕疵担保义务的规定虽然不能够直接适用，但仍然具有参照适用的必要性。除非另有约定，著作权的转让、继承、承继、再许可、质押、保全等不影响之前已经生效的著作权许可使用合同的效力。考虑到版权交易的特殊性以及借助合同法解决的力不从心，在我国版权制度中引入关于版权许可使用合同变更和解除的内容已非常必要。

关键词：版权；许可制度；授权许可；法定许可；强制许可；法律适用

Abstract

With the rapid development of economy, society and technology, the copyright institution is experiencing great changes. Copyright License system is the key to copyright institution, and it takes as a bridge between the creating and using of works. Copyright license system consists of License, statutory license and compulsory license. There exists much difference between them, at the same time, some same characteristics also exists. Furthermore, there is a trend that license, statutory license and compulsory license can transform each other sometimes. It is important for us to research into license, statutory license and compulsory license as a whole, sum up the same characteristics and research into the theoretic background, change and development, challenge and echo theoretically and practically.

This book will study relevant problems in lots of perspectives. The commons and difference, theory and practice concerning license, statutory license and compulsory license will be studied. Apart from introduction and conclusion, this book will consist of seven chapters. Chapter One, Chapter Two and

1

Chapter Three will discuss the commons between license, statutory license and compulsory license. Chapter Four, Chapter Five, Chapter Six and Chapter Seven will discuss license, statutory license, compulsoy license and the application of law during the license practice individually.

Chapter One is the ontology of copyright license system, which means that some basic theoretic problems concerning copyright license system will be discussed. This chapter consists of three parts, including the basis of copyright license system, moral rights not being licensed and the mechanism of copyright license system. Ideally, the publishers privilege system can be deemed a contract concluded by and between feudal rulers and publishers and it aims to control speech. The publishers privilege system has characteristics of narrowness and singleness, because in this system, the person who created works cannot enjoy privilege. Contrary to the publishers privilege system, copyright system in modern times can be regarded as a contract concluded by and between society and creators of works, which has characteristics of equality and justice. Only in the copyright system that conforms to the concepts of equality and justice, can copyright license system develop and perfect. Copyright consists of property rights and moral rights and only property right can be licensed. Furthermore, moral rights cannot be licensed and this can be explained from personality theory, exterior theory and paternalism theory. The integrity of authors' personality can be maintained, persons other than authors cannot be harmed and authors will not do something harmful to them in such situation that they have not thought their behavior when moral rights cannot be licensed. The mechanism of copyright license can be understood in the perspectives of "separation of rights" theory and "bundle of rights" theory. Each copyright consists of use right, benefit right and dispose right. Copyright license and fair use is such system than use right and benefit right separate from copyright according to contract or some stipulations. Copyright is a complex system that consists of bundles of rights. Copyright license is such a process that some rights is unbundled or regrouped.

　　Chapter Two discusses the value of copyright license system. Copyright license system is one important mechanism to reward creativeness of works, and this can be explained from "labor value theory" and "stimulating theory" in pragmatism. Copyright license has the value of showing personality of authors. The personality of authors can be acknowledged in the copyright license. Because the increasing of income through copyright license will strengthen author' ability to express himself, and a solid basis of property to look for a better chance to express personality will form in the end. Works, knowledge, culture and development of society links with each other. Like fair use system, there is such function for copyright license system to disseminate works and ease conflicts between the protection of copyright and the dissemination. Works can be regarded as a special sign and it is the express of author' idea and communicate his emotional experience. Different sign can substitute each other and the appearing of the market of copyright license help people to discover or creative new wealth, in other words, when works are disseminated to different people, the value of works will increase.

Chapter Three is about the harmony of copyright license system. The conflict between moral rights and property rights will be the object of this chapter. Based on the analysis of the essence of the conflict between moral rights and property rights, this book discusses the concrete mechanism to solve the conflict between moral rights and property rights. Because moral rights cannot be licensed, the moral rights retained by authors will limit the licensed property rights and conflict will occur between them. The conflict between moral rights and property rights may harm the "good ecological order" of "creativeness of works-communication of works-use of works-later creativeness", and disorder will appear during the creativeness of works, communication of works and use of works. On the one hand, the conflict between moral rights and property rights will reduce the ability to control the link between the works and authors. Furthermore, for persons other than authors, the ability to make full use of works will be limited. As far as the conflict between moral rights and property rights, this book suggests that the mechanism of "retaining moral rights-limiting moral rights" be used, which means that moral rights can only be retained by authors and they cannot be transferred or licensed. At the same time, moral rights retained by authors should be limited to some extent in order to avoid the occurrence of the restriction of the licensed property rights by the moral rights retained by authors. The limiting of moral rights can be justified by the insight into the process of creativeness of works. Besides, the limiting of moral rights is meaningful in the perspective of human rights. Three measures can be taken to limit the moral rights, including the limiting of content of rights, the limiting of categories of rights and the relief of rights. Also, one or two measures can be taken to limit the moral rights in order to solve the conflict between moral rights and property rights, which means that the limiting of content of rights, the limiting of categories of rights and the relief of rights need not appear at the same time.

Chapter Four discusses the license system. With the spreading of digital technology, all kinds of new modes of license have appeared, including DRM license (digital rights management license), implied license, GNU license and Creative Commons license. The appearing of the new modes of license gives more chances to apply license, but there exits some problems for these new modes of license that need solution. Authors may behave unduly which is not in conformity to such objectives as fairness and justice during the copyright license, including such undue behaviors that emerge from tie-ins license, a blanket license, bundle license and restrict the use of works, and those behaviors that avoid information product liability, the limit of the object of copyright and fair use system by such standard contract as shrinkwrap license, click-wrap license during the license of the copyright of software. Anti-trust control and misuse doctrine of copyright can be used to regulate undue behaviors during the license. In the present, the problems of repeat trade of copyright are eminent, which means that the same copyright is licensed to different persons, and it is necessary to construct publication system of copyright to maintain the safety of copyright trade. Some theories in property law and foreign legislations can be referred to construct publication system of exclusive license of copyright. Registration is an ideal mode of exclusive license of copyright. As far as the effect of publication, defensible mode of publication should be accepted.

Chapter Five is about statutory license system. On the one hand, statutory license, compulsory license and license can repel each other, on the other hand, statutory license, compulsory license and license can supplement each other. Besides, statutory license, compulsory license and license can transform each other. Statutory license system can be justified by such theory as property rule and liability rule in law and economics very well. No other communication technology can compare with the digital technology and internet technology concerning the effect on the dissemination of works. In such technological background of digital technological and internet technology, there appears a problem on how to adapt the application of statutory license system. The adaptation of the application of statutory license system involves four new communication technology, including peer to peer technology, digital sound sampling technology, online broadcasting technology and digital library technology mainly. However, some scholars also suggest that the trend of enlargement of the application of statutory license system be limited, and the application of statutory license be withdrawn. Besides, these scholars suggest that statutory license system be substituted by copyright collective organ system to solve the problems that deal with the protection of copyright. As far as peer to peer technology, digital sound sampling technology, online technology and digital library technology, this book suggests that some measures be taken to solve relevant problems. Firstly, we can pay a close attention to the solutions found by other countries or regions concerning relevant problems. Secondly, we can enlarge the application of statutory license system to some extent when the present statutory license system can be stabilized duly. Thirdly, some copyright collective organ system should be constructed to solve such problem as digital library technology or other technologies.

Chapter Six is about compulsory license system. Compulsory license system can be divided three categories. The first category of compulsory license system is such system that people get compulsory license when they have complied with the statutory formalities of notice or deposit. The second category of compulsory license is such system that people get compulsory license through applying to relevant organs. The third category of compulsory license is such system that compulsory license can be got in the judicial practice. Among the first, second and third

7

category of compulsory license, the second category of compulsory license is accepted most frequently. The process of selection and determination of compulsory license is also a process that different people play games with each other. During the selection and determination of compulsory license, the users of works may argue that more compulsory license should be given, but owners of copyright may argue that because compulsory license harm their interests, so less compulsory license should be given. The different attitudes toward the compulsory license system reflect the conflict between efficiency and fairness. This book argues that compulsory license system should not be concealed completely because of the problems emerging in copyright license. Also this paper argues that we should not ignore the others' objection to the compulsory license system and lose the chance to perfect the compulsory license system based on such reasons that compulsory license system can reduce the cost of trade and disseminate works. It is unnecessary for us to import the first category of compulsory license system in our copyright law because its function can be completed by statutory license system in our copyright law. The third category of compulsory license system involves some anti-trust problems, we can accept such category in judicial practice. In the present, it is urgent to import the second category of compulsory license system in our copyright law, which means that people can get compulsory license through such formality as applying to relevant organs.

Chapter Seven will discuss the law application in the practice of copyright license. At the time of concluding and exectuting the copyright license contracts, relevant systems provided for in the copyright law and contract law have to be considered simultaneousĺy. Such issues as the co-ownership by licensors and licensees, the right disposal thereof, the Bona Fide Acquisition by third parties and as such, shall be dealt with well, when the successors license their copyright acquired from the authors. The copyright law of China shall perfect the definition of co-authorship works, the right distribution and the enjoyment thereof. Where the rights and interests beyond the limits of copyright law may not be licensed in most cases, the unknown use modes and future works shall fall within the subject matter of license contracts when reasonable restrictions are imposed thereon by means of legislations. The provisions in regard to the warranty of rights are still applicable to copyright license contracts. Where the provisions related to the warranty of things defects may not be applicable directly, they still have the necessity of reference. The assignment, inheritance, succession, sub-license, pledge, property preservation of copyright shall not affect the license contract occurring earlier. Facing the uncertainty of copyright transation and insufficient solution thereto, it has become necessary to establish such provisons as statutory modifying and cancelling the copyright license in the copyright system of China.

Key words: copyright license system license statutory license compulsory license law application

目　录

中国优秀博士论文
DOCTOR
法学

导　论

一、研究的意义

在数字化时代，版权法律秩序的重构已经成为版权理论与实践中所面临的一道难题，而版权许可制度的完善与否已成为整个版权法律秩序能否成功重构的一个关键要素。版权许可制度包括授权许可制度、法定许可制度和强制许可制度。授权许可制度被视为版权利用的一种方式，而法定许可制度和强制许可制度通常被归入版权限制的范畴。但是，共性与个性往往是并存的，这一点对版权许可制度而言也不例外。授权许可制度、法定许可制度及强制许可制度存在着许多共通的地方，而且随着环境的变化，它们之间还会呈现出相互转化的趋势。因此，将三种许可制度割裂开来进行研究的做法既无助于对许可制度进行整体上的把握，也不能形成对各个许可制度的深刻理解。鉴于此种情况，笔者将尝试从整体上对版权许可制度进行研究，在分析各种具体制度的基础上抽象出对它们而言均可适用的基本原理，并以此作为各种许可制度不断完善的基础。

对于授权许可制度、法定许可制度及强制许可制度而言，各自都面临着一些急待解决的问题，而且似乎离不开自由、安全、效率等永恒主题。值得注意的是，如果把这些问题放在一起进行整体观察的话，就会发现一个事实，即三种许可制度正经历着一

1

个动态的博弈过程，具体表现为各自在版权利用过程中所出现的机会、频率以及适用空间等方面的竞争。如何解决各种许可制度各自所面临的问题？在各种许可制度的博弈过程中我们又该作出怎样的选择？笔者认为，从理论上对这些问题进行深入剖析对各种许可制度具体内容的设计或完善将具有重要指导意义。此外，从我国现有的版权实践看，新的授权许可方式的确认、法定许可制度范围的确定以及强制许可制度和版权公示制度的缺失等问题日益突出，版权重复交易、软件版权许可中规避合理使用制度以及不合理地拒绝进行版权交易等行为经常出现。因此，密切关注国外在一些问题上的最新走向，结合自身情况进行相应的利弊分析，在此基础上找到有针对性的解决方案已经变得愈来愈迫切。另外，版权许可不但与版权法相关，诸多与合同法相互交叉的问题也必须面对。基于以上原因，笔者将在对各种许可制度共性内容进行论述的基础上，分别就授权许可制度、法定许可制度和强制许可制度在实际运行过程中特别是在新的技术和社会条件下所遇到的一些关键性的问题以及版权许可合同实践中的法律适用问题进行深入细致的研究，希望对今后我国版权制度的完善或司法活动提供一些有益的借鉴。

二、研究现状

版权许可制度在版权制度研究中并不是一个崭新的话题。在我国，对于授权许可的类型、授权许可合同的签订、授权许可合同的内容、授权许可合同的履行、法定许可的具体适用等问题，已经进行了比较系统和深入的论述。在国外，除了这些问题外，还对版权许可与反垄断法的关系、强制许可制度的适用等问题进行了研究，对于数字化环境下的版权许可制度也开始涉及，并有相应的研究成果问世。这些成果极大地丰富了版权许可制度的内容，对于版权许可实践具有一定的指导意义。但是，纵观现有的研究成果，将会发现，对于版权许可制度的研究还存在着一些不足之处。这些不足主要表现为以下五个方面。

一是个性研究多于共性研究。授权许可制度、法定许可制度及强制许可制度通常被分散开来进行单独研究，对于三种许可制度的共性内容以及彼此之间的内在联系等问题缺乏深入和系统的论述。美国学者 Jay Dratler，Jr. 在《知识产权许可》一书中虽然同时涉及了授权许可制度与强制许可制度，并且对两种许可制度所具有的共性原理进行了提炼，但是，其研究的对象更多地侧重于专利权，对于许可制度共性原理的提炼也显得较为粗糙。另外，由于受制度背景的局限，该书没有也不可能涉及对法定许可制度的论述。正如笔者在前面所述，将不同许可制度分散开来进行研究的做法与人们对不同许可制度的定位有着直接的关系，即把授权许可制度作为版权利用的重要途径，而法定许可制度与强制许可制度则属于版权限制的范畴。

二是对授权许可制度的研究多于对法定许可制度及强制许可制度的研究。从国内现有的研究文献来看，与授权许可制度相关的问题，似乎给予了大量的关注。除了传统授权许可制度所涉及的一些问题如授权许可的特征、授权许可的类型、授权许可合同的签订及履行等内容以外，有关授权许可制度的研究所关注的对象还开始逐渐涉及数字环境下的授权许可方式、拆封合同等格式合同的效力、授权许可与法定许可或强制许可之间的区别等问题。但是，与授权许可制度相比，对于法定许可制度和强制许可制度的研究还显得较为单薄。对于法定许可制度和强制许可制度的研究通常是教材式的简单描述，对于两种制度的理论基础及其功能的研究相对缺乏。相比较而言，国外已有较多的研究涉及了这些问题，这将会对我们开展这方面的研究提供重要的借鉴。

三是应用性研究多于理论性研究。有关版权许可制度的研究目前主要集中在授权许可合同的条款、授权许可的范围、授权许可下的使用报酬的计算及支付、授权许可与反垄断法的关系、集体许可合同、法定许可或强制许可的适用范围、适用条件及适用程序、法定许可或强制许可下的使用报酬的确定等对实践具有重要指导意义的内容，而对于版权许可的制度基础、版权许可对象的确定、版权许可的发生机理以及版权许可制度的价值等理论问题的论述显得较为简单和分散。笔者认为，从指导实践的角度而言，有关版权许可制度的应用性研究是必不可少的，但是与之相应的理论性研究也是不可或缺的，理论性研究的滞后将很大程度上制约应用性研究的进一步展开。

四是对传统环境下的版权许可制度的研究相对成熟，而对数字化环境下的版权许可制度的研究尚显薄弱。数字化技术对版权许可制度的冲击力度是以往其他技术无法比拟的。面对着数字化技术的巨大冲击，有关版权许可制度的立法很难作出及时、有效的回应，对相关问题的研究也明显滞后。对于传统环境下版权许可制度所涉及的问题，如授权许可的类型、授权许可合同的内容、授权许可与反垄断法的关系、法定许可或强制许可的适用范围、适用条件和适用程序等，基本上达成了较为确定和一致的结论。对于数字化环境下与版权许可制度有关的一些问题，如与软件版权许可相关的拆封合同、点击合同及浏览合同的效力问题、默示许可的适用问题、P2P、数字声音取样、在线广播等技术环境下的版权许可模式的选择问题等，虽然已经从事了相关的研究工作，但多属于探索性的，还很难形成比较确定和一致的结论，因此在指导立法或司法实践方面其作用还较为有限。

五是对版权许可问题的探讨多在版权法学科内部进行，不同学科协同研究的情形很少出现。实现版权法与合同法的良性对接，可以更加准确、有效地处理版权许可合同实践中出现的法律问题。但由于学科之间隔阂及立法方面的原因，大量的与版权许可合同相关的问题在实践中出现了无从适用法律、盲目适用法律的尴尬局面：或者不考虑版权的特殊性而僵化地寻找合同法的解决，或者撇开合同法于不顾而仅从版权法的简单规定中去找寻答案。此外，相对于不少国家和地区的版权制度，我国版权法中关于版权许可合同的规定要粗疏许多，这对于问题的解决带来了更大的难度。

三、研究思路与研究方法

（一）研究思路

本书将采取共性研究与个性研究相结合、理论研究与应用研究并重的研究思路。具体而言，除了提炼出三种许可制度所具有的共性原理外，笔者还会就各种许可制度的发展动向以及面临的主要问题等内容作详细论述，并就各种许可制度之间的内在联系进行深入探讨；除了对许可的制度基础、许可的对象、许可的发生机理、许可制度的价值、权利公示以及法定许可制度和强制许可制度的经济基础等内容进行理论分析外，笔者还将就当前版权许可实践中所遇到的诸多热点问题，如精神权利与财产权利的冲突、版权重复交易、拆封合同等格式合同的效力、P2P、数字声音取样等技术环境下的版权许可模式、强制许可制度在我国的选择及版权许可合同实践中的法律适用等问题进行论述。基于这种研究思路，本书将由本体论、价值论、协调论及模式论（一）、模式论（二）、模式论（三）及版权许可合同实践中的法律适用等七部分内容组成，其中前三部分以共性研究为主，主要涉及版权许可的制度基础、许可对象的界定、许可的发生机理、许可制度的价值以及精神权利与财产权利的冲突与协调等内容。后四部分侧重于个性研究，分别涉及授权许可制度、法定许可制度、强制许可制度、继受取得及合作作品情形下的版权许可、未知作品使用方式及未来作品著作权能否被版权许可合同所涵盖、瑕疵担保义务、法定的合同解除权等有关内容。在这七部分内容中，本体论与价值论部分为理论性研究，协调论部分为应用性研究。模式论部分及第七部分以应用性研究为主，同时也会涉及一些理论性研究。

（二）研究方法

在研究方法的选择上，就共性研究部分与个性研究部分，本书将采用不同的研究方法：

在共性研究部分，将借鉴多个学科中的有关理论、从不同角度对问题进行论述。在许可的制度基础部分，笔者将从契约角度来分析出版商特权制度与版权制度之间的不同以及当代版权制度所面临的缺陷。在对精神权利不能被许可的论证中，笔者将运用外部性理论、财产人格理论、法律家长主义理论等。在对许可的发生机理进行论证时，笔者将运用传统民法中的"权能分离"学说及法理学中的"权利束"理论。在版权许可制度价值论部分，除了财产人格理论外，笔者还将运用传播社会学和符号学中的相关理论。在版权制度协调论部分，针对精神权利与财产权利的冲突本质，笔者将运用冲突社会学理论中的相关内容来进行分析。

在个性研究部分，除了运用经济学中的一些原理对部分许可制度所涉及的理论基础进行分析外，笔者将主要运用比较分析方法就各种许可制度的最新立法或司法动向、当前实践中遇到的挑战以及针对挑战所采取的不同姿态等内容进行论述，在此基础上，笔者再结合我国实际提出有针对性的建议。

第一章

版权许可制度本体论

一、平等、正义等契约观念下的版权制度：许可的制度基础

一般认为，版权制度萌芽于欧洲封建社会下的出版商特权制度，后来随着经济和社会的发展，这种特权制度的内涵逐渐发生变化并最终演变成了近代意义上的版权制度。在出版商特权制度下，是不可能存在着以"权利"为对象的许可制度的。版权制度与出版商特权制度之间在价值理念、制度内容等方面存在着巨大的差异，这些差异可以从契约视角得到较好的诠释。当然，这里所指的契约概念是就广义意义上而言的，并不局限于狭义意义上的民法契约概念。"在西方世界，契约概念的运用大致可以分为四个层面：法律上的契约、宗教神学的契约、社会政治概念的契约以及道德哲学层面的契约。"❶ 不同层面的契约在形式上都具有允诺、对价等形式上的要素，但在内容以及目的方面存在着很大的差异。同样，出版商特权制度与版权制度从观念上看都可被视为不同主体之间达成的契约，但彼此之间也存在着很大的不同。以版权为对象的许可制度只有在平等、正义契约观念下的版权制度环境中才有产生和不断完善的土壤。

（一）平等、正义等契约观念下的版权制度萌芽：出版商特权制度

出版商特权制度产生于封建社会晚期。在物质匮乏、人性压抑、专制独裁的欧洲早期和中期封建社会，智力劳动者同体力劳动者一样地位低下，他们劳动的成果被封建贵族和宗教僧侣无偿地占为己有，根本没有权利可言。为了压制有关新教文献的出版，

---

❶ 孙同鹏. 经济立法问题研究——制度变迁与公共选择的视角 [M]. 北京：中国人民大学出版社，2004：31.

英国于 1557 年颁布了成立出版商工会（Stationers' Company）的特许状。根据这项特许状，所有英国的出版商和印刷商都要加入这项组织，出版商有义务负责监督、审查和许可所有将要印刷的图书，作为这项义务的对价，出版商工会中的大约 100 个成员将被授予垄断英国所有图书的印制特权。❶ 从观念上讲，这就如同在统治者与出版商之间缔结了一个契约，但是这种契约扎根于自由、财产和民主尚未开化的土壤之中，人性压抑、专制独裁的土壤中不会结出私权的果实，以出版商特权形式出现的契约观念深深地打上了时代的烙印，具有明显的制度缺陷，主要表现为以下两方面：

一是以舆论控制作为特权授予的对价，明显地体现出了封建统治者的个人利益偏好。在出版商特权的授予过程中，政府关注更多的是对社会舆论的控制。出版商特权保护的对象也经常是过去已经创作出来的书籍，这些都与以智力创作成果为保护对象的版权制度具有根本的不同。

二是以统治者与出版商为缔约主体，缺少对真正创新者的保护。由于出版商特权的授予对象是出版商，作品的创作者往往被排除在特权制度的大门之外。缔约主体的有选择性使出版商特权制度呈现出狭隘和封闭的一面，这不符合自由、平等和正义的近代契约精神，也注定了这一制度必将被历史的发展所废弃。

出版商特权制度的固有缺陷丝毫不能抹杀其对近代知识产权制度的产生所作出的贡献，尤其是体现在这一制度背后的契约观

---

❶ See BUGBEE BRUCE W. Genesis of American Patent and Copyright Law [M]. Washington：Public Affairs Press，1967：50.

念，即可通过授予专有权的方式实现对精神创造成果的获取或控制，但随着近代资本主义的来临，这一具有狭隘和封闭属性的契约观念已经显然不能跟上时代前进的步伐，它必将被自由、平等和正义的契约观念所代替。

（二）平等、正义等契约观念下的版权制度的产生及其主要特征

从 18 世纪开始，欧洲一些国家开始对知识产品给予市场化的产权保护，它标志着真正意义上的知识产权制度的出现。从封建特权到知识"产权"，中间经历了一个漫长和复杂的过程。新工艺学的出现、新文化价值观的确立、新政治文明的萌生以及罗马法的复兴等为这一制度的产生提供了强大的催化动力。❶ 特权到产权的飞跃不单单是制度本身的变革，更是支撑制度的观念的转变，知识产权开始被视为社会与权利人之间而非王室与特权人之间订立的契约。❷ 公共利益和私权保护开始成为订立版权契约的相互对价，精神成果创造人获得的是受到法律保护的权利，一种新型的法定权利开始登上制度的舞台。

包括版权在内的知识产权契约观念深深根植于启蒙思想家的社会契约思想之中。以洛克、卢梭等为代表的启蒙思想家提出的社会契约理论，不仅为近代资本主义革命的兴起提供了强大的思想武器，而且为解释包括知识产权等在内的财产权制度的合理性提供了新的视角。根据社会契约理论，财产权利来源于人们的劳

---

❶ 见：吴汉东，等. 知识产权基本问题研究 ［M］. 北京：中国人民大学出版社，2005：165 - 166.

❷ See WALTERSCHEID EDWARD J. The Early Evolution of the United States Patent Law：Antecedents ［J］. J. Pat. & Trademark Off. Soc'y, 1994, 76：697. See also MOSSOFF ADAM. Rethinking the Development of Patents：An Intellectual History, 1550 - 1800 ［J］. Hastings L. J., 2001, 52：1257 - 1258.

动，但自然状态下的财产占有存在着许多难以克服的缺陷，它并不能保证人们安全地享受劳动所带来的收益。只有将"自然占有"转化为"法定占有"，"自然之权"转化为"法定之权"才能充分保障权利人利益的实现，而"自然之权"转化为"法定之权"的过程是通过类似签订契约的方式实现的，即个人与社会之间达成一个契约，个人以让渡出一部分利益为对价换取社会对其权利的尊重，而社会普遍尊重下的权利即为法定的权利，这一缔约过程在实践的层面即表现为选举、政府、立法等一系列制度。尽管洛克、卢梭等人在各自的论述中并没有直接涉及知识产权，但他们的社会契约思想却深深地影响着 18 世纪的知识产权理论和实践，知识产权契约观念的影子在立法和司法中随处可见，一种全新的知识产权契约范式开始出现。

版权契约观念传承了出版商特权契约观念的技术内核，即通过垄断的授予以获得对精神创造成果的拥有，但版权契约观念产生于奉行自由和正义等价值理念的近代资本社会，版权契约观念是被赋予新的精神内核的契约观念，这种新的精神内核包括契约机会平等、契约正义及契约效率等基本内容，并通过版权制度的具体设计体现了出来，而对这些具体制度进行深入的契约价值分析将为我们区分两种契约观念提供一个重要的视角。

1. 契约机会平等与版权主体制度

任何人都有订立契约的自由，订立契约的机会向所有人开放，这是契约基本精神之所在。作为契约的社会一方，对于那些对公共利益有害的作品，它可以拒绝与主张权利的人签订契约，并通过制度实践中的客体排他性规定加以体现。对精神成果创造人一方而言，契约自由的精神主要表现为缔约机会向所有对社会有益的精神成果创造人开放，并通过多元化的权利主体制度得以实现。出版商特权契约范式下主体的狭隘局限在版权契约观念下得到了质的突破，这种质的突破主要表现为以下三个方面：❶ 一是从非精神成果创造者主体到精神成果创造者主体的转变。特权制度下的契约主体往往是统治者与出版商。图书的出版商基本上与精神创造性活动无关，而像作者这样的真正的精神成果创造者却没有获得相应权利的资格，他们被排除在出版商特权契约的主体之外。近代启蒙运动的过程也是精神成果创造者地位提升的过程，社会公众与精神成果创造者已分别取代特权契约中的统治者和出版商，被公认为世界上第一部版权法的《安娜法令》（Statute of Anne）是这一转变的重要见证，而在这之前的 1545 年，威尼斯政府也颁布了一项知识产权法令（Intellectual Property Statute），明令禁止印刷商未经作者或其继承人的同意印制作者的任何作品。❷ 二是从单一的国内主体扩大至外国主体。封建法固有的地域性决定了只有本国公民或成为了本国公民的外国人才有缔结特权契约的资格，而这一缔约主体狭隘的国别限制随着知识产权国际保护制度的出现已经被突破。版权契约范式下的知识产权权利主体不仅包括本国人，而且也往往包括一定的外国人。三是从自然人主体拓展到法人或其他组织主体。出版商特权契约范式下的原始权利只能是特定的个人或者组织（如出版商），这一局面随着录音技术、摄影技术、电影技术以及广播技术的宽泛应用开始被打破。新的复制和传播技术给传统的著作权制度提出了三个全新的问题：（1）如何保护舞台表演者的利益使其不因录

---

❶　有关知识产权主体制度演进的其他论述可见：曹新明. 知识产权主体制度的演进趋向［J］. 法商研究，2005（5）.

❷　See PRAGER FRANK D. A History of Intellectual Property from 1545 to 1787［J］. J. Pat. Off. Soc'y，1944，26：711.

音、广播技术的应用而受到损失？（2）如何保护唱片制作者的利益？（3）如何保护广播组织者的利益？❶ 面对这些问题，传统的"作者权体系"国家创设了与著作权相关的邻接权制度，使表演者、唱片制作者及广播组织享有类似著作权的专有性权利，而以美国为代表的"版权体系"国家则直接把表演、唱片及广播节目视为一种作品，相应的表演者、唱片制作者及广播组织视为原始的著作权主体。无论给予邻接权的保护或者直接给予版权的保护，表演者、唱片制作者及广播组织专有权利的授予都表明法人或其他组织开始享有与社会订立版权契约的资格，这是版权契约范式的一个明显特征，也是与出版商特权契约观念进行区分的一个显著标志。

2. 契约正义与版权限制制度

"一切债均自公平生"❷，任何契约都不能背离公平的原则，契约主体相互之间的对价应该在价值上大致相当。具体到版权契约而言，权利人提供给社会的精神创造成果与社会提供给精神成果创造人的利益在价值上不能有太多的悬殊。契约正义的观念主要通过以下制度表现出来：一是版权期限限制制度。版权存续的时间限定体现了社会公众订立版权契约的基本意图：获得对精神创造成果的自由利用，版权期限的限制是获得这目标的基本保证。二是版权内容限制制度。契约正义强调主体的给付与对待给付价值的对等性，相互之间权利义务的平衡性。❸ 权利穷尽、合

---

❶ 见：曹新明. 知识产权主体制度的演进趋向 [J]. 法商研究，2005（5）.

❷ RAWLS JOHN. A Theory of Justice [M]. Cambridge, Massachuseffs: The Beknap Press of Havard University Press，1971：342. 转引自崔建远. 合同法 [M]. 北京：法律出版社，2003：18.

❸ 见：崔建远. 合同法 [M]. 北京：法律出版社，2003：17.

理使用、法定许可等产权限制制度为实现价值对等及关系平衡提供了一个有效的工具。

3. 契约效率与版权确认制度

效率是契约的一个基本价值，契约效率意味着鼓励更多的交易出现，以便活跃市场更好地实现资源的优化配置及有效利用，实现当事人的意志和缔约目的。❶ 版权是对精神创造成果进行的市场化制度安排。精神创造成果是具有价值和使用价值的稀缺资源；版权契约缔结效率的提高将会鼓励更多的稀缺性精神成果资源被创造和利用。版权契约效率价值通过产权确认过程中的一系列制度设计得以实现。就版权制度而言，登记手续从繁琐到简便、从强制性到倡导性以及从注册取得到自动取得的转变过程也是版权契约缔结效率不断提高的过程。

版权契约观念的产生和确立，为版权的理论建构和制度设计提供一个很好的指导框架，自近代以来的版权制度变迁中，版权契约观念作为一个有效的分析工具将一直存在，同样地，我们可以用这种契约观念来审视当代的版权制度，建构未来的版权制度。

（三）当代版权制度缺陷及平等、正义等契约观念的回归

当代版权制度中出现了某些背离平等和正义契约精神的现象，主要表现在以下两个方面。

1. 契约机会平等与版权主体的缺位、错位

机会平等是现代契约的基本精神之一，作为契约的一方主体，社会应当向所有精神成果创造者提供平等的缔约机会，而这项原则在当代版权制度领域并没有得到很好的贯彻。契约机

---

❶ 见：崔建远. 合同法 [M]. 北京：法律出版社，2003：18-19.

会的不平等在版权立法实践中主要表现为传统知识等领域创造者的权利没有得到法律的有效认可，或者说当代版权的权利主体安排中并没有为上述人们提供应有的位置。传统知识是由基于传统所产生和发展的知识构成，或者说是一种与传统有关的知识体系，是传统部族创造的且有价值的文化资源。❶ 作为对社会财富积累的贡献，传统知识创造者即传统部落理应获得相应的利益补偿，但是现有的版权制度安排并没有很好地考虑到上述主体的利益。

从契约机会平等的内容中，我们可以推导出这样的结论，即能够订立契约的主体须具备一定的资格。就版权而言，非精神成果的创造者是没有资格与社会订立契约的，但这样的要求在当代版权的实践中并没有得到很好的遵守。与上述版权主体缺位的情形正好相反，实践中一些本不具备"缔约资格"的个人或组织却被授予了相应的权利，也即出现了版权主体错位的情形。以"文化海盗"为例：发达国家的一些个人或者组织通过收集一些具有重大经济价值的传统知识，经过简单的整理后即在许多国家谋求版权保护，然后再以版权保护为要挟，在传统知识来源国攫取巨大的经济利益。应当说，上述个人或者组织在收集和整理传统知识的过程中付出了一定的劳动，但是这些劳动与资源的创造者相比显得微不足道，由传统知识利用所产生的利益中的绝大部分应当由传统知识的创造者而不是收集和整理者享有。版权主体错位与版权主体缺位情况的同时存在反映了当代版权制度设计的不周，这是与平等、正义的契约精神不相符的。

---

❶ 吴汉东. 知识产权国际保护制度的变革与发展 [J]. 法学研究，2005 (3).

2. 契约正义与权利义务关系的失衡

契约正义的基本精神在当代版权的实践中也没有得到很好的贯彻。契约正义基本精神的缺失主要表现为版权实践中"社会—精神成果创造人"两者之间权利义务关系的失衡。就精神成果创造人一方而言，权利义务关系的失衡主要通过其权利的不断扩张体现了出来。在美国，由于沃特·迪斯尼（Walt Disney）等公司的极力游说，美国于 1998 年通过了旨在延长版权保护期限的《松尼波诺版权期限延长法》（Sonny Bono Copyright Term Extension Act），将原有的版权保护期限从作者有生之年加死后 50 年延长到作者有生之年加死后 70 年，对于职务作品（works for hire）而言，保护期最长将从 75 年延长到 95 年。❶ 在这之前的 1996 年，欧盟通过了旨在为数据库制作者提供专门法律保护的指令，将数据库制作者权利的保护范围从内容的选择和编排扩大了构成数据库的数据本身，而在指令通过之前，数据本身在很多情况下由于缺乏作品要素不能受到法律的保护。对于版权契约主体的社会一方而言，原来旨在为确保其利用精神创造成果而设置的一系列制度，如合理使用、强制许可等在当今新的政治、经济和技术等条件下实施起来更加困难，社会公众的权利范围正日益缩小，而承担的义务愈来愈重，版权契约的正义精神正遭受到逐步的破坏。

当代版权制度中所呈现出来的缺陷必须加以克服，平等、正义等契约观念必须重新回归到版权制度中来。笔者认为，从"社会—精神成果创造人"契约关系的角度看，建构一个完全符合契约平等和正义精神的版权制度是相当困难的。因为，作为契约的

---

❶ See MAY CHRISTOPHER，SELL SUSAN K. Intellectual Property Rights：A Critical History［M］．Boulder&. London：Lynne Rienner Publishers，2006：152.

一方，"社会"只是一个抽象中的拟制，而不是一个具象中的存在。抽象的"社会"概念要通过具象的立法、司法和执法等具体制度得以实现，而版权立法、司法和执法的过程并非一个中性的过程，制度的制定和执行也并非总是出于最大多数人利益的考虑。版权立法、执法和司法的过程往往出现明显的利益偏向，这样的过程很难保证版权契约精神的实现。版权立法的利益偏向在包括版权在内的知识产权国际公约以及版权国内立法中均有明显的体现。例如，作为目前最有影响力的知识产权国际公约，《与贸易有关的知识产权协定》（"TRIPs"协定）是各方通过讨价还价所订立的一个"契约"，但这个"契约"并没有代表各成员国的最大利益，无论是最初的日内瓦文本（Geneva Draft），还是接下来的布鲁塞尔文本（Brussels Draft），以及后来的敦克尔文本（Dunkel Draft），无一不体现美国等几个发达国家的利益主导倾向。就版权的国内立法而言，许多版权法律如美国于 1998 年制定的《新千年数字版权法》（DMCA）更多的是代表少数利益集团的利益，而广大公众的利益并没有在这些法律中体现出来。版权立法、执法和司法过程中的利益偏向的产生注定了版权契约观念下的自由、平等和正义只能是相对意义上的自由、平等和正义，而理想与现实之间差距的逐步缩小除了上述已有的制度尝试外，还至少还依赖以下两个机制的建立：

一是广泛的版权立法参与机制。版权立法是版权契约观念的宏观体现，版权契约主体双方都以"立法者"的身份出现在了立法过程中，"立法者"代表契约主体双方利益的广泛程度将直接决定着契约平等、契约正义等价值理念的实现程度，而广泛的版权立法参与机制的建立则是更有效地促进上述价值理念的基本保证。广泛的版权立法参与机制的建立意味着版权"立法者"中不仅要包括精神成果创造者代表，还要包括精神成果使用者代表以及精神成果传播者代表，版权立法的过程应该是一个透明化程度高、广泛听取各方面意见的过程。同样，版权国际公约的制定也要同时听取发达国家和发展中国家的声音，版权国家公约的内容中要同时考虑发达国家和发展中国家的利益诉求，版权国际公约的执行中要同时照顾发达国家和发展中国家的国情，版权国际公约应该是一个公平、灵活和有效的公约。

二是动态的版权权利限制机制。对精神成果创造者的权利进行限制，实现成果创造者、成果传播者及成果使用者之间的利益平衡是契约正义价值的具体体现，这种限制应当是一种历时性的而非共时性的限制，即版权的权利限制应随着时间的推移而不断作出调整。例如，合理使用限制在数字化图书馆等网络环境下应重新予以调整以维护作品使用者的利益。

二、精神权利不能被许可的多维论证

版权中的精神权利，在英文中表述为 moral rights，在法文中表述为 droit moral，在德文中被表述为 Urheberpersnlich Reitsrecht，即"作者人格权"。作为版权领域的世界性公约，《伯尔尼公约》使用了"moral rights"的表述。我国《著作权法》既没有采用英文中"精神权利"的表述，也没有采用德文中"作者人格权"的表述，而是采用了"著作人身权"的表述。人身权是指"与法律主体的物质构造、精神构造及身份联系等不同于一般物质财产的'人身'因素密不可分，并以相关利益为客体而产生和存在的各种民事权利的总称"，❶ 即人身权除了包括人格权外，

---

❶ 郭明瑞，等. 民商法原理（一）[M]. 北京：中国人民大学出版社，1999：340.

还包括身份权。根据我国《著作权法》的规定，著作人身权包括署名权、发表权、保护作品完整权等权项，这些内容都是基于作品创作者特定身份而应当享有的部分，并且从一定程度上折射出作品创作者的人格品性，因此采用著作人身权的表述较完整地传达了概念本身所蕴涵的丰富内容。从与一般民法理论相衔接的角度而言，著作人身权的表述似乎更容易被人们所接受。但是无论是精神权利的表述、著作人格权的表述，或者著作人身权的表述，所要传达的内容基本上是一致的，运用符号学来解释，它们都是一个符号或者表象（representation），象征着大致相同的对象。任何一个表述都需要置于特定的符号系统背景下进行分析才能理解每个表述所要传达的真实内容。笔者无意纠缠于概念表述本身，概念所要传达的内容才是笔者将要分析的重点，因此书中有时会出现三个表述交叉使用的情形，不过为保持与《伯尔尼公约》的一致，笔者更多地还是使用了精神权利的表述。作为许可对象的只能是版权中的财产性权利，即以一种或多种方式使用作品的权利，换句话讲，版权中的精神权利被排除在版权许可的范围之外。精神权利不能作为版权许可的对象意味着版权中的财产权利在许可或者转让之后，精神权利仍然保留在作者手中，实际上等于在已经被许可或者转让的财产性权利上设立了一个负担，这非常类似于在已经被让渡的不动产或者特殊的动产上设立的役权（servitudes）。在已经被让渡的不动产或者特殊的动产上设立负担即役权的目的往往是出于让渡方多重利益的考虑。❶

---

❶　See HEMNES THOMAS M S. Restraints on Alienation，Equitable Servitudes，and the Feudal Nature of Computer Software Licensing［J］. Denv. U. L. Rev. ，1994，71：577.

　　精神权利特有的品性注定了精神权利往往只能由作品创作者自己而不是由他人享有，而无论是精神权利的许可，或者是精神权利的转让，乃至精神权利的放弃❶，从本质上都背离了精神权利只能由作品创作人本人行使的品性。版权许可的对象只局限于版权中的财产权利而不包括精神权利的做法无论在理论的层面或者实践的层面都能找到充分论证的依据。接下来笔者将从人格价值观、外部性理论及关爱主义理论等三个角度对精神权利的不可许可性进行详细的论述。

　　（一）人格价值观范式的解释

　　以法国和德国为代表的大陆法系国家版权制度建立在"人格价值观"的学说基础之上，将版权具体制度的设计及版权理论的阐释置于人格价值观的范式之下。与大陆法系国家的做法不同，以英国和美国为代表的普通法系国家的版权制度深深地打上了实用主义的痕迹。在实用主义范式下，版权被当做了一种旨在促进公共利益的工具，而不是基于作品的创作而自然应当享有的权利。尽管在英国版权制度的发展过程中，有人试图用洛克的"劳动价值论"去解释作为精神产品的作品，将作品创作的过程与有体物的生产相比较，认为作者对作品的创作同有体物的生产一样都付出了自己的劳动（尽管前者体现为精神

---

　　❶　英国和美国的版权法在分别规定精神权利不可转让的同时，又明确规定了精神权利可以书面的方式予以放弃。从表面上看，英国和美国似乎坚持精神权利不可转让的主张，但从本质上讲精神权利的转让与精神权利的放弃效果是一样的，即作者以外的人行使了本应当由作者本人保留的权利。另外，英国的做法在实践中也遭到了一些学者的尖锐批评，他们认为英国著作权法中有关精神权利可放弃的做法是迎合出版社利益的结果，对作者而言是非常不利的，这些做法甚至使人们开始怀疑英国版权法中有关精神权利的规定是否与《伯尔尼公约》保持了一致。见：哈泽尔·卡提，基思·霍金森. 评英国《1988 版权、外观设计和专利法案》对精神权利的保护［J］. 法学译丛，1990（2）.

劳动，后者体现为体力劳动），因此作者对于自己创作的作品应当同有体物的生产者对有体物一样享有永久性的财产性权利，但是这些主张在英美法系国家的版权实践中始终没有占有主导性地位，对于法官而言，对作者创作的奖励始终是被放在第二位的。❶值得注意的是，在英美法系国家的版权实践中，无论是从实用主义的角度，或者从劳动价值的角度，都主张版权的自由转让。对于前者而言，只有版权自由转让，才能符合版权授予的初衷，即促进文学艺术的进步；对于后者而言，既然版权和其他财产都应当得到回报，因此，版权和其他财产权一样都应当可以自由转让。❷无论哪种情况，版权中所蕴涵的经济利益才是作者进行创作的主要激励，诸如声望、爱好等非物质利益在版权中所占有的地位微不足道，因此作者只有将版权通过市场进行交易才能实现其主要利益。实用主义范式主导下的版权制度始终以财产性利益作为焦点，与作品创作者相关的精神权利在版权立法中很少获得人们的青睐，或者人们只是类推适用普通法中的其他法律如侵权法、反不正当竞争法及商标法等相关内容对创作者的精神权利部分进行有限的保护。❸尽管 1709 年英国就颁布了世界上第一部真正意义上的版权法即《安娜法令》，美国在建国之初的 1790 年即颁布了统一的版权法，但是英国直到 1988 年，美国直到 1990 年才分别在各自的版权法中规定了对作品创作者精神权利的

---

❶❷ See NETANEL NEIL. Alienability Restrictions and the Enhancement of Author Autonomy in United States and Continental Copyright Law [J]. Cardozo Arts & Ent LJ. , 1994, 12: 1.

❸ See DAMICH EDWARD J. The Right of Personality: A Common — Law Basis for the Protection of the Moral Rights of Authors [J]. Ga. L. Rev. , 1988, 23: 1.

有限保护，而且在一定程度上都是迫于外来的压力而作出的。❶
而且为了避免精神权利的规定可能对此前奉行的版权自由转让的
理念带来过多的冲击，在分别规定精神权利不可自由转让的同
时，又规定了精神权利在一定条件下的可放弃，从而从另外一个
侧面延续了实用主义的版权理念。

　　与英国和美国等普通法国家所奉行的版权理念不同，建立在
"人格价值观"基础之上的法国和德国等大陆法系国家的著作权
法坚决主张精神权利的不可让渡性，即精神权利往往只能由作品
创作者本人行使，由他人行使应当由创作者本人行使的精神权利
是与版权的基本理念不相符的。精神权利的不可让渡性的理由往
往与对精神权利进行保护的必要性理由同步出现，尽管两者偶尔
也会出现偏差。接下来笔者将对精神权利的不可让渡性置于人格
价值观的范式下进行深入的解释。

　　版权的人格价值观深受自然法理论和康德、黑格尔哲学思
想的深刻影响。在人格价值观的范式下，作者对于其精神劳动
的成果应当像其他劳动者对于自己的劳动成果一样享有财产权，
这种对精神劳动成果享有的权利即著作权，立法者有义务通过
立法对这些自然权利进行确认。在法国大革命时期，对版权的
自然法解释对于扫除封建特权制度起到了巨大的推动作用，
1791 年和 1793 年分别通过的有关著作权的两部立法正是这一
思想的集中体现。值得注意的是，在自然法中被视为最神圣、
最合法、最不可侵犯、最具有人身属性的著作权在随后的实践
中却受到了一定的淡化，主要表现在著作权可以作为交易的对

---

❶　HANSMANN HENRY, SANTILLI MARINA. Authors' and Artists' Moral
rights: A Comparative Legal and Economic Analysis [J]. J. Legal Stud. , 1997, 26: 95.

象而被自由让渡。例如 1791 年通过的有关著作权的立法明确规定了自由转让著作权的权利，并规定受让人和作者及其继承人一样享有同样的内容、同样期限的权利。立法者规定著作权可以自由让渡当时主要是出于公共利益以及出版商利益的考虑，因为通过著作权的让渡，公众才可以接触到作品，出版商才能重新获得对作品的控制以弥补出版特权的废除对其带来的巨大利益损失。❶ 可以这样认为，法国最初的著作权立法、司法和理论中所谓的著作权主要是指经济性权利，并没有凸显著作人身权的重要性，然而这种对待著作权的做法在 19 世纪 80 年代却遭到了一些人质疑，主要表现在以下三个方面：首先，将版权与其他财产权类比显得不是非常恰当，因为由作者主张的这些著作权并不符合其他财产权的基本特征。其次，版权和其他财产权一样限制了公众可以享有的共同财富的范围。最后，现有的著作权并没有凸显作者的人格属性以及作品与作者之间的紧密联系。在这种情况下，一些学者开始借用康德的哲学思想来重新诠释著作权的概念。❷ 作为 18 世纪德国著名的哲学家及自由主义法学的代表人物，康德从自由意志的角度去分析权利的效力依据。在康德的哲学思想中，作品的发表是作者表达自己意志的有目的行为，"当艺术家（无论其为作家、画家、雕塑家、建筑家或者音乐家）创作时，他给我们的世界带来的不仅仅是具有使用价值的东西，而且还将其部分人格折射到这个世界中，并使之受公众使用的蹂躏。创作者所可能遭受到的损害

❶❷　See NETANEL NEIL. Alienability Restrictions and the Enhancement of Author Autonomy in United States and Continental Copyright Law [J]. Cardozo Arts & Ent LJ. , 1994，12：1.

也不仅限于经济性的。因此，作者需要保护，以免其人格受到伤害。"❶ 康德把作者的权利概括为人格权而非财产权，作者的人格权即自由向公众表达思想的权利，作品是作者自由意志的表达，这种自由不受他人约束，除非出于作者自己的选择。作者可以授权他人使用自己的作品，以便使更多的人了解其要表达的思想，但不能把其对作品所享有的权利让渡给他人。康德的相关论述奠定了"一元论"著作权的思想基础。❷ 与康德将作品视为作者人格的本体不同，黑格尔将作品视为作者人格的外在，即作品外在于作者内在的自我。在黑格尔相关论述的基础上，在实践中开始出现了不同于"一元论"的著作权理论，即把著作权清晰地区分为人身权部分和财产权部分，而在"一元论"的理论框架下，著作人身权和财产权部分紧密地结合在一起以至于无法加以区分。"一元论"及"二元论"的著作权理论分别对德国和法国的著作权实践产生了深远的影响。德国和法国的法院多次在判例中确认了对著作人身权的保护，并且随后在各自的立法中正式确认了著作人身权的独立地位。❸ 人格价值观的著作权理念也直接反映在了一些世界性公约或者立法文件中。作为世界性的著作权公约，《伯尔尼公约》在第 6 条之 2 第 1 款规定："不受作者经济权利的影响，甚至在上述

---

❶　ROEDER MARTIN. The Doctrine of Moral Rights：A Study in the Law of Artists，Authors and Creators ［J］. Harv. L. Rev. ，1940，53：557. 转引自吴汉东，等. 知识产权基本问题研究 ［M］. 北京：中国人民大学出版社，2005：242.

❷　See NETANEL NEIL. Alienability Restrictions and the Enhancement of Author Autonomy in United States and Continental Copyright Law ［J］. Cardozo Arts & Ent LJ. ，1994，12：1.

❸　见：吴汉东，等. 知识产权基本问题研究 ［M］. 北京：中国人民大学出版社，2005：242.

经济权利转让之后，作者仍保有要求其作品作者身份的权利，并有权反对对其作品的任何有损其声誉的歪曲、割裂或其他更改，或其他损害行为。"《世界人权宣言》第 27 条第 2 款规定："人人对由于他所创作的任何科学、文学或美术作品而产生的精神的和物质的利益，有享受保护的权利。"《经济、社会、文化权利国际公约》第 15 条第 1 款第 3 项规定："人人有权享受对其本人的任何科学、文学和艺术作品所产生的精神和物质利益的保护。"同样，这一权利也在区域性人权条约中得到规定，例如 1948 年的《美洲人权利和义务宣言》第 13 条第 2 款，1988 年《美洲人权公约经济、社会、文化权利领域附加议定书》（"圣萨尔瓦多议定书"）以及 1952 年《保护人权和基本自由公约》。❶

人格价值观理念下的版权实践反对精神权利的让渡，因为让渡精神权利与让渡人格本质上没有多大的区别，这与人格的意蕴不相符，精神不可让渡的理念直接反映到了相关的立法实践中。例如《法国著作权法》第 L.121－1 条规定了"作者对自己的姓名、作者身份及作品享有受尊重的权利。该权利系于作者人身。该权利永远存在、不可剥夺且不因时效而丧失。"❷《德国著作权法》第 29 条第 1 款规定了著作权不可转让，明确了著作财产权可作为许可的标的，对著作人身权能否作为许可的标的并没有加以明确的规定，但从人格价值观的理念出发，是不允许至少是不积

---

❶ 见：联合国经济、社会、文化权利委员会第 17 号一般性意见 [J]. 版权公报，2006，1.

❷ 黄晖. 法国知识产权法典 [M]. 法律部分，北京：商务印书馆，1999：9.

极倡导人身权许可的。❶

（二）外部性理论的解释

外部性问题是经济分析法学经常使用的概念工具。"在社会中，当一个人选择某种行动时，不仅涉及个人成本与收益，而且可能给自己以外的其他人施加成本或带来收益。如果这种情况出现，我们说该行为具有'外部性'（externality）。"❷ 无论是负的外部性或者是正的外部性都会对社会成本或社会收益产生直接的影响，外部性的内部化应当是整个制度设计的核心功能。❸ 在版权实践中，精神权利让渡的行为将会产生一定的外部性，而且主要是负外部性，即对他人或者社会产生不利的影响，这些外部性的产生将会直接导致社会效率的降低，而禁止精神权利让渡的制度设计将会大大降低不必要成本的支出，最终实现帕累托效率的目标。

著作权中精神权利的保护从表象看仅仅是作者的利益，即保持作者与作品之间的特定联系，但我们如果把作品的创作、

---

❶ 《德国著作权法》第39条第1款规定了"若无其他约定，使用权人不得对作品、作品标题或者作者标识进行修改"，第39条第2款规定了"按照诚实信用原则作者不得拒绝作出同意的意思表示的，法律允许对作品及其标题进行修改"。（见 M. 雷炳德：《著作权法》，张恩民译，法律出版社2005年版，第722页），我们能否可以从该条中推导出修改权可以许可给他人？笔者持反对意见。实际上第39条第1款的规定可以解释为即使有约定也可视为著作权人本人行使修改权的一种特殊方式，第39条第2款的规定可以视为对权利的合理限制。另外《德国著作法》中规定了著作权在作者死亡后可以被继承，但是在著作人身权所谓的"继承"中，继承人更多的是继承了保护著作人身权的义务而非利益，这与传统民法中的"继承"含义具有很大的不同。对于上述观点的论证见：吴汉东，等. 知识产权基本问题研究 [M]. 北京：中国人民大学出版社，2005：246 - 247.

❷ 张维迎. 信息、信任与法律 [M]. 北京：生活·读书·新知三联出版社，2003：70.

❸ DEMSETZ HAROLD. Toward a Theory of Property Rights [J]. Am Econ. Rev. , 1967, 57：347.

作品的保护、作品的传播及作品的使用视为一个动态的过程看待的话，就会发现精神权利保护的不仅仅是作者自身的利益，而是一个以作品为中介的利益群，在这个利益群中，除了作者的利益外，至少还包括作品使用者的利益、作品收藏者的利益以及作为整体的社会利益，对此，美国两位著名学者 Henry Hansmann 及 Marina Santilli 进行了较系统的归纳。Henry Hansmann 及 Marina Santilli 以保护作品完整权（the Right of Integrity）为例，将该权利所保护的利益概括为五个方面：一是作者的非财产利益。作品就好比作者的孩子，没有谁比父母更能爱护自己的孩子了。作者创作作品可能存在着向社会传达自己的思想、获得一定的社会声望等非财产动机。二是作者的财产利益。作者创作作品可能是出于谋生即赚钱的目的，一件作品完整性的破坏会直接削弱通过其他作品赚钱的机会。三是其他艺术品所有者的利益。作者创作的许多作品可能被美术馆、展览馆或者个人所收藏，作品完整性情况将会直接影响到这些机构或者个人的利益。四是社会公共利益。作者创作的作品往往是他人进行再创作的重要源泉，作品承载着一个社会特定时期的思想理念或者审美观念，作为社会中一个成员，每个人都享有不被欺骗的权利。只有保持作品的完整性才能实现这些需要保护的公共利益。五是混合利益，即作品完整性保护的往往不是单独的利益，而是几个利益的融合。❶ 与精神权利保护相关的利益群在一些世界性的立法文件或者解释文件中被直接地表述

---

❶ HANSMANN HENRY, SANTILLI MARINA. Authors' and Artists' Moral rights: A Comparative Legal and Economic Analysis [J]. J. Legal Stud., 1997, 26: 102 -108.

了出来。例如 2005 年通过的《联合国经济、社会、文化权利委员会第 17 号一般意见》指出："从人权角度讲，人人有权享受对其科学、文学和艺术作品所产生的精神和物质利益的保护，保障了作者与其作品之间的个人联系，保障了民族、社区或其他群体与其集体文化遗产之间的联系，也保障了能够使作者享受足够的生活水准而需要的基本物质利益。"❶ 也就是说，精神权利以及财产权利的保护同时保障了作者、社区及其他群体的利益。由于精神权利保护的不仅仅是作者个人的利益，因此对于精神权利的处分有可能对作者之外的利益主体产生直接的影响。另外由于政治、经济、文化和社会背景的不同，各国保护的精神权利具体类型可能存在着差异，但是表明作者身份的权利以及保持作品完整的权利基本上都涵盖在了精神权利的保护范围之中。❷ 接下来笔者将以这两类权利作为分析对象，运用经济学中的外部性理论来论证精神权利不可让渡的合理性。

美国著名法学家 Guido Calabresi 及 A. Douglas Melamed 通过土地转让可能产生环境污染的例子，并结合经济学中的成本、效率等概念来论证禁止土地权利转让的合理性。在存在甲、乙、丙三方的情况下，如果甲把其土地转让给乙，一个污染制造者，就有可能损害与甲方土地相邻的丙方土地的利益，因为污染会造成丙方土地效益的降低，也就是说甲方转让土地的行为会给丙方带来负的外部性。要减少或者避免对丙方造成损害，可以采取以下两种办法，或者由丙方向甲方支付一定的费用劝说甲方不把土

---

❶　联合国经济、社会、文化权利委员会第 17 号一般性意见［J］. 版权公报，2006（1）.

❷　表明作者身份的权利以及保持作品完整的权利也是《伯尔尼公约》明确规定的两类精神权利。

地让渡给乙方，或者由政府对土地转让征收一定的税以补偿丙方可能受到的损失。但由于潜在的丙方人数太多，信息成本、谈判成本或税款数额可能会非常高，致使两种方法都不可行。此时阻止甲方将土地让渡给乙方将会是最有效率的办法，因为避免污染的成本毕竟要低于为污染而支出的成本。❶ Guido Calabresi 及 A. Douglas Melamed 的论述给我们这样的启示，即当由于外部性、信息不完善及私人协调困难等原因导致市场失灵的时候，不可让渡的规定是符合帕累托效率要求的，也就是说这是对市场失灵的次优回应（second-best response）。❷

上述有关土地权利不可让渡的论证对精神权利同样适用。在精神权利的让渡可能对作者以外的其他利益主体的利益造成负的外部性情况下，禁止精神权利的让渡同样是最符合帕累托效率要求的。精神权利的让渡首先会对其他艺术品所有者的利益造成损害。作者创作的许多作品可能已经流入市场，并通过不同的渠道被观众所欣赏。对于这些欣赏作品的观众而言，从作品本身所获得的认知（cognitive）及情感（emotional）经历是最重要的，而对于作者身份他们并没有表现出太大的兴趣，换句话讲，他们对作品本身所享有的主要是一种审美利益（aesthetic interests）。❸ 观众通过享受作品所获得的审美经历已深深地留在其记忆的深处。如果允许作者将保持作品完整性的精神权利让渡给他人，允

---

❶ See CALABRESI GUIDO, MELAMED A DOUGLAS. Property Rules, Liability Rules and Inalienability: One View of the Cathedral [J]. Harv. L. Rev., 1972, 85：1089.

❷ See ACKERMAN SUSAN ROSE. Inalienability and the Theory of Property Rights [J]. Colum. L. Rev., 1985, 85：931.

❸ BEITZ CHARLES R. The Moral Rights of Creators of Artistic and Literary Works [J]. The Journal of Political Philosophy, 2005, 13（3）：344.

许后者对作品进行修改，并且修改后的作品被同样的观众看到时，可能会与此前存在其大脑深处的审美经历相冲突，甚至造成损害，❶ 在这种情况下，让人数众多的观众向作者支付费用以阻止其让渡精神权利以及由政府对精神权利的让渡征收税收的做法同 Guido Calabresi 及 A. Douglas Melamed 对污染例子的分析一样也是不符合效率要求的。与普通观众可能只关注审美经历不同，美术馆、博物馆或专业的收藏人士可能更关注作品的作者身份或者作者身份与作品所要体现出的审美性同时关注，在这种情况下允许作者署名权（表明作者身份权）或者修改权（保持作品完整权）的转让将会对上述机构或者个人的利益（财产利益或精神利益）造成损害，在这种情况下，禁止精神权利的让渡同样是最有效率的办法。

正如 Henry Hansmann 及 Marina Santilli 所归纳的那样，精神权利所保护的利益群中包括作为整体的社会公共利益。作品承载着一个社会特定时期的思想理念、审美观念，反映了特定的社会背景，作品已经成为整个社会的重要文化遗产，这些文化遗产是保持历史传承性的重要保证，是文学艺术再创作的重要源泉，而真实性应当成为文化遗产的固有品性。作品内容、风格的任意改变将会破坏文化遗产的稳定性及传承性，署名者与作品之间的

---

❶　当然也不排除作品的修改可能迎合了由于时代发展带来的观众审美观的改变，在这种情况下，保持作品完整性权利的让渡带给公众的可能是正的外部性，如果不考虑其他情况，允许精神权利让渡似乎是符合效率要求的。但正如下文要论述的一样，保持作品完整性保护的不仅仅是普通观众的利益，还有专业收藏者的利益以及作为整体的社会公众的利益，修改作品在给普通观众带来利益的同时可能会损害其他利益主体的利益，从整体的效率角度出发，允许保持作品完整权的让渡同样是有效率的。当然也有持不同意见的，对此可见：BEITZ CHARLES R. The Moral Rights of Creators of Artistic and Literary Works [J]. The Journal of Political Philosophy, 2005, 13（3）：344－358.

不真实联系不仅欺骗了社会公众，更破坏了文化遗产的真实性。❶
精神权利的让渡尽管贯彻了意思自治的私法理念，但却对社会公
共利益造成了损害。当然，避免这种外部性的产生同样可以采取
由社会向作者支付费用以阻止其让渡精神权利的办法，也可以采
取征税的办法，但是考虑到潜在的作者人数不确定以及征税成本
等因素，这两种办法都是没有效率的，在这种情况下禁止精神权
利的让渡将是回应市场失灵的次优选择。

（三）法律家长主义理论的解释

"家长主义（paternalism）又称父爱主义，根据《法律哲学：
百科全书》所载，它来自于拉丁语 pater，意思是指像父亲那样行
为，或对待他人像对待孩子一样。"❷ 家长主义在实践中又分为软
家长主义和硬家长主义，前者是指只对受到削弱的决定，即强
制、虚假信息、兴奋或者冲动、被遮蔽的判断、推理能力不成熟
或欠缺的结果进行限制和干预。❸ 硬家长主义是指对"充分"或

---

❶ 也有学者认为，为保证文化遗产的需要而限制精神权利自由转让的作品数量
占整个社会作品数量的一小部分，因此限制精神权利的转让不仅不会为社会带来利
益，相反可能会对社会带来净的损失。见：BEITZ CHARLES R. The Moral Rights of
Creators of Artistic and Literary Works [J]. The Journal of Political Philosophy，2005，
13（3）：356. 但笔者认为这种假设的准确性是值得怀疑的，因为任何一部作品都会折
射出作者对现实的认识，都是文化遗产的一个组成部分。从主观价值的角度看，一个
普通作者对其作品的珍视程度并不比一个名气非常大的作者对其作品的珍视程度差多
少，因此很难说后者与前者相比更应当保持完整性和真实性。在限制精神权利转让以
维护文化遗产的传承性和真实性方面，所有的作品都是一样的。

❷ 孙笑侠，郭春镇. 美国的法律家长主义理论与实践 [J]. 法律科学，2005（6）.

❸ FEINBERG JOEL. Legal Paternalism// SARTORIUS ROLF. Paternalism.
University of Minneaplois Press，1983：3，7. 转引自孙笑侠，郭春镇. 美国的法律家
长主义理论与实践 [J]. 法律科学，2005（6）.

者"完全"自愿的自我关涉的行为进行的限制。❶ 无论软家长主义或者是硬家长主义实际上都是为了出于善意的目的而对行为人的自由进行的限制，因此家长主义在实践中并不总是做非常清晰的划分。笔者认为在众多的关于家长主义的定义中，美国法学家Anthony T. Kronman 的定义更容易被人接受。在其看来，对任何违背行为者自身福利的行为进行限制的法律规则都是家长主义的。❷ 法律家长主义的实质是对合同自由的限制，这与西方世界视为圭臬的自由理念似乎不相符，因此家长主义的做法必然会引起一些人的质疑，因此对家长主义理论与实践的合理化论证就成为家长主义倡导者所面临的一个重要课题。

对家长主义的论证往往从三个维度同时展开，即经济效率和分配正义❸的考虑（considerations of economic efficiency and distributive fairness）、人格完整性的思想（ideas of personal integrity）及合理判断的理念（notion of sound judgement）。❹ 对于作者而言，不管是哪种形式的精神权利让渡，最终的结果都是使作者失去了与作品之间的联系，失去了对作品的控制，对于大

---

❶ FEINBERG JOEL，Paternalism// BORCHERT DONALD M. The Encyclopedia of Philosophy：Supplement. Macmillan Reference USA，1996：391. 转引自孙笑侠，郭春镇. 美国的法律家长主义理论与实践［J］. 法律科学，2005（6）.

❷ KRONMAN ANTHONY T. Paternalism and the Law of Contracts［J］. Yale L. J.，1983，92：763.

❸ 当然一些学者把分配正义置于非家长主义的背景下进行分析，但同时又承认无论是家长主义的分析或者是外部性问题的分析，背后都存在着分配动机的考虑，也就是说家长主义的分析中至少间接地存在着分配动机的考虑。见：CALABRESI GUIDO, MELAMED A DOUGLAS. Property Rules，Liability Rules and Inalienability：One View of the Cathedral［J］. Harv. L. Rev.，1972，85：1114.

❹ KRONMAN ANTHONY T. Paternalism and the Law of Contracts［J］. Yale L. J.，1983，92：765.

多数作者而言，这将是一个非常痛苦的选择。❶ 对此，Henry Hansmann 和 Marina Santilli 两位作者举了一个非常形象的例子：一个正在为生计而奔波的人，每当为保证作品的完整性而拒绝更大的赚钱机会时候，面对着正在贫困中生活的妻子和孩子，都会有一种说不出的愧疚感，因此在卖或者不卖之间就会产生很大的选择成本。❷ 选择成本的支出直接会减少作者的福利，而禁止精神权利的让渡就会避免选择成本的支出，这对作者而言显然是有利的。所有社会都有福利分配的偏好，然而与效率目标相比，福利分配的偏好是一个更加困难的话题，它必须置于更加广阔的框架中去讨论。分配目标在考虑权利是否可以让渡时必须加以考虑，禁止权利让渡或者允许权利让渡会直接影响到哪些人更富裕，哪些人更穷困。❸ 禁止精神权利的让渡符合分配正义的要求，因为这将矫正作者与潜在的权利受让人地位不平等、信息不对称以及认知能力存在的差异，而这些都与人格完整性的思想以及合理判断的理念相联系。人格完整性的思想是论证家长主义合理性的重要要素，而通过"失望（disappointment）"与"后悔（regret）"两个概念的对比来论证权利的不可让渡对于保持人格

---

❶ 当然也有少数作者并非特别看重对作品的进一步控制，特别是在精神权利让渡可能有更高收入的诱惑下。但精神权利对作者带来的利益就好比商业信誉对企业带来的利益一样，为了短期利益而放弃精神权利与为了短期利益而放弃商业信誉会产生同样的结果，即丧失未来获得更多利益的机会，因此，禁止精神权利的让渡从总体上将是对作者有利的。

❷ HANSMANN HENRY, SANTILLI MARINA. Authors'and Artists' Moral rights：A Comparative Legal and Economic Analysis［J］. J. Legal Stud. , 1997, 26：127.

❸ See CALABRESI GUIDO, MELAMED A DOUGLAS. Property Rules, Liability Rules and Inalienability：One View of the Cathedral［J］. Harv. L. Rev. , 1972, 85：1098, 1114.

完整性的重要性是一些家长主义理论倡导者经常采用的办法。在他们看来，权利交易中的失望与后悔是两个不同的概念，当交易已经达成，但由于客观情况的变化并没有完全实现自己的预期时，权利人可能感到失望，但在这个过程中，权利人的主观目标并没有改变，它所埋怨的只是运气的成分；而当合同签订，权利人当初订立合同的目的已经改变时，权利人感受到的就不是失望而是后悔。失望与后悔对权利人产生的影响是不同的。前者本身并不降低人们对自己选择合理性的自信，而后者却恰恰相反。当后悔情形发生，也即当人们主观目的已经改变的情况下再承认转让合同的有效性就会打击人们的自尊，进而会影响其人格的完整性，而禁止相关权利的可让渡性或者不承认这些合同的效力就成为保持人们人格完整的有效手段。❶ 家长主义这种关于人格完整性的分析对于版权领域的精神权利同样适用。对于作者而言，作品是其人格的折射，是其思想向社会的表达。当作者迫于眼前经济困境而将财产权利和精神权利一起转让出去，或者由于不知道作品的长远价值而以低价出让其权利时，事后可能会非常后悔，因为看到自己辛辛苦苦创作的作品被他人任意修改或者自己的名字被他人使用在并非自己创作的作品上，他此时的主观目标已经不是通过作品赚取多少物质财富，而是如何才能保持自己作品的完整性以及自己的作者身份不被他人任意使用，但是由于精神权利已经让渡出去，作者已经没有办法实现这些目的。在作者主观目标已经改变的情况下，再让其执行当初所签订的合同，这对作者而言是非常痛苦的，进而会使其丧失对

---

❶　See KRONMAN ANTHONY T. Paternalism and the Law of Contracts [J]. Yale L. J. , 1983, 92: 780 - 782.

自己的信心乃至自尊，这无疑是对其人格完整性的破坏，而禁止精神权利的让渡就会避免上述结果的发生。合理判断的理念是论证家长主义合理性的另一个重要要素。在家长主义看来，一个人可能受一时的激情和冲动的驱使去从事一些可能对其不利的交易，因此否认合同的效力对行为人是一种爱护。这一分析对精神权利的交易同样适用。为了眼前的谋生或者受情绪冲动的影响，作者可能会把精神权利让渡出去，而禁止精神权利的让渡则可以避免由于欠缺深思熟虑而可能对其带来的不利结果。经济效率和分配正义的考虑、人格完整性的思想及合理判断的理念是家长主义在论证其合理性时经常运用的三个分析要素，但是无论哪一个要素在论证的过程中都不是孤立展开的，而是从多维度同时展开的。禁止精神权利的让渡可能是同时出于效率和分配正义、人格完整性及合理判断要素的考虑，或者是其中两个要素的考虑，当然还有可能是这三个要素以外的其他要素的考虑，但无论基于何种要素去分析，都蕴含着一个基本相同的目的，即维护作品创作者的利益。

笔者已经从人格价值观的范式、外部性理论及家长主义理论等三个方面对精神权利的不可让渡进行了论证。在这里需要说明的是，这三个方面并非存在着非常清晰的界限，有时会出现相互交叉的情形。人格价值观范式下的解释强调的是精神权利的人格品性，即保持作者与作品之间的联系是精神权利的宗旨，而允许精神权利的让渡就会割裂这一特定的联系，破坏了作者人格的完整性，而这恰恰也是家长主义理论着重强调的内容；外部性理论的解释强调的是精神权利保护的多个利益之间的交互性，在多个利益共存的情况下如何实现利益之间的和谐共处，而这一目标的实现就需要考虑采用何种办法才能最有效率地避免外部性损害的产生，而效率要素的考虑在家长主义的解释中同样存在；外部性理论的解释涉及存在于作品之上的利益群，包括创作者的利益、观众的利益、作品收藏者的利益以及作为整体的社会公共利益。创作者的利益除了财产性利益外，更多的是非财产化的人格利益，而这些人格利益又是人格价值观范式以及家长主义的解释中被重点分析的对象。人格价值观的范式、外部性理论及家长主义三种解释方法存在着有机的联系，尽管各自观察问题的角度不同，但得出的结论基本上是一致的：禁止精神权利的让渡是一个理性的选择，这种选择的合理性不仅在过去存在，在现在和将来依旧如此。

三、"权能分离"学说和"权利束"理论：解读许可的两个视角

（一）"权能分离"学说的视角

1. "权能分离"学说的理论背景

"权能分离"学说经常出现在大陆法系民法理论中。根据该学说，所有权由占有、使用、收益及处分等权能组成，这些权能可以基于一定的法律事实分离出去，由他人享有，大多形成他物权，有时形成租赁权、借用权等债权。❶ 在处理所有权与他物权的关系时，"权能分离"学说通常采用这样的解释，即所有权的部分权能可以分离出去，他物权设立在他人的物上，他物权派生和依附于所有权，所有权就像母亲，他物权就如同子女，用"母权"和"子权"的概念及其相互关系表述，就是"所有权"是产生"他物权"的"母权"，"他物权"为所有权生出来的"子权"。❷

---

❶❷ 崔建远. 论他物权的母权 [J]. 河南政法干部管理学院学报，2006（1）.

有关"权能分离"学说的产生背景，学术界尚存在着一些争议。按照周枏先生的解释，早在罗马法中就存在"自物权（jus in re propria）和他物权（jus in re aliena）。自物权是指物权的标的物属于权利人本人的物权，即所有权。他物权是指物权的标的物属于他人所有的物权。由于他物权是派生和依附于自物权的，因此自物权与他物权的关系是一种完全权与不完全权的关系。"❶ 对于上述观点，一些学者提出了不同的看法，如梅夏英先生认为，"权能分离学说是近代物权法理论的产物，严格讲来，只有在真正确立'物权'概念以后才有可能形成权能分离学说"，❷ 在梅夏英先生看来，古罗马法中以及后来的《法国民法典》中物权的概念尚未形成，所有权与他物权的关系往往是一种权利与物的关系，他物权往往是作为"无形物"（无体物）看待的。由于《德国民法典》中"物权"概念的正式确立以及物的范围界定，才为"权能分离"学说的产生提供了理论基础，但德国"物权"概念的建立只为"权能分离"学说提供了一个理论前提和可能性，德国物权理论中却无明确的"权能分离"学说，真正采取"权能分离"学说的是苏俄民法。❸ 笔者认为，在《德国民法典》制定的时候不管是否存在着"权能分离"学说，在当今德国诸多学者有关物权法的论述中，有关权能分离的表述经常可见。如德国著名法学家沃尔夫认为："限制物权是从所有权分离出的部分权能。物的所有权人在限制物权的范围内将该限制物权转移给相关的权利人。当限制物权消灭时，该限制物权又自动地回到了所有权那

---

❶ 周枏. 罗马法原论（上册）［M］. 北京：商务印书馆，1994：321.

❷ 梅夏英. 财产权构造的基础分析［M］. 北京：人民法院出版社，2002：23.

❸ 梅夏英. 财产权构造的基础分析［M］. 北京：人民法院出版社，2002：23－24.

里。这就是所有权的可塑性，因为所有权的范围可以随着限制物权的成立或者消灭而缩小或者放大。作为所有权之部分权能的限制物权也是绝对的归属权。"❶ "权能分离"学说对于人们认识所有权的内部结构及解释所有权与他物权的关系提供了一个重要的理论支撑，对包括我国在内的诸多大陆法系国家的民法理论与实践也产生了非常重要的影响。

一个不可否认的事实是，"权能分离"学说的解释也并非十全十美，特别是在经济生活日益丰富、财产流转非常频繁的今天，一些学者也对"权能分离"学说的解释提出了异议。例如，一些学者认为，"权能分离"学说不能解释所有权中的占有、使用、收益和处分权能同时分离出去时所有人并不丧失所有权的问题，这是误将所有权的实现方式当做所有权固有内容所使然。上述学者进而认为，占有、使用、收益和处分等并非所有权固有的"权能"，而只是所有权目的的实现方式，而且所有权的实现方式不局限于上述几种，而是无限的。当占有、使用或处分中的一种或者几种为非所有权人所有时，并不是所有权的"权能"与所有权发生分离，而只是所有者让渡或者放弃所有权无限权利中的部分权利而已。❷ 还有一些学者认为，权能是指权利的具体表现形式，说所有权有多种权能是表明所有权在选择和确定实现所有权的具体方式上有多种选择的可能，并不表明所有人能够将所有权同时表现为多种权能，权利与权能，不是整体与部分的关系，而是本质与表现形式的关系。由于内容不能脱离形式而存在，所以

---

❶　沃尔夫. 物权法［M］. 吴越，李大雪，译. 北京：法律出版社，2002：7.
❷　麻昌华，黎栋. 所有权及其内部结构论［J］. 法商研究，1996（1）.

所有权与权能的分离在客观上是不可以实现的。❶ 笔者认为，任何一个有影响的学说，都有其产生的时代背景，并体现出与其适应的实践意义，"权能分离"学说也不例外，它的产生和应用为人们解决物权理论与实践中遇到的困惑提供了重要的参考价值。但另一方面，理论的生命活力是靠理论自身不断发展完善而不是固步自封、自我满足来维持的。面对着时代的变迁，"权能分离"学说也需要适时地进行自我调整，从外界环境中注入新鲜的元素，但这并不意味着完全将其抛弃，在新的条件下，"权能分离"学说对于我们分析所有权的内部结构、解释所有权与他物权的关系以及认识实践中不断出现的新的物权形式仍然具有重要的参照意义，同样这一学说也可以被我们借鉴到包括版权在内的知识产权领域，作为深入透视其内部结构的一个重要工具，进而为认识版权许可、版权转让等版权流转的基本属性提供一个重要的视角。

2. "权能分离"学说下的版权许可解读

版权与物权是存在着密切联系的两类权利，最明显的表现为两者都是具有重要财产内容的绝对性权利，但相对于两者之间的联系而言，版权与物权之间存在着更多的不同，这可以从以下几个方面表现出来。首先，从内容上看，版权由精神权利与财产性权利两部分组成，从而不同于作为纯粹财产性权利的物权。其次，从权利的客体来看，版权以非物质化作品为对象，而物权以有体物为对象。再次，从权利的存续期间看，版权中财产性权利部分受到时间的限制，而物权的存续往往与其所附的客体物联系

---

❶ 孟勤国. 物权二元结构论—中国物权制度的理论重构 [M]. 北京：人民法院出版社，2002：14-20.

在一起。最后，两种权利制度产生的背景、被赋予的价值理念以及所奉行的基本原则等方面也具有很大的不同。版权与物权之间存在着巨大差异性的现实注定了传统物权法领域的一些原理在版权领域已经无适用的空间，但是并不排除少部分原理在版权领域延伸的可能性，这就给人们提出一个问题，即在物权法领域产生和发展起来的"权能分离"学说能够在版权领域继续适用吗？如果适用的话又该作出哪些变通？如何结合问题进行具体的分析？

权能的概念以及"权能分离"学说并非物权法的"专利"，事实上已有一些学者开始把这些内容运用到对一般性民事权利的分析中。例如德国著名法学家拉伦茨教授认为："一个单个的权利可以包含有不同的权能。但是权能如果还没有从权利中分离出来，还不能独立地被转让时，它们本身还不能被作为'权利'。比如所有人有权占有、使用、消费其所有物，将之改变形状，或将之毁灭，但他并不因此就用尽他的权利。他可以将某种权能在一定的时间内从所有权中单分出来，并转让给他人，从而使他人享有所谓限制物权，比如，用益权。他还可以将某些权能，以致将所有权的处分权能，交给他人行使。债权除了它的核心权利即请求给付的权利外，也包含有其他的权能，比如将之抵消的权能，让与或出质的权能。"❶ 从上述论述中可以看出，拉伦茨教授已把"权能分离"的原理运用到了包括债权在内的民事权利领域。就知识产权领域而言，也有不少学者开始运用"权能分离"学说来分析包括知识产权许可在内的诸多法律现象。例如我国台湾地区学者谢铭洋先生在论及知识产权许可问题时参考德国学者

---

❶ 卡尔·拉伦茨. 德国民法通论（上册）［M］. 王晓晔，等，译. 北京：法律出版社，2003：263－264.

Schricker 的相关论述，❶ 主张："在授权契约之情形，由于授权人并未将其权利地位全部转移让与人，而只是将自己权利中之使用权交由他人行使，自己仍保有智慧财产权人地位，日后仍有回复成为完整权利人之可能性，因此授权人所享有者，一般即成为'母权'（Mutterrecht），而被授权人经由授权所取得之使用权，一般即为'子权'。"❷ 由于版权许可属于知识产权许可的范畴，"权能分离"学说对其当然适用。

版权以非物质化的作品为保护对象，在作品上可以同时存在若干个内容互不冲突的权利，如发表权、署名权、修改权及保护作品完整权等精神性权利以及复制权、发行权等财产性权利，❸由于笔者不主张精神性权利的可许可性，因此接下来笔者主要围绕着复制权、发行权等财产性权利进行分析。基于作品而存在的每一项财产性权利都可以说是由一定的权能组成的，包括使用权能、收益权能及处分权能。版权中的使用权能是指对作品进行利用的权能。作品属于具有使用价值的知识产品的范畴，对作品进

---

❶ SCHRICKER. Urheberrecht-Kommentar, Vor §§ 28 ff. Rd. 43，见：谢铭洋. 智慧财产权之基础理论［M］. 台北：翰庐图书出版有限公司，2004：67.

❷ 谢铭洋. 智慧财产权之基础理论［M］. 台北：翰庐图书出版有限公司，2004：67.

❸ 物权法中存在着"一物一权"主义，它包涵两方面的意义：一是指在一个物上只能成立一个所有权；二是指所有权的客体，只能是一个物。（［日］铃木禄弥：《物权法讲义》，创文社 1994 年版，第 349 页。转引自陈华彬. 物权法［M］. 北京：法律出版社，2004：10.）"第一种意义上的'一物一权主义'是从物权的排他性上说的，所以如果把它扩大到一般物权的话，那就是在同一个物上，不能成立内容不能两立的两个以上的物权。"（陈华彬. 物权法［M］. 北京：法律出版社，2004：10.）对于版权法领域是否也应当有相类似的原则，即一个作品之上只能有一个版权，目前还鲜有论述。笔者认为从权利性质上看，版权与物权一样也属于排他性权利的范畴，因此一个作品之上不可能成立两个或两个以上内容相互排斥的权利，例如在同一作品之上就并不可能有效存在两个内容完全相同的专有性许可权。由于复制权、发行权、展览权等权利是从不同的角度授予权利人的利益，彼此并不冲突，因此在同一个作品之上同时存在着这些权利并不违背上述原则。

行利用会满足人们特定的物质或精神需要，但作品的非物质化属性决定了对作品的使用不可能采取和有体物一样的方式。有体物的使用往往意味着在占有物的前提下，依照物的性能或用途对物加以利用。❶ 作品的非物质化属性决定了作品自身不可能成为占有对象，❷ 作品的使用体现为对作品进行复制、对作品进行传播、对作品进行演绎等各种利用作品的方式。版权中的收益权能是指通过使用作品而获得报酬的权能。作为一类稀缺性的知识产品，作品的使用会给使用人带来一定的财富，因此对于使用人而言至关重要。版权中的处分权能是指对作品进行处置从而决定作品命运的权能。在传统的物权法中，处分权能包括事实上的处分和法律上的处分。❸ 由于作品的非物质化属性，作品的处分更多的是指法律上的处分，❹ 即存在于作品中的版权发生变动的法律行为。

版权中的使用权能、收益权能和处分权能可以基于合同的约定或者法律的规定从版权中分离出来。版权人可以通过合同的方式暂时或者在版权存续期间内将版权中的所有权能从版权中分离出去，交由他人行使，而由后者向前者支付一定的费用，这就构成了通常所讲的版权转让制度。版权中的使用权能、收益权能可根据合同的约定或者法律的规定暂时从版权中分离出来，即由他

❶ 陈华彬. 物权法［M］. 北京：法律出版社，2004：192.

❷ 作品的载体如手稿可以成为占有的对象，但作品与作品载体毕竟是两个不同的概念。另外有一些学者主张存在于作品之上的版权可以成为准占有的对象。有关占有、准占有等概念在版权法领域的适用，笔者将在后面部分详细论述。

❸ 陈华彬. 物权法［M］. 北京：法律出版社，2004：194.

❹ 作品也可进行事实上的处分，例如某人把刚刚通过电脑写出来的作品从电脑中删除，但这种情况并不是非常普遍，多数情况下作者创作作品还是希望进一步利用的。另外作品一旦传播出去再进行事实上的处分是非常困难的。

人对作品进行利用并从中收益，这就是通常所讲的版权许可制度及合理使用制度。从权能分离的角度而言，版权转让与版权许可、合理使用的最大区别在于处分权能的分离与保留，即在版权转让情况下，处分权能已从版权中分离出去，而在版权许可、合理使用情况下，处分权能仍保留在版权人手中。与上述区分的角度不同，版权许可与合理使用的不同之处在于权能的分离是否以支付一定的报酬为代价。对于版权许可而言，无论是基于合同的授权许可，或者是基于法律规定的法定许可、强制许可，使用权能和收益权能从版权中的分离是以支付一定的报酬为条件的，尽管权能分离的时间与报酬的支付时间可能不一致。与版权许可不同，合理使用情况下的使用权能、收益权能的分离是不需要支付一定报酬的，当然这种使用往往需要基于个人学习、娱乐及科学研究等非营利性的目的。在非专有许可、法定许可、强制许可以及合理使用的情况下，版权中的使用权能和收益权能只是部分从版权中分离出去的，版权人本人以及上述使用人以外的其他人也可以同时获得对于作品的使用，而在专有许可的情况下，版权中的使用权能和收益权能完全从版权中分离出去，此时被许可人获得的已经不是一般的债权，而是具有排他效力的特殊债权，或者说是"债权的物权化"，尽管如此，被许可人仍然未取得版权的所有权，因为权利的最终处分权能仍然掌握在著作权人手中，因此，在专有许可情形中，使用人许可第三人行使同一权利还必须征得版权人的同意。❶

（二）"权利束"理论的视角

"权利束"是普通法财产理论与实践中的一个重要概念，它

---

❶　吴汉东. 著作权合理使用制度研究［M］. 北京：中国政法大学出版社，2005：151.

为人们深入认识财产内部构造提供了一个重要分析工具。"权利束"理论不仅适用于对有体财产权的分析，对包括知识产权在内的无形财产权也具有重要的应用价值。

1. "权利束"理论的产生背景及其主要内容

标准的财产"权利束"模型是由 Hohfeld 的权利分析和 Honore 有关所有权特征的表述组成。❶ 财产的"权利束"模型只不过是 Hohfeld 权利分析内容的具体化而已，❷ 因此对 Hohfeld 权利分析内容的把握是全面认识"权利束"理论的关键。

在 Hohfeld 的理论中，有关财产权的分析占有很大的篇幅。对于其之前存在于理论与实践中的财产概念，Hohfeld 提出了不同的看法。在 Hohfeld 的权利分析理论诞生之前的普通法实践中，人们对财产的理解往往与有体物联系在一起，即把财产视为人们对物进行绝对性支配的权利。所有权被界定为人们对物质世界可分离部分的控制，这种控制对于人们自由价值的保持具有重要的现实意义。"所有权与自由权利的相互作用产生出一种结构，即个人是原子化的，从纵向关系看，人支配物，从横向关系看，个人都是独立的。"❸ 物化的所有权概念在特定的历史背景和社会条件下具一定的理论价值和实践意义，然而随着经济和社会的发展，这种所有权概念愈来愈显示出自身的局限性。"在 19 世纪初，财产被理想地定义为对物的绝对的支配，但是与这个概念不相符的'例外'却充斥了整个财产法。在许多案例中法

---

❶　PENNER J E. The "Bundle of Rights" Picture of Property [J]. UCLA L. Rev., 1996, 43: 722-724.

❷　BOYLE JAMES. A Theory of Law and Information: Copyright, Spleens, Blackmail, and Insider Trading [J]. Calif. L. Rev., 1992, 80: 1413.

❸　托马斯·C. 格雷. 论财产权的解体 [J]. 高新军，译. 经济社会体制比较，1994 (5).

律所宣称的财产并不包含着'物',或者所有者对物的支配并不是绝对的。"❶ 这种财产对象变化的现象被万德威尔德描述为财产的非物质化,即财产愈来愈多地开始以价值而不是物作为保护的对象,任何有价值的利益都可以潜在地成为财产权的对象。在财产对象发生转变的同时,绝对支配财产的概念也开始受到攻击,法院在实践中创造了受到较少保护的财产形式。❷ 随着财产权对象和财产权效力的变化,原有的财产概念已经过时,一种新的财产概念开始出现,并由 Hohfeld 给予了确切的定义,或者说 Hohfeld 的概念为非物质化的和受到限制的财产的讨论提供了重要的用语。❸

在 Hohfeld 看来,通常所说的权利最终都体现为人与人之间的法律关系。对法律关系内容的深入认识可以通过权利（right 狭义）、特权（privilege）、权力（power）、豁免（immunity）、无权利（no-right）、义务（duty 狭义）、无能力（disability）及责任（liability）等 8 个基本法律概念来获得。在这些基本概念中,权利（狭义）与义务（狭义）、特权与无权利、权力与责任、豁免与无能力之间是相互关联的关系（即相辅相成、缺一不可）,而权利（狭义）与无权利、特权与义务（狭义）、权力与无能力、豁免与责任之间是相互对立的关系（即相互冲突和矛盾）。狭义意义上的权利又称为请求权（claim）,它同狭义意义上的义务相关联,前者是指人们可以迫使他人这样行为或者不行为,后者是指人们应当行为或不行为。特权指人们能不受他人法律上的干涉而行为或不行为的自由,无权利意味着人们不能请求对他人行为

---

❶❷❸ 肯尼斯·万德威尔德. 19 世纪的新财产: 现代财产概念的发展 [J]. 王战强, 译. 经济社会体制比较, 1995 (1).

或不行为的自由进行法律上的干涉。权力与责任相关联，前者指人们通过行为改变法律关系的能力，后者指人们接受他人行为的后果。豁免与无能力相关联，前者指人们不因他人的作为而改变法律关系的自由，后者是指人们不能改变他人的法律关系。Hohfeld 认为，上述 8 个法律概念是理解法律关系的基本工具，根据这些法律概念，普通法实践中存在的对物权、对人权等概念可以进行重新的解释。在他看来，上述权利涉及的都是人与人之间的法律关系，所有权之类的对物权实质上是由一批狭义上的权利、特权、权力及豁免等组成，也就是说，所有权实质上由一系列权利组成的"权利束（bundle of rights）"或"权利包（package of rights）"❶。

对于包括财产权在内的权利概念而言，Hohfeld 的理论更多的是描述性的，对于哪些内容应该成为财产权以及财产权的效力范围等问题，该理论并没有提出令人满意的答案。尽管如此，Hohfeld 对于一些基本法律概念的提炼和界定对于人们更加容易地理解一些法律关系的内容提供了非常有益的帮助。❷ Hohfeld 的理论对于普通法国家的财产理论产生了重要影响。与此前将财产界定为人们对物进行的绝对控制做法不同，在通常的财产理论中，人们开始把财产界定为对资源（包括有形的资源和无形的资

❶ WESLEY N. HOHFELD, Fundamental Legal Conceptions as Applied in Judicial Reasoning and Other Legal Essays (Walter W. Cook ed. , 1923)；See PENNER J E. The "Bundle of Rights" Picture of Property [J]. UCLA L. Rev. , 1996，43：711 - 724；沈宗灵. 对霍菲尔德法律概念学说的比较研究 [J]. 中国社会科学，1990 (1). 约瑟夫·威廉·辛格. 财产法概论 [M]. 北京：中信出版社，2003：5 - 6.

❷ ISAACS NATHAN. Book Review on Hohfeld Wesley N. Fundamental Legal Conceptions as Applied in Judicial Reasoning and Other Legal Essays. COOK WALTER W, ed. [J]. Harvard law Review, 1923：1042.

源）的控制，这种控制可以采取多种形式，包括排除他人的权利、使用财产的特权、转移财产的权力以及避免财产从所有人手中拿走（taken）的豁免。❶ Hohfeld 的"权利束"模型被 Honore 通过对有关所有权特征的列举进行了补充。在其所撰写的具有标志性意义的论文——《所有权》中，Honore 详细地概括出了"权利束"的具体组成，包括占有权（the right to occupy）、使用权（the right to use）、收益权（the right to capital）、履行责任（liability to execute）、征用的豁免（immunity to expropriation）等。❷ "财产是权利束的表述表达了这样一个观点，即财产是由各种关系组成的法律复合体（legal complex），而不是单纯的权利。"❸财产的"权利束"理论对美国、英国等普通法国家的影响极其深远，有关财产的"权利束"分析已经成为主流的范式，在这种范式下，律师和学术研究者可以用来处理在财产法中出现的问题，法官甚至在审理案件过程中直接采用"权利束"的分析。❹不过有关"权利束"的理论也遭到了以 Penner 为代表的一些学者的批判。在 Penner 看来，"权利束"只不过是一个空洞的口号、一幅美好的画面，它限制了我们关注的焦点，模糊了真正问题的重要性，而对于这些问题，"权利束"理论并不能提供任何显而易见的解决方式。❺对于"权利束"理论，笔者无意进行过多的评价。笔者只是认为，作为目前英美财产法中的一个范式理论，有关"权利束"的内容对于我们理解版权的内部结构及版权

❶　约瑟夫·威廉·辛格. 财产法概论［M］. 北京：中信出版社，2003：2.

❷❸　PENNER J E. The "Bundle of Rights" Picture of Property［J］. UCLA L. Rev. , 1996, 43：713.

❹❺　PENNER J E. The "Bundle of Rights" Picture of Property［J］. UCLA L. Rev. , 1996, 43：714.

许可的属性具有很大的帮助意义。

2. "权利束"理论下的版权许可解读

对于属于财产权范畴的知识产权而言,"权利束"理论同样可以作为一个有价值的分析工具。作为知识产品范畴的作品是具有使用价值的资源,对于这些资源的控制即构成了版权的内容。与其他财产权一样,版权所涉及的也是不同人之间的法律关系。版权是由诸多内容组成的"权利束",版权许可或版权转让只不过是"权利束"的变动而已,从"权利束"的视角去透视版权的内部结构以及版权许可、版权转让等现象具有很大的理论价值和现实意义。

(1) 作为"权利束"的版权

版权与作品相联系,版权的价值与作品的利用之间存在着密切的联系,换句话讲,版权实质上是不同主体之间围绕着作品的利用而产生的一系列法律关系。作为"权利束"的版权由发表权、署名权等精神权利以及复制权、发行权等财产权利组成,而其中每一个权利也同样是由一束权利组成,因此作为"统称"的版权实质上是一个非常复杂的系统,是由诸多"权利束"组成的"权利束"。由于精神权利不能作为版权许可的对象,笔者在这里主要就复制权、发行权等财产权利进行分析。对于复制权、发行权等财产权利而言,实质上各自是由排他权利、使用作品的特权、转移版权的权利以及确保版权不被他人的行为改变的豁免等内容组成的"权利束"。排他权利意味着只有作者(职务作品、委托作品除外)才能够以复制、发行等方式利用其创作的作品,其他人在未经作者许可,也不具备法定事由的情况下不得对作者的作品进行利用,否则的话作者可以请求国家追究其法律责任;使用作品的特权意味着作者享有使用作品或者不使用作品的自由，他人不能请求国家对其进行法律上的干涉；转移版权的权利意味着作者可以通过一定的方式将其享有的权利、特权转移给他人；豁免意味着他人无能力改变作者享有的版权。排他权利、使用作品的特权、转移版权的权利对于包括作者在内的版权所有者而言具有重要的意义。排他权利极大地增加了版权所有者阻止陌生人对其作品的市场开发进行干预的能力。使用作品的特权对版权所有者而言至少具有三个方面的意义：首先，拥有使用作品的自由，版权所有者可以独占分享作品；其次，有些价值来自于不使用自己作品的特权，如发表权；最后，可以通过与他人分享使用作品的特权而获得报酬。转移版权的权利确保了作者获得经济回报的机会。❶

（2）版权"权利束"的拆分与重组

"财产权不仅受到其他人的财产权利与人身权利的限制，而且与所有权相关的权利也可以被拆分（unbundled）或分散（disaggregated）。如果我们把所有权当做一束枝条（stick）的话，很显然会存在着这种可能，即在保持剩余枝条的同时将其中的一枝或多个枝条舍弃掉。"❷ 在财产"权利束"理论中，"权利束"不是固定的、静止不变的，而是可以不断进行拆分与重组的。例如，对于土地财产所有人而言，其可以基于书面的租赁契约将其财产出租给承租人，在这种情况下，所有人实质上在行使将一束枝条的一枝转移给承租人的权力，而承租人通过这些行为就获得了在租赁期间内进入和占有所有权人财产的特权。❸ 在上述案例

---

❶ GORDON WENDY J. An Inquiry into the Merits of Copyright：The Challenges of Consistency，Consent，and Encouragement Theory ［J］. Stan. L. Rev.，1989，41：1389 - 1394.

❷❸ 约瑟夫·威廉·辛格. 财产法概论 ［M］. 北京：中信出版社，2003：2.

中，尽管"权利束"的内容由于租赁行为的进行发生了变动，但是在变动的同时它也在重组，这可以从土地财产所有人与承租人之间的法律关系的变动体现出来，表现为承租人的义务从不进入和占有前者的土地财产到租赁期限内支付租金以及期限届满返还财产的义务。作为"权利束"的版权能否像一般的"权利束"一样进行拆分？答案是肯定的。版权所有人可以把存在于作品之上的权利、权力和特权转移给其他人。具体而言，版权所有人的权力既包括转移专有性权利的内容，也包括仅仅许可他人使用作品的特权。版权"权利束"不仅仅是给予作者创作激励的一个方式，它也是有效分配和协调已有作品的手段。通过权力的行使，版权所有人在促进作品资源的优化配置的同时也会增强自身不断发展的能力。❶ 从"权利束"的角度看，版权许可只不过是版权人行使包含在"权利束"中的权利的一个方面。由于"权利束"中包含有排他的权利，因此在未经版权人同意，也不存在法定事由的情况下，版权人以外的其他人是不准使用作品的，也就是说其他人负有不使用作品的不作为义务，否则的话就要承担不利的法律后果。权利人与其他人之间的"权利－义务"关系可以通过版权人权力的行使而予以改变，即其他人可以从版权人那里获得一定范围的使用作品的特权从而免除了使用他人作品将要承担的不利法律后果。当然，权利人与其他人之间的"权利－义务"关系也可以基于法律的特别规定而改变，包括法定许可及强制许可等情形。无论是基于约定，还是基于法律的

---

❶　GORDON WENDY J. An Inquiry into the Merits of Copyright：The Challenges of Consistency，Consent，and Encouragement Theory［J］. Stan. L. Rev.，1989，41：1358－1393.

规定，被许可人获得的都是使用作品的特权，这种特权的获得从一定程度上改变了其他人与版权人之间的法律关系，例如其他人的义务由不使用作品转变到按时支付许可使用费。在著作权理论与实践中，版权许可又被分为专有许可与非专有许可，从"权利束"的角度看，专有许可、非专有许可与版权转让一样都会导致版权人"权利束"的变化，当然它们之间又存在着一定的不同。接下来笔者将从"权利束"的角度对专有许可与非专有许可、专有许可与版权转让及非专有许可与版权转让之间的关系进行分析。

专有许可，又称独占使用许可，是指版权人授权他人在一定期限和范围内以特定的方式独占使用著作权，被许可人以外的任何人（包括作者）在许可证发出以后都无权在特定的期限和范围内使用作品。非专有许可又称一般许可使用，是指版权人授权他人在一定期限和范围内以特定的方式非独占地使用作品，在上述期限和范围内，版权人自己仍然可以与被许可人使用作品方式相同的方式使用作品，而且还可以把相同内容的权利授予其他人。❶通过版权许可，被许可人获得了使用作品的权利，但是在专有许可和非专有许可情况下，被许可人获得的权利效力是不同的。从"权利束"的角度看，在非专有许可情况下，被许可人获得的权利仅对特定的人即许可人有效，因此属于 Hohfeld 所称的少量的权利（paucital right），它基本对应于传统意义的对人权，而在专有许可情况下，被许可人获得的权利对不确定的多数人有效，因此可以被归入 Hohfeld 所称的多方面的权利（multital right）范

---

❶ 见：吴汉东，刘剑文，等. 知识产权法［M］. 北京：北京大学出版社，2002：99.

畴，它基本对应于传统意义的对物权。❶ 从大陆法系民法理论的视角看，在非专有许可情形下，被许可人获得的是普通的债权，而在专有许可情况下，被许可人获得的是一种特别的债权，即获得只有物权才有的效力（绝对效力），这一现象被一些学者概括为"债权的物权化"。❷ 被许可权效力的不同对被许可人而言将意味着不同的意义，最明显的表现是在专有许可情况下，被许可人可以对侵犯版权的行为以自己的名义提起诉讼，而在非专有许可情况下，被许可人往往不能单独地以自己的名义提起诉讼。

版权转让与版权许可之间的关系经过了一个较长的演变过程。在 1976 年之前，美国版权法在理论与实践中一直坚持"权利束"的不可分性，即"权利束"是一个整体，版权转让必须是"权利束"的整体转移，如果转移的不是"权利束"的整体，那么只能视为版权许可。❸ 在这种理论下，版权许可与版权转让之间的区分非常明显，即被许可人既不能将获得的许可使用权再转移给他人，也不得以自己的名义提起诉讼。"权利束"不可分的主张随着 1976 美国《版权法》的制定而发生了变化。根据该法第 101 条的规定，专有许可使用被包含在了版权所有权的转移范畴。该法 201 条（d）款第（2）项也规定了版权中所包含的任何

---

❶　沈宗灵. 对霍菲尔德法律概念学说的比较研究 ［J］. 中国社会科学，1990 (1). PENNER J E. The "Bundle of Rights" Picture of Property ［J］. UCLA L. Rev.，1996，43：725 - 726.

❷　吴汉东. 著作权合理使用制度研究 ［M］. 北京：中国政法大学出版社，2005：151.

❸　See NIMMER MELVILLE B, NIMMER DAVID. Nimmer on Copyright 10. 01 (2001) ［M］ // KANG PETER H, YANG JIA ANN. Doctrine of Indivisibility Revised? Ninth Circuit Confirms Copyright Exclusive License Has No Right to Transfer License Absent Owner's Consent：Garner v. Nike，Inc ［J］. Santa Clara Computer & High Tech. L. J.，2002，18：n3.

专有权利都可以进行转让，并且受让人获得了与版权人一样的救济与保护。这就意味着 1976 年的《版权法》将"权利束"视为是可分的，因而在当前的法律中版权转让与版权专有许可的界限已经变得不是非常清晰了。❶ 在淡化版权转让与版权专有许可的同时，版权转让与版权专有许可之间的不同仍然存在。在 2002 年美国第九巡回上诉法院审理的 Gardner 诉 Nike, Inc. 案件中❷，法院就版权专有许可情形下被许可人对其获得的专有许可权进行再次转移的行为作出了与版权转让不同的对待。在本案中，Nike 与 Sony 于 1992 年签订了一份版权许可合同，由 Nike 授权 Sony 使用其拥有版权的名为"MC Teach"的卡通形象，双方约定版权许可的性质为专有许可。1996 年 6 月，Sony 在未经 Nike 事先同意的情况下，将其从 Nike 处获得的专有许可使用权转移给了 Gardner。Gardner 紧接着就在各种教育材料上使用了"MC Teach"卡通形象。Nike 随后就向 Sony、Gardner 及其被许可人发出了侵权威胁，Gardner 随即提出了确认之诉。在案件的一审过程中，法院作出了对 Gardner 不利的判决，即 Sony 未经 Nike 同意转移专有许可使用权的行为是无效的，Gardner 随后提出了上诉。在该案的二审过程中，法院再次强调了版权所有人保持对被许可人身份控制的重要性，因此法院基本上保持了一审判决的意见，即 Sony 与 Gardner 的交易是无效的，因为 Sony 未经 Nike 的事先同意。与专有许可不同，在美国版权实践中，在版权转让

---

❶ KANG PETER H, YANG JIA ANN. Doctrine of Indivisibility Revised? Ninth Circuit Confirms Copyright Exclusive License Has No Right to Transfer License Absent Owner's Consent: Garner v. Nike, Inc [J]. Santa Clara Computer & High Tech. L. J., 2002, 18: n12.

❷ 279 F. 3d 774 (9th cir. 2001)

的情况下，受让人是可以将其获得的版权再次转让或许可给其他人的，这就意味着版权专有许可与版权转让在可转移性方面是区别对待的。❶ 其实对专有许可权的限制不仅在美国的版权实践中存在，在包括德国、日本等在内的大陆法系国家或地区的著作权立法中也同样存在。如《德国著作权法》第 34 条规定了只有在作者同意的情况下，使用权才可以被转让。另外该法第 35 条也规定了只有在作者同意的情况下，专有许可使用权人才可以将各种使用权再许可给他人。若专有许可使用权的再许可仅以权利的实施保障为目的，则专有许可使用权人可以在不经作者同意的情况下授予他人普通使用权的许可。❷《日本著作权法》在第 63 条中也规定了许可使用权未经著作权人同意不得进行转让。同样，我国《著作权法实施条例》第 24 条也规定了除合同另有约定外，被许可人许可第三人行使同一权利，必须取得著作权人的同意。版权转让与版权专有许可的不同在"权能分离"学说中表现得更为明显，即前者包括处分权能的转让，而后者不包括处分权能的转让。与版权转让和版权专有许可之间的界限较为模糊不同，在"权利束"理论中，版权的非专有许可与版权转让之间的界限非常清楚，它们之间的区别与非专有许可和专有许可之间的区别基本类似，即在效力方面，后者具有对抗不确定的多数人的效力，而前者没有这种效力。版权转让与版权专有许可之间的不同在一些国家的版权立法实践中也有所体现，例如美国 1976 年《版权

---

❶　KANG PETER H，YANG JIA ANN. Doctrine of Indivisibility Revised? Ninth Circuit Confirms Copyright Exclusive License Has No Right to Transfer License Absent Owner's Consent：Garner v. Nike，Inc［J］. Santa Clara Computer ＆ High Tech. L. J.，2002，18：367.

❷　M. 雷炳德. 著作权法［M］. 张恩民，译. 北京：法律出版社，2005：378 - 379，720.

法》第 101 条明确地把非专有许可排除在了版权所有权的转移范围之外。

3."权利束"与"权能分离"两视角之间的内在联系

"权能分离"学说和"权利束"理论是透视版权许可属性的两个路径，通过这些透视使我们更加清楚地认识了版权的内部结构以及版权许可的机理。然而，通过上述分析我们可以看到，两个视角之间并非完全平行的关系，而是存在着一定程度的契合，这可以从版权内部结构以及版权许可属性两个方面表现出来。从版权内部结构看，"权能分离"学说把版权视为由使用、收益和处分等权能组成的一个整体，"权利束"理论把版权被视为由诸多法律关系组成的复杂网络，这些都表明从两个不同的角度都观察到了版权内部结构的复杂性。就版权许可的属性而言，"权能分离"学说将版权许可视为版权权能的分离，"权利束"理论将版权许可视为"权利束"的拆分与重组，这体现出了惊人的相似性。不过两个视角的契合并不代表者两者之间可以互相替代，因为两者之间毕竟还存在着一定的差距，多角度的观察问题只会促进而不会阻碍我们对版权内部结构及版权许可属性的认识，而这将为包括许可在内的版权流转制度的构建奠定坚实的理论基础。

第二章

版权许可制度价值论

一、创作回报与人格彰显：版权许可制度对作者的价值考察

在版权制度的发展过程中，围绕着权利的范围、权利的取得、权利的保护等问题，人们一直争论不休。如果说上述问题仅仅是对版权浅层次的争论，那么有关版权合理性或者版权价值的讨论则已经深入到版权问题的实质。为何要给予作者专有性的版权保护？版权保护的价值何在？对于这些问题，人们开始从不同的视角去审视和论证。对于版权合理性的论证加深了人们对版权本质的认识，并对版权实践产生了重大的影响。作为版权制度的重要组成部分，有关版权许可的价值也在上述合理性论证中得到了不同程度的体现。版权许可是作者行使权利的重要手段，也是他人利用作品的合法形式，同时也是繁荣社会文化的必要环节，版权许可将会对作者、使用者及社会产生很大的影响，尤其是对作者本人。接下来笔者将以版权合理性论证的有关理论为背景，从创作回报与人格彰显两个方面来考察版权许可对作者的价值。

（一）版权许可制度对作者的创作回报价值

在对版权合理性的论证过程中，洛克的"劳动价值论"经常被人们引用来为知识产权的合理性寻找依据。作为英国历史上重要的政治思想家，洛克从劳动的角度全面论述了财产权的取得过程，并以此为财产权的合理性提供了强大的理论支持。洛克认为，"虽然土地和一切低等生物为一切人所共有，但是每个人都对自己的人身享有所有权。除了他本人以外，其他任何人都没有这种权利。我们可以说，他的身体所从事的'劳动'和他的双手所做的'工作'，是正当地属于他的。那么，无论他使什么东西脱离自然所提供的状态，也就是脱离那个东西原来所处的状态，他就使他的劳动与之混合了，在那上面连接了自己的某些东西，

因此而使它成为自己的财产。既然是他使那种东西脱离自然所安排的共有状态，那么在那上面也就由他的劳动加上了一些东西，因此而排除了其他人的共同权利。既然劳动是劳动者的无可争议的所有物，那么对于加上了劳动的那个东西，除了他以外就没有人能享有权利，至少在还有足够多的、同样好的东西留给其他人共有的地方，情况就是如此。"❶"尽管洛克所指的是有体财产权，但他的理论无可质疑地也适用于对知识产权的解释。"❷ 同样，洛克的"劳动价值论"对于我们深入理解版权制度的合理性提供了重要的理论依据。

在洛克有关财产权的论述中，"共有（commons）"是经常被采用的一个概念。共有的东西最初都处于自然的状态中，最初没有人对其中的任何部分拥有排斥他人的私人控制权，但这种状态随着劳动的出现而发生了改变，即劳动使原来属于共有的一些东西变成了自己所有的东西。❸ 作品的创作是也是一个劳动的过程。在作者进行作品创造之前，许多"思想"（idea）处于共有状态之中，人们都可以自由地对其加以利用，当作者决定进行作品创作时，就会从这些共有的"思想"中选择适合其需要的一部分作为其劳动（创作）的对象，并且增添了新的东西——作品（独创性表达），对于这些劳动成果进行承认即赋予作者对其作品的专有性权利也完全符合洛克对财产取得所设定的限制性条件——"有

❶ 约翰·洛克. 政府论两篇［M］. 赵伯英，译. 西安：陕西人民出版社，2004：145.

❷ GUIBAULT LUCIE M C R. Copyrights Limitations and Contracts：An Analysis of the Contractual Overridability of Limitations on Copyright［M］. London：Kluwer Law International，2002：9.

❸ 约翰·洛克. 政府论两篇［M］. 赵伯英，译. 西安：陕西人民出版社，2004：144-147.

足够多的、同样好的东西留给其他人共有"。洛克有关限制性条件的论述表明，洛克本人已经间接地涉及了伦理学中有关分配正义的问题，❶"有足够多的、同样好的东西留给其他人共有"的限制性规定意味着机会均等对于财产的重要意义。与土地、果实等有体物相比，作品的独特品性决定了包括版权在内的知识产权制度更能符合洛克理论中的限制性条件的规定。一个人对某个思想的使用无论如何也不会使整个共有资源枯竭，相反，思想的总量会随着思想的使用而不断扩大。另外由于现有的版权制度往往只保护增加的价值部分——"思想的表达"，而把思想本身排除在了权利的保护范围之外，这就进一步确保了创作之源——"思想"的共有。❷

洛克的"劳动价值论"强调价值的最大化，鼓励财产的交易。❸ 在洛克看来，"货币的出现给予了人们继续积累和扩大他们财产的机会。人们通过默许和自愿的同意，找到了一个方法，使一个人可以正当地占有更多的土地，尽管其产量超过了他本人的消费；他可以用剩余产品去交换，得到可以储存的金银，而不会损害任何人。"❹ 同样，我们可以在版权领域对这些论述加以借鉴。对于作者而言，基于创造性劳动而享有的版权仅仅是象征性的，它的实质内容是作者能够从这些权利中获得一定的经济利

---

❶ HUGHES JUSTIN. The Philosophy of Intellectual Property [J]. Geo. L. J.，1988，77：315.

❷ HUGHES JUSTIN. The Philosophy of Intellectual Property [J]. Geo. L. J.，1988，77：314 - 316.

❸ HUGHES JUSTIN. The Philosophy of Intellectual Property [J]. Geo. L. J.，1988，77：366.

❹ 约翰·洛克. 政府论两篇 [M]. 赵伯英，译. 西安：陕西人民出版社，2004：157 - 158.

益，即通过权利许可或者转让获得金钱，并进而去购买能够急切满足其需要的东西。版权许可是作品创作者获得回报的重要渠道，这些回报是作者劳动价值的真正体现。

版权许可对作者的创作回报价值除了可以通过"劳动价值论"得以表述外，在实用主义的"激励论"中也可以得到清晰的说明。在边沁、密尔等哲学家看来，人们的行为都是受到限制的，即人们总是通过行为去尽量避免痛苦、追求快乐。任何行为的实用性都取决于尽可能地在最多数人群中将痛苦减少到最小程度，同时将由此导致的快乐扩大到最大程度。因此，立法的作用是通过'痛苦—快乐'的天平去诱导社会朝着期望的路径发展，并最终获得社会的福祉。[1] 实用主义的有关思想对美国等国家的版权制度产生了重要影响。对于很多人而言，作品的创作需要付出很多的劳动，这将是一个痛苦的过程，而创作的成果即作品对社会上多数人而言，将为他们带来快乐，如何让作者承担痛苦来为社会带来快乐需要一个激励机制，而版权制度无疑是最佳的候选对象，因为版权的授予确保了作者的痛苦能够获得回报，从而不会为追求快乐而放弃痛苦的作品创作。在美国，实用主义的激励观通过宪法中的知识产权条款得到了明确的体现，[2] 并在司法实践中得到了进一步的确认，"有关专利和版权的授权条款背后的经济哲学是基于这样的信念，即通过回报来鼓励个人努力是推进社会福祉的最好办法，而这些是通过发挥作者、发明者在科学

---

[1] GUIBAULT LUCIE M C R. Copyrights Limitations and Contracts：An Analysis of the Contractual Overridability of Limitations on Copyright [M]. London：Kluwer Law International，2002：10.

[2] 《美国宪法》第1条第8款第8项规定：为促进科学和实用技术的进步，确保作者和发明者分别就其作品和发明享有一定期限的专有性权利。

和实用技术方面的天赋来实现的。"❶ 作者辛苦劳动所换来的是对其作品所享有的专有性权利即版权，拥有这些权利就意味着作者可以对作品的利用加以控制，进而获取一定的物质回报。对于作者而言，版权最重要的功能是把通过利用作品而获利的机会交给了自己去支配。在社会分工不太发达的年代，作者可以凭借自己的力量去利用作品并获得相应的回报，例如亲自表演自己创作的戏剧作品并通过收取门票的方式来获利，但随着经济和社会的发展，社会分工愈来愈细，作品的利用途径也更加多样化，在这样的情况下，单纯依靠作者本人很难实现作品的充分利用，最终只会使作者丧失许多通过作品获利的机会。版权许可制度以及与之相关的版权集体管理制度的出现在很大程度上克服了作者本人"作品利用不足"的局限性，确保了作者能够从作品的创作中获取更大数量的回报。版权许可所带来巨大回报不仅使作者本人获得了更大的从事其他作品创作的激励，而且会对其他人产生一种示范效应，即巨大的物质诱惑将会激励更多的人去从事"痛苦"的创作，这就会使愈来愈多的作品涌现出来，从而有力地促进科学的进步或文化的繁荣，形成了"创作－回报－再创作－再回报……"的良性循环过程，这一过程与版权许可催化功能的充分发挥是密切地联系在一起的。

（二）版权许可制度对作者的人格彰显价值

"人格价值论"是论证版权合理性的另一种选择，这种理论对法国和德国等国家的著作权理论和实践产生了重要影响。在黑格尔的哲学体系中，人的意志、人格和自由是晦涩难懂的重要概念。对于黑格尔来说，人的意志是个人存在的核心，并经常寻求

---

❶　Mazer v. Stein，347 U. S. 201，219（1954）.

在客观世界中的实现（actuality）。❶ 黑格尔将意志、人格和自由紧密地联系在一起，在他看来，"自为地存在的意志即抽象的意志即是人。"❷ 但是这些内容都是过于抽象的范畴，他们还需要在客观世界中寻找能够将其具体化的对象，"人作为理念的存在，必须给它的自由以外部的领域。所有权之所以合乎理性不在于满足需要，而在于扬弃人格的纯粹主观性。人唯有在所有权中才是作为理性而存在的。"❸ 这样，黑格尔就进一步把所有权与意志、人格和自由联系在了一起，在他的哲学体系中，对外在物的占有被视为实现抽象人格的具体手段，而物本身已被视为自由、意志和人格的定在，这种物仅仅是直接存在的事物，而不是那些能够通过精神中介变成事物的规定，即学问、科学知识和才能等，但是这些规定却可以通过一定的手段转化为直接的事物，在黑格尔看来，"学问、科学知识、才能等固然是自由精神所特有的，是精神的内在的东西，而不是外在的东西，但是精神同样可以通过表达而给他们以外部的定在，而且把他们转让，这样就可把他们归在物的范畴之内了。所以他们不是自始就是直接东西，只是通过精神的中介把内在的东西降格为直接性和外部性，才成为直接的东西。"❹ 黑格尔有关所有权的论述对后世产生了重大影响，"人格－财产"的思维模式在相关的理论和实践中不断得到体现。

---

❶　HUGHES JUSTIN. The Philosophy of Intellectual Property［J］. Geo. L. J.，1988，77：331.

❷　黑格尔. 法哲学原理［M］. 范扬，张企泰，译［M］. 北京：商务印书馆，1961：46.

❸　黑格尔. 法哲学原理［M］. 范扬，张企泰，译［M］. 北京：商务印书馆，1961：50.

❹　黑格尔. 法哲学原理［M］. 范扬，张企泰，译［M］. 北京：商务印书馆，1961：51－52.

在对包括版权在内的知识产权合理性论述中，人格价值的论述也经常被人们提及，从而形成了"作品－人格"版权理念。❶

在黑格尔的论述中，体现某人意志因而为其所有的财产是可以转让的，但是构成人格或意志的普遍本质的规定或者实体性的规定是不可转让的，人们必须对其整体和普遍性保持一种外在的关系。人们不能把其在劳动中获得具体化的全部时间及全部作品都转让，但可以把身体和精神的特殊技能以及活动能力的个别产品让与他人，也可以把这种能力在一定期间的使用让与他人，因为前者等于把人格转让了出去，而后者由于种种限制并没有使人们丧失普遍性的东西。❷ 具体到版权而言，版权中的精神性权利由于关涉作者普遍性和整体性的存在，因此不可以转让，但是将复制权、发行权等财产性权利暂时由他人行使并不会导致作者普遍性和整体性的丧失，因此应当是被允许的。

人们缔结契约关系，进行交易是出于理性的必然。就人的意志来说，导致人们缔结契约是一般需要、表示好感、有利可图等等。❸ 同样，将体现作者人格的版权中的一部分通过契约中介临时转让给他人也是作者理性的必然，也会给作者带来有利可图的结果，这种结果至少体现为以下几个方面：首先，版权许可意味着作者的人格得到了别人的承认。在黑格尔看来，契约以当事人双方互认为人和所有人为前提。契约是一种客观精神的关系，所

---

❶　有关这方面的论述可见 RADIN. Property and Personhood [J]. Stan. L. Rev. ，1982，34；DRAHOS PETER. A Philosophy of Intellectual Property [M]. Dartmouth：Dartmouth Publishing Company Limited，1996.

❷　黑格尔. 法哲学原理 [M]. 范扬，张企泰，译 [M]. 北京：商务印书馆，1961：73－74.

❸　黑格尔. 法哲学原理 [M]. 范扬，张企泰，译 [M]. 北京：商务印书馆，1961：80.

有早已含有并假定着承认这一环节。❶ 版权许可过程中也是作者的人格被他人承认的过程。其次，版权许可所带来的收入的增加将会进一步增强作者自我表达的能力，为寻找更加完善的表达作者人格的方式提供了物质性基础。❷ 作者的人格可以通过其创作的诸多作品彰显出来，通过将其中一件作品的版权许可出去，作者就会为其他作品的创作奠定基础。最后，作品许可的过程也往往是作品传播的过程，随着作者的作品被越来越多的人所接触，体现在作品中的作者的思想就会在更大的范围内被展示出来，进而使其在更高层面被人们承认，这体现为他人会通过作品对作者产生尊重、敬仰及钦佩。即使对于正在为生机而苦苦奔波的作者而言，这类承认也有可能比物质回报更有价值。❸

以上笔者分别通过"劳动价值论"和"人格价值论"的相关论述考察了版权许可对作者的价值体现，但无论是"劳动价值论"下的"物质回报"价值，或者是"人格价值论"下的"人格彰显"价值往往不是孤立存在的，换言之，版权许可在给作者带来创作回报的同时，也会从不同程度上使作者的人格得到彰显，但是两者的程度往往存在着差异，即在不同的制度背景、不同的历史时期以及不同的创作动机下，人们会更加偏好于其中的一种价值而不太注重另一种价值，但这些并不会影响版权许可制度所承载的重要价值——对作者带来更多的有利的东西。

❶ 黑格尔. 法哲学原理［M］. 范扬，张企泰，译. 北京：商务印书馆，1961：80.

❷ See HUGHES JUSTIN. The Philosophy of Intellectual Property ［J］. Geo. L. J. , 1988，77：349.

❸ See HUGHES JUSTIN. The Philosophy of Intellectual Property ［J］. Geo. L. J. , 1988，77：350.

二、知识传播：版权许可制度的社会效应分析

版权制度发展的过程是与传播技术密切地联系在一起的。印刷术的发明、复印机的出现、广播电视的发展以及网络技术的采用，都会伴随着版权理念的更新和版权制度的变革。作为版权所保护的对象，作品中负载着特定的知识，而知识又是社会发展的重要动力。因此版权制度的变革必定会对知识的积累和传播乃至社会的发展产生重要的影响。如何在作品的积累与作品的传播之间达成平衡一直是版权理论和实践中面临的一道难题，它的解决除了需要由相应的理念支持外，还需要有相应的制度作保证，而版权许可制度无疑是实现上述目标的一个有效途径。接下来笔者将从版权许可与社会发展的关系中去透视版权许可的重要价值。

（一）作品、知识、文化与社会变迁的内在联系

作品与知识之间存在着密切的关系。"知识是认知主体以其认知图式适应、同化被认知客体的信息内容，经整合重构而再现的观念化、符号化的有序信息组合。"❶ 知识具有很大的使用价值，一方面知识的使用有助于人类认识客观世界；另一方面人们可以利用知识去改造客观世界。❷ 知识的掌握程度和人们的认知能力之间存在着密切的联系。知识有显性知识和隐形知识之分，前者是指可以通过劳动者自身表述和以载体形式表现出来的知识，如教师讲授的知识、以书籍、报刊等形式表现出来的知识，这类知识可以进行交换；后者是指隐含在知识载体即人的大脑之

---

❶　刘植惠. 知识经济中知识的界定和分类及其对情报科学的影响［J］. 情报学报，2000（2）. 转引自董焱. 信息文化论—数字化生存状态冷思考［M］. 北京：北京图书馆出版社，2003：17.

❷　范领进. 知识价值理论研究［D］. 长春：吉林大学，2004.

中，无法或不能用精确的方式表现出来的知识，如长期劳动积累的经验判断，某些人群的逻辑思维方式，这类知识由于存在于特定个体的大脑中无法抽象和分离出来因此不能进行交易。❶ 版权法中的作品是作者思想观念的集中反映，它反映了特定主体对自然界、社会和人类自身的认识，这些认识构成了特定的知识内容。"作品在表现出来时，往往要借助于一定的外在媒介来反映，这些媒介包括载有诗歌的报纸、载有文章的图书等"❷，作品中所反映的知识应当属于显性知识的范畴。

作品与文化、社会发展之间也存在着密切的联系，这主要基于作品与知识之间的关系以及知识与文化和社会发展之间的内在联系。知识、文化与社会发展之间的内在的联系体现为以下三个方面：首先，知识是文化的重要组成部分。"文化或文明，就其广泛的民族学意义上来说，是包括全部知识、信仰、艺术、道德、法律、风俗以及作为社会成员的人所掌握和接受的任何其他才能和习惯的复合体。"❸ 其次，文化与社会发展之间存在着密切的联系，"社会变迁指文化、社会结构和社会行为的模式中无时无刻不在发生的变化"❹，文化变迁是社会变迁的一个重要方面，奥格本在《社会变迁》一书中甚至认为"社会变迁主要是文化教育的变迁"。❺ 最后基于文化与知识之间的包含与被包含关系以及

❶ 范领进. 知识价值理论研究［D］. 长春：吉林大学，2004.

❷ 吴汉东，等. 知识产权基本问题研究［M］. 北京：中国人民大学出版社，2005：191.

❸ 爱德华·泰勒. 原始文化：神话、哲学、宗教、语言、艺术和习俗发展研究［M］. 上海：上海文艺出版社，1992：1. 转引自董焱. 信息文化论—数字化生存状态冷思考［M］. 北京：北京图书馆出版社，2003：25.

❹ 伊恩·罗伯逊. 社会学［M］. 北京：商务印书馆，1994：793. 转引自胡申友，李远行，章友德，等. 传播社会学导论［M］. 上海：上海大学出版社，2002：273.

❺ 见：胡申友，李远行，章友德，等. 传播社会学导论［M］. 上海：上海大学出版社，2002：273.

文化与社会变迁之间的特定关系，可以得出这样的结论，即知识的进化❶与社会发展之间存在着直接的联系，"知识（进化）是社会进步（发展）不可分割的一部分，就如同它是社会进步（发展）的结果一样。"❷ 知识的进化是一个循环的过程，然而这不是一个简单重复的循环，而是伴随着知识的创新而不断积累知识的过程。❸ 基于知识与文化及社会发展的上述联系以及作品与知识之间的特定关系，作品与社会发展之间的关系已经比较清晰地呈现在了我们面前，即作品的创作和作品的传播将会对社会的发展产生重要的影响。接下来笔者将围绕作品创作与作品传播之间的冲突，深入分析版权许可制度在上述冲突中的协调作用，以及版权许可制度在促进知识传播方面的重要功能。

（二）作品创作、知识传播与版权许可的关系

作品创作归属于知识生产的范畴。与其他生产过程一样，知识的产生也需要有各种要素的投入，生产过程结束以后，会有不同的产出形式存在，但知识的生产过程又不同于其他普通产品的生产过程，主要表现在投入劳动力的要求、生产过程的风险性、劳动过程的监督成本等方面，即知识的生产是一个智商方面要求比较高、风险性比较大、对劳动过程进行监督比较困难的过程。❹ 此外，知识本身还具有公共产品的属性，对知识的控制不像对有体物控制那么

---

❶　进化本来是生物学中的用语，但在 19 世纪末 20 世纪初，由于达尔文生物进化论风靡一时，生物科学成为各种学科的中心，包括社会学在内的许可学科都受到生物学的影响，因此生物学中的一些理论包括一些用语也开始被其他学科所借鉴。有关这方面的论述可参见：胡申友、李远行、章友德等：《传播社会学导论》，上海大学出版社 2002 年版，第 273 页。

❷　CHON MARGARET. Postmodern "progress"：Reconsidering the Copyright and Patent Power [J]. DePaul L. Rev. , 1993，43：143.

❸　朱祖平. 知识进化与知识创新机理研究 [J]. 研究与发展管理，2000 (6).

❹　参见：袁志刚. 论知识的生产和消费 [J]. 经济研究，1999 (6).

容易，因此经常会产生知识消费领域的"搭便车"现象，并由此导致知识生产领域的激励不足问题。知识存量的增加是社会进步的主要动力之一，知识生产效率的低下会对社会的发展造成不良的后果，为了有效地激励人们从事知识的生产，人们提出了一些解决办法，如通过政府财政资助、物质或精神奖励等途径来鼓励人们去积极从事知识的生产，这些非市场化的制度安排在特定的制度背景和特定的历史时期可能会对知识的生产起到一定的激励效应，但由于受诸多条件的限制，只靠这些制度显然还不能适应社会发展对知识的大量需求。❶ 知识的商品化、产权化是解决知识生产不足问题的市场化安排，它的出现有效激励了知识的生产，并逐步取代上述的非市场化的制度安排成为激励知识生产的主要途径。

知识的产权化在解决知识生产激励不足问题的同时，也带来了一定的负面效应，❷ 即知识的产权化会阻碍知识的传播，具体

---

❶ 关于上述制度效应局限性的论述可参见：袁志刚. 论知识的生产和消费 [J]. 经济研究，1999 (6).

❷ 一些学者认为，包括思想在内的知识是人们的共同财富，将其中一些知识授予某些人专门享有将会产生负外部性效应，即如同人们对自然资源的无限掠夺会对生态环境造成破坏一样，知识产权的不断授予将会使那些作为共同财富的知识存量变得愈来愈少，最终导致知识生态系统的失衡，因此就版权而言应当扭转当前以作者利益为本位的知识产权立法局面，建立一个以使用者利益为本位，兼顾作者和出版者利益的版权体系。See MITCHELL HENRY C, Jr. The Intellectual Commons: Toward an Ecology of Intellectual Property [M], Lanham: Lexington Books, 2005: 87-107; 也可参见：CHON MARGARET. Postmodern "progress": Reconsidering the Copyright and Patent Power [J]. DePaul L. Rev., 1993, 43: 97. 笔者认为上述学者的论述有其合理性的成分，这是对当今知识产权不断扩张趋势的一种理性的反思，但其中一些观点还值得进一步商榷。优先考虑知识的传播，保证人们对知识的接触权利，实现知识共享的目标尽管非常诱人，但紧跟着一个问题就会产生，即在这样的制度体系下如何有效地激励知识的生产? 对于这些问题，上述学者并没有给出令人满意的答案。为调和知识生产与知识传播之间的冲突，笔者主张充分发挥权利许可、合理使用等制度功能。

到作品领域，版权制度的出现会有效地激励人们从事作品的创作，但它也会对作品的自由传播造成不利的影响，作品创作与作品传播之间存在着一定的冲突，但两者的冲突还未达到零和博弈的局面，他们之间的矛盾可以通过一定的方式予以缓和。作品创作是作品传播的前提，作品传播是作品创作的源泉，两者互相依赖，相辅相成。为保证社会上有足够多的作品涌现出来，人们应当首先发挥版权激励作品创作的功能，赋予作者一定期限的专有性权利，尽管这会暂时减少作品自由传播给人们带来的好处，但从长远角度而言对人们是有利的，也就是说这些措施是符合罗尔斯的正义原则的。❶ 另一方面，为了把版权保护可能对作品传播带来的负面效应降低到最低程度，人们还应当在赋予作者版权保护的同时采取一些针对性的措施，以鼓励作品的传播，因为如果没有作品的传播，作品再创作的源头就会逐步枯竭。"知识的价值或者能量不在于人们对知识的拥有，而在于它可能提供给人们的使用范围或对其进行利用的人们的范围"，❷ 版权法须在激励作品创作与鼓励作品传播之间达成适度的平衡，正像不少美国学者对本国宪法中的版权条款❸进行解读的那样，"进步"一词不仅应当

----

❶　罗尔斯指出了衡量制度正义的两个基本原则，即"第一，每个人都具有这样一种平等权利，即与其他人的同样自由相容的最广泛的自由；第二，社会和经济的不平等将是这样安排的：（1）合理地指望它们对每个人都有利；（2）加上地位和官职对所有人开放。" See RAWLS J. A theory of Justice ［M］, Harvard University Press, 1971：60. 转引自顾肃. 自由主义基本理念［M］. 北京：中央编译出版社，2003：462.

❷　CHON MARGARET. Postmodern "progress"：Reconsidering the Copyright and Patent Power［J］. DePaul L. Rev.，1993，43：145.

❸　《美国宪法》第1条第8款第8项规定，为促进科学和实用技术的进步，确保作者和发明者分别就其作品和发明享有一定期限的专有性权利。这项条款在当时的背景下主要是针对版权和专利而言的。

包括作品数量的增加和质量的改进，还应当包括作品的广泛传播。❶

版权许可与合理使用等制度一样发挥着传播作品、缓解"版权保护"与"作品传播"冲突的重要功能，他们都可以说是"积极性"的版权保护手段，这与"防御性"或"消极性"的保护是有很大区别的。后者的主要功能是防止权利人利益的减少，却很少含有主动地促成权利人利益实现之意，对其权益如何实现基本不予关注，该保护为技术条件局限难以奏效，而前者是在动态中实现权利人的利益，而且不会对信息的传播产生太大的消极影响。❷ 但在发挥功能的机制、发挥功能的领域等方面，两者又存在着很大的不同。合理使用制度的设置主要是为了平衡版权人、邻接权人和那些从事非盈利性活动的个人或机构之间的利益关系，合理使用制度的出现有利于作品从权利人向从事非营利性活动的个人或机构的免费传播，这种传播的范围是非常有限的，并不能适应由于经济和社会迅猛发展所带来的对作品越来越大的需求，而版权许可制度的出现可以很好地弥补上述缺陷。无论是授权许可，法定许可或者是强制许可，都是在承认版权人或邻接权人权利的前提下进行的，即被许可人获得对作品的使用权不是免费的，而是需要向许可人支付一定的费用，也就是说版权许可的进行基本维持了作品创作的激励功能。在维持上述激励功能的同

---

❶　See POLLACK MALLA. What Is Congress Supposed to Promote?：Defining "Progress" in Article I，Section 8，Clause 8 of the United States Constitution，or Introducing the Progress Clause ［J］．Neb. L. Rev.，2001，80：754；HATCH ORRIN G，LEE THOMAS R. The Copyright Clause and Congress's Power to Extend Copyrights ［J］．Harv. J. Law & Tec.，2002，16：4-23.

❷　参见：王瑞龙，林蕾. 我国知识产权制度的现代转型：从限制使用到促进交易 ［J］．西南民族大学学报：人文社科版，2004（8）.

时，版权许可也为作品的广泛传播提供了极大的潜力。对于出版社、录音录像制作单位、表演者、广播组织及数据库制作者等主体而言，版权许可为其提供了对作品进行商业性使用的合法渠道，而这些主体对于作品的传播而言都会产生更加广泛的影响。在促进作品传播方面，版权许可与合理使用都是不可缺少的重要制度，它们的一个重要目的是在作品创作激励和作品传播方面搭起一座沟通的桥梁，而这座桥梁的出现将会产生重要而深远的影响，即在人类知识库日益丰富的基础上不断促进知识的传播，并最终推动社会的发展。

三、财富增值：版权许可制度的符号学透视

对于版权许可而言，无论是授权许可，或者是法定许可、强制许可，都涉及有关作品的使用收益在主体之间的再分配，从微观经济学的角度看，这种利益的再分配实现了效率最大化的目标。然而，面对这个结论，我们可能会产生这样的问题，即版权许可是如何实现财富的增值或者财富的创造？有没有一种有效的方式可以用来深入透视版权许可的整个过程？对于这些问题，传统的经济分析方法显然不能胜任使命，因为它关注更多的是静态的均衡关系，强调的是不同制度安排对理性人的激励效应，缺乏对复杂交易关系的详尽分析，因此我们必须把目光转向其他分析方法，而符号学无疑为我们透视版权许可的整个过程提供了一个全新的思考路径和分析工具。

（一）符号学的理论背景

符号学是以符号为研究对象的一门学科，它通过对意义（signification）、表达（expression）、表象（representation）及交流（communication）等概念的运用和分析来试图理解某个系统

或者过程的运作。❶ 正如原子物理学的主要对象和分析工具是原子、精神分析学的主要对象和分析工具是精神，符号学以符号为研究对象和分析工具，符号概念构成了整个符号学理论的基础。❷ 符号是以各种交流媒介存在的意义的产生与复制、接收与交流的过程和结果。❸ "符号是我们所认知或者自认为所认知的所有的一切：人、地点、事物、系统。所有的一切东西都是符号，并且都可以通过其他符号予以诠释。"❹ 现代符号学的研究主要沿着两个路径展开，即瑞士语言学家 Saussure 开创的"语言学"研究路径和美国哲学家 Peirce 开创的"哲学"研究路径。❺ 两种研究路径通过对符号内部结构的不同认识，分别确立了"二元"符号结构模型和"三元"符号结构模型。在 Saussure 看来，一个语言符号（linguistic signs）由两部分组成，即概念（signified）和声像（signifer），这两个要素密切地联系在一起，彼此召唤（recall）对方，例如"狗"的发音会在人们的脑海中联想起"狗"的形象。❻ 与"二元"符号结构模型不同，"三元"符号结构模型在

---

❶ PULOS MICHAEL. A Semiotic Solution to the Propertization Problem of Trademark [J]. UCLA L. Rev. , 2006, 53: 844.

❷ See BEEBE BARTON. The Semiotic Analysis of Trademark Law [J]. UCLA L. Rev. , 2004, 51: 629 - 630.

❸ HODGE ROBERT, KRESS GUNTHER. Social Semiotics 261, 1988// BEEBE BARTON. The Semiotic Analysis of Trademark Law [J]. UCLA L. Rev. , 2004, 51: 627.

❹ KEVELSON R. The Law as a System of Signs 35, 1988, 239. 转引自罗宾·保罗·马洛伊. 法律和市场经济——法律经济学价值的重新诠释 [M]. 钱弘道，朱素梅，译. 北京：法律出版社，2006: 36.

❺ See BEEBE BARTON. The Semiotic Analysis of Trademark Law [J]. UCLA L. Rev. , 2004, 51: 627.

❻ PULOS MICHAEL. A Semiotic Solution to the Propertization Problem of Trademark [J]. UCLA L. Rev. , 2006, 53: 844 - 845.

"二元"符号结构模型中增添了一个要素，即符号所指的对象（referent），并使用了与 Saussure 不同的概念表述。在 Peirce 的"三元"符号结构模型中，符号有三个要素组成，分别是表象（对应于"二元"符号结构模型中的声像）、对象（即物理世界中的一个有体物或者思想体系中的一个精神单元）及诠释体（类似于"二元"符号结构模型中的概念），上述三个要素又分别被成为甲类物、乙类物和丙类物。❶ "三元"符号结构模型同样可以"狗"的例子来加以说明，即当讲话者通过"狗"的发音来提醒听众对一条狗加以注意时，"狗"的发音就是一个表象，相当于甲类物，而当前所提到的狗就是一个对象，相当于乙类物；在听众脑海中所联想到的内容就是一个诠释体，相当于丙类物。❷ Peirce 的"三元"符号结构模型进一步加深了人们对符合内部结构的认识。无论"二元"符号结构模型或者"三元"符号结构模型，对符号的界定都是功能主义的，而不是形而上的，"符号学对于符号的界定不是根据它是什么，而是根据它能够做些什么。"❸ 符号概念的出现为人们认识许可复杂的交易过程提供了一个有效的工具。

符号学在产生之初主要以语言为研究对象，但随后它的研究范围就逐步扩大，例如在对时空观的研究方面，出现了空间符号

---

❶　See BEEBE BARTON. The Semiotic Analysis of Trademark Law [J]. UCLA L. Rev., 2004, 51：636.

❷　PULOS MICHAEL. A Semiotic Solution to the Propertization Problem of Trademark [J]. UCLA L. Rev., 2006, 53：844 - 845.

❸　See BEEBE BARTON. The Semiotic Analysis of Trademark Law [J]. UCLA L. Rev., 2004, 51：629 - 630.

学和时间符号学。❶ 在美国，以柯文尔森（Kevelson）教授为代表的一些学者开始尝试用符号学的方法去分析法律系统的运作，形成了著名的"宾州符号学流派"。另外以马洛伊（Malloy）教授为代表的一些学者也开始尝试用符号学的方法去分析市场系统的运作，并以此为基础上对经济分析法学的"成本－收益"方法及"效率最大化"的观点提出了质疑，形成了独具特色的法律和市场经济理论。❷ 在商标法领域，也有不少学者开始运用符号学理论分析商标显著性、商标淡化、商标转让等问题，这些分析加深了人们对商标本质的进一步认识。❸ 同样，有关符号学的基本原理同样也可以为人们深入透视版权制度的运作过程提供一个有效的途径。

（二）作品 v. 符号

在对版权许可功能进行深入的符号学透视之前，有必要先对作品作一个全面的符号学分析。作为作者思想的外在表达，作品同样可以被看做一个特殊的符号，它是作者抽象思想的外在表达，是传达作者内在思想的一张地图。❹ 符号是外在的可以被人们所感知的事物，而符号所要表达的内容却是内在的不能被人们

---

❶ See BEEBE BARTON. The Semiotic Analysis of Trademark Law [J]. UCLA L. Rev.，2004，51：627.

❷ 参见：罗宾·保罗·马洛伊. 法律和市场经济——法律经济学价值的重新诠释 [M]. 钱弘道，朱素梅，译. 北京：法律出版社，2006.

❸ See BEEBE BARTON. The Semiotic Analysis of Trademark Law [J]. UCLA L. Rev.，2004，51；PULOS MICHAEL. A Semiotic Solution to the Propertization Problem of Trademark [J]. UCLA L. Rev.，2006，53：833.

❹ 符合学分析中经常会举出一些具体的符合类型，如地图、钟表等，由于地图作为符号的意义很容易被人们理解，因此有些学者把几乎所有的符号都比喻成相应的地图。See DICKERSON REED. Semiotics，Dialectic，and the Law：Toward a Legal Dialectic [J]. Ind. L. J.，1986，61：325.

普遍所感知的事物。在版权理论中存在着"思想/表达"的"二分法"，即版权法只保护思想的表达而不保护思想本身。思想表达是版权的唯一客体，思想本身被排除客体范围之外，版权法中为何要作出这种安排？是出于立法技术的考虑还是出于工具主义的考虑？笔者认为，对这些问题的回答可以从不同的角度切入，但如果通过符号学中的符号与概念或者意义的关系去解释这些问题，整个过程会更加直观，也更有说服力，因为在符号学的框架中，只有思想的表达才符合声像（标识）的基本要素，才可以被人们感知，而作品所要表达的内容存在于作者的大脑中，他人无从感知，它只能作为概念或者意义看待，如果把其作为版权的保护对象就从根本上混淆了表象与概念、意义之间的区别。

　　除了"思想/表达"的"二分法"外，我们还可以借助符号学的一些理论来分析作品的独创性要求。一般认为，独创性是构成作品的基本前提，但人们对于独创性的概念在理论和实践中并没有形成统一的标准。从总体看，英美国家的版权法对独创性的要求比较低，在这些国家只要是作者独自创作出来的东西就可以作为作品受到版权法的保护，而法国、德国等国家的版权法对作品独创性的要求比较高，在这些国家，受到版权法保护的作品不但要求是作者独自创作出来的而且还要至少从一定程度上体现出作者的独特的个性，即具备"一枚小硬币的厚度"。❶ 上述国家对作品独创性的不同要求与各自奉行的版权理念有直接的关系。从版权实践的角度看，由于作品之间的千差万别，要想对所有受到版权法保护的作品划定统一的独创性标准几乎是不可能的，独创

---

❶　参见：M·雷炳德. 著作权法［M］. 张恩民，译. 北京：法律出版社，2005：50－51.

性的判断最终只能由法官结合具体情况去判断，这对其来说将会是一个严峻的挑战，同时也意味着法官将会被赋予很大程度的自由裁量权。笔者认为，对作品独创性程度的认识直接体现出了对作品个性的认识：独创性程度要求高意味着更多地强调作品的个性；独创性程度要求低意味着更少地强调作品的个性，而所谓作品的个性往往表现为作品之间的差异性，作品的独创性与作品的差异性已经形成了大致的对应的关系。既然作品的独创性与作品的差异性之间存在着这样的关系，我们不仅要问：受到版权法保护的某个作品必须与其他作品之间存在着差异吗？如果必须存在差异的话，差异的程度应该有多大才能满足版权法的要求？接下来笔者将运用符号学的一些原理来回答上述问题。

无论 Saussure 的符号理论，还是 Peirce 的符号理论，在对符号进行界定时，不仅强调符号内部各要素之间的相互关系，而且还强调符号之间的相互关系，即符号之间相互界定、相互解释的属性。❶ Saussure 的符号理论严格区分符号解释（signification）与符号价值（value）的不同，认为前者涉及的是垂直方向的符号内部各要素之间的相互关系，后者描述的是水平方向的符号间相互关系；前者是一维的平衡，后者是多维的差别。符号功能的发挥依据的不是它内在的使用价值或者交换价值而是其与其他符号关系中所处的地位。❷ "对一个词语赋予意义的不是词语本身，而是该词语与其他词语的关系，以及该词语与我们用来思考和感受

---

❶ See BEEBE BARTON. The Semiotic Analysis of Trademark Law [J]. UCLA L. Rev. , 2004, 51：638.

❷ See BEEBE BARTON. The Semiotic Analysis of Trademark Law [J]. UCLA L. Rev. , 2004, 51：636 - 643.

世界的整个语言结构的关系。"❶ 符号之间相互界定的属性是
Saussure 符号理论的核心，这种相互界定的符号关系产生出了符
号的价值，而相互界定必然意味符号之间存在差异性，因为同一
个符号不可能界定同一个符号。符号价值必须置于符号系统中才
能体现出来，符号价值与符号差异性之间存在着直接的关联。符
号学所阐述的符号价值理论对于我们理解发明的新颖性、商标的
显著性及作品的独创性等问题无疑具有很大的启发意义。作品的
创作过程是作者将其内在的思想通过一定的方式向外界表达的过
程，是从抽象到具体的一个过程，从主观到客观的一个过程。对
于任何一件作品而言，我们都可以将其看做一个符号，而且该符
号不是孤立存在的，它只是某个符号系统的组成部分，而该符号
系统是由众多的符号即作品组成。由于某个符号的价值来自于该
符号与其他符号的关系，或者该符号与其他符号的差异性，因此
对应于某个符号的作品也必须显示出与众不同的个性，只有这样
作品才有意义，才有价值。作品所体现出的个性，或者与其他作
品之间所存在的差异性至少应当达到能够将此作品与其他作品相
互区别开来的程度，只有这样，作为符号的作品才能在相应的符
号系统中具备独立存在的价值。相反，完全从别人那里抄袭过来
的东西或者由客观事实简单拼凑而成的东西由于缺乏与现有的一
些作品符号之间的差异性，是不能作为作品对待的。所有的法律
都可以被看做一个符号系统，版权法也不例外。将没有个性的或
者彼此之间不存在差异性的诸多思想表达纳入到版权法的保护对

---

❶　MANDERSON DESMOND. Semiotics of Law for New Oxford Companion to
Law (2007) [EB/OL]. [2012 - 08 - 16]. http://www.mcgill.ca/files/crclaw-discourse/
semiotics_of_law.doc.

象之中不但背离了符号的本质要求，也破坏了作为符号系统的版权法功能的发挥。

（三）版权许可 v. 符号替代：财富发现过程的透视

版权许可可以被当做一个过程来看待：被许可方通过合同或者根据法律的规定获得许可方作品的使用权，并且向许可方支付约定的或者法定的报酬。从经济学的角度看，版权许可过程是资源的再分配过程，这种资源的再分配促进了效率的最大化，因为许可方往往没有足够的独自实施版权的条件或者能力，将作品使用权许可他人使用就会避免由于许可方主客观条件的局限而可能造成的资源浪费，从而有力地促进了作品资源的充分利用以及蕴藏于作品中的价值能量的释放。版权许可释放作品能量的功能同样可以在版权法自身框架中予以阐释。作品创作的过程是相应知识或者信息生产的过程，由于知识或者信息的非物质化特征和公共产品属性，作品创作人自身很难采取有效的手段来排斥他人，从而造成"搭便车"现象的发生，并最终可能导致作品创作的"激励不足"的问题，而版权法的出现则为克服上述困难提供了一种有效手段。从实用主义的角度而言，授予作者版权的目的是为了激励作品的创造，促进社会的进步；从人格价值观的角度看，授予作者版权是作者人格的本质要求，因为作品仅仅是作者内在思想的外在表现，是作者人格的重要组成部分。但无论是实用主义范式下的版权法，或者是人格价值观范式下的著作权法，都不会授予作者一种绝对的不受限制的专有性权利。权利的范围、权利的行使都会受到不同程度的限制，以适当平衡作者、使用者与社会之间的利益关系，从而形成了版权理论与实践中的权利限制体系。"思想/表达"的"二元"划分、权利存续期间的有限性、权利穷尽、合理使用等权利限制制度减轻了作者专有性权利的设置对作品的传播和利用造成的不利影响，换句话讲，上述制度发挥了促进作品传播和利用的功能，尽管这种功能是有限的、局部的。由于诸多限制，权利穷尽、合理使用等制度只能带来作品的有限传播和利用，并不能充分满足社会对作品的利用需求，因此人们必须寻求其他的能够更加满足对作品需求的手段，而版权许可制度的出现则为实现上述目标提供了有效的制度保障。版权许可制度下的作品利用同时满足了不同主体的利益需求，作品获得了极大程度的传播，文化繁荣和社会进步的公共目标得到了积极的促进。

无论是促进资源有效配置的经济学解释，还是版权法框架内的促进作品传播和利用的解释，都为我们展示了版权许可制度的重要功能和价值，但是它们都没有回答一个深层次的问题，即版权许可过程是如何实现财富（精神财富或者物质财富）的再创造或者增值的？对于这个问题，符号学的解释将为我们提供一个财富创造的清晰过程。"符号学的方法可以用于对各种交换过程的研究，并解释所有的交换系统都关涉一个持续不断的替代及置换过程。"❶ 在 Peirce 的符号理论中，符号或者表象是针对某个人而言的，它代表着某些事物，从而在这个人的脑海中创造出一个对等的或者更加高级的符号。符号并不是代表着该事物的所有方面，而仅仅涉及它的某些方面。❷ 各种交换过程都可以还原到符号之间的相互解释、相互替代及相互置换。所有的交流都是有意

---

❶　参见：罗宾·保罗·马洛伊. 法律和市场经济——法律经济学价值的重新诠释［M］. 钱弘道，朱素梅，译. 北京：法律出版社，2006；32 - 33.

❷　See BEEBE BARTON. The Semiotic Analysis of Trademark Law［J］. UCLA L. Rev. , 2004, 51; PULOS MICHAEL. A Semiotic Solution to the Propertization Problem of Trademark［J］. UCLA L. Rev. , 2006, 53.

义符号的交流过程，诸如语言这样的符号及符号系统促成了主体与符号所指代的现实世界的交流。❶ 经验世界是我们所认为的现实，它是我们一切观念的基础，但又不会被我们所完全把握。现实总是大于观念、大于知识。符号是现实的表象，但只是近似的表象，表象和现实之间总会存在鸿沟，这一鸿沟即所谓的"符号空间"，它代表的是知与未知的距离，这一距离或者符号空间是人们创造社会财富和社会进步的机遇，它代表的是创造的潜能。❷ 由于符号空间的存在，符号在被人们解释的过程中必然会有新的发现涌现，也就是说符号的替代及置换的过程中会创造出新的意义和价值，这一过程被马洛伊称为财富的发现过程。在马洛伊的法律和市场经济理论中，财富的产生是同发现的过程不可分割的，财富建立在创造、试验和发现的基础之上，创造性发现是从符号学关系中的连续性和不确定之间涌现出来的，这是一个充满惊奇、诧异、机遇及意外的过程。在上述分析的基础上，马洛伊得出这样的结论即财富的形成是人们相互作用和相互交换的结果，而且参与交换的人越多，创造财富的可能性也就越大，因此广泛的交换关系的确立是财富创造的基本前提。❸

马洛伊的法律和市场经济理论很大程度地借鉴了美国符号法学家代表人物柯文尔森的一些理论成果。在柯文尔森看来，法律是一个事先没有预定好的、充满着许多偶然性的并且不是自我封

---

❶ MALLOY ROBIN PAUL. Book Review: A Sign of the Times — Law and Semiotics. The Law as a System of Signs by R. Kevelson [J]. Tul. L. Rev. , 1990, 65: 213.

❷ 参见：罗宾·保罗·马洛伊. 法律和市场经济——法律经济学价值的重新诠释 [M]. 钱弘道，朱素梅，译. 北京：法律出版社，2006：44 - 48.

❸ 参见：罗宾·保罗·马洛伊. 法律和市场经济——法律经济学价值的重新诠释 [M]. 钱弘道，朱素梅，译. 北京：法律出版社，2006：83 - 145.

闭的一个发现过程。❶ 这种理论与有关知识的创造、发现、传递及重塑理论具有很大的相似性，与亚当·斯密的哲学思想及古典经济学、新古典经济学和奥地利经济学派的某些方面也存在着兼容性，❷ 它为我们深入理解版权许可过程中的财富发现提供了重要的理论支撑和方法指导。笔者认为，版权许可的过程也是作品不断扩散的过程，即越来越多的人将会通过约定的或者法定的方式获得对作品的使用权。作为一类符号，最初创作出来的作品体现了作者的现实情感经历，并被作者赋予了一定的价值和意义。但正如所有的符号都只是现实的近似表象一样，作品也只是从一个侧面反映了作者的现实情感经历，在作品与作者的情感经历之间有着难以克服的"鸿沟"，即符号空间。在不同的解释框架或者参照框架中，同一件作品被赋予的价值和意义将会出现不同程度的偏差。随着版权交易的进行，作者之外的其他一些人将会欣赏到被作者赋予一定价值和意义的作品，惊奇、诧异、机遇及意外等不确定性的因素随时可能在该交易过程中出现，一些新的价值和意义将会在他们一些人的脑海中出现，并且会通过其他的符号将其表现出来，从而形成了符号之间的相互替代、相互置换。版权交易的范围越大，使用作品的人越多，新的价值和意义出现的频率也就越高，社会精神财富和物质财富的内容也就会更加丰富。

　　"在市场经济中，人们每时每刻目睹的仅仅是市场参与者一

---

　　❶　MALLOY ROBIN PAUL. Book Review：A Sign of the Times — Law and Semiotics. The Law as a System of Signs by R. Kevelson［J］. Tul. L. Rev. , 1990, 65：213 - 215.

　　❷　MALLOY ROBIN PAUL. Book Review：A Sign of the Times — Law and Semiotics. The Law as a System of Signs by R. Kevelson［J］. Tul. L. Rev. , 1990, 65：213 - 217.

次次去发现的或者创造的新的可能性的尝试。"❶ 版权许可市场的建立是版权实践中不可缺少的一个环节，因为它的建立满足了人们不断发现或者创造新的财富机会的需要，最终带来的必将是文化的繁荣和社会的不断进步，而这一切正是人们所期望的。

---

❶ MALLOY ROBIN PAUL. Book Review：A Sign of the Times — Law and Semiotics. The Law as a System of Signs by R. Kevelson［J］. Tul. L. Rev. ，1990，65：218.

第三章

版权许可制度协调论 ——以精神权利与财 产权利的冲突为对象

一、问题的提出

无论是人格价值范式的解释，还是外部性理论的解释，以及家长主义理论的解释，都主张精神权利不能作为版权许可的对象，这些都将对版权实践产生重要影响。精神权利不能被许可的品性注定了被许可人获得的不是完整的"权利束"，而只能是"权利束"中的财产权，这样，版权许可的进行就会产生这样一种结果，即被许可人获得一定范围内的财产权，而与作品密切相关的精神权利仍然保留在作者手中。这种状况非常类似于传统普通法中的役权制度：不动产所有权人将不动产让渡给他人的同时在该不动产上设置一种负担，以便减少由于权利让渡给自己造成的诸多不便。具体的合约以及对财产的限制类似于在财产中仍然存在着人格权利，因为所有的这些都会允许人们保留"权利束"中的一些枝条（sticks），而这些枝条将蕴含着持续存在的人格利益。❶ 精神权利与财产权利相分离，或者两种权利被不同主体行使的局面虽然有时不会对版权许可或版权转让的实践产生直接影响（特别是被许可人只关心有关作品的复制、发行等财产性利益的情形下），但是这两种权利和谐共处的局面在许多情况下面临着被破坏的危险，即两种权利在行使过程中存在着相互冲突的可能性。与版权许可有关的精神权利与财产权利相互冲突的情形在版权许可实践中经常发生。例如，某位画家创作了一件绘画作品，并将复制和发行该作品的权利许可给了他人。但随后该画家认为该作品不太满意并准备修改该作品，在这种情况下就会发生

---

❶　HUGHES JUSTIN. The Philosophy of Intellectual Property [J]. Geo. L. J.，1988，77：345 - 346.

画家所拥有的修改权（或保持作品完整权）与他人拥有的复制权及发行权的冲突。如果在最初的许可合同中对修改权（或保持作品完整权）的行使有着明确的约定，问题可能容易解决。但是，如果不存在着事先的约定，问题的解决就将变得非常复杂。保留在作者手中的精神权利就如同系着风筝的一根线，而被许可出去的财产权利就好比被线牵着的风筝，无论被许可出去的财产权利范围有多大、期限有多长，它也始终不能摆脱作者的控制，就像风筝无论飞得多高始终不能从放风筝的人手中挣脱一样。如果说在模拟时代❶由于技术的局限，与版权许可有关的精神权利与财产权利的冲突还不是非常明显化，那么随着数字化时代的来临，特别是网络技术的出现，精神权利与财产权利发生冲突的情形已变得非常频繁。互联网是一个无国界、无中心的虚拟世界，以数字形式存在的大量作品在这里被创作、传播与利用，从而极大地满足了人们的表达欲望以及对文化信息的需求。网络的出现在为人们带来方便的同时也给人们带来了麻烦，其中一个表现是网络的出现打破了精神权利与财产权利和谐共存的态势，两者的冲突变得更加频繁。事实上，这种状况很容易得到解释，因为对某件正在网络上传播的作品而言，由作者去控制对作品的修改或者让那些意图修改作品的人去亲自寻找作者的授权将是非常困难的，这些无疑会增加权利和谐共处的成本。因为，减少成本支出的自私自利的本性必然会大大减少人们寻求权利和谐共处的努力，权利冲突因而很难避免。从经济发展、文化

---

❶ 模拟时代（模拟技术）是在论述版权制度时经常使用的一个概念，它与印刷时代（印刷技术）、数字化时代（数字化技术）一起来表述版权制度发展的三个历史阶段。

繁荣及社会进步的角度而言，精神权利与财产权利的冲突不应当成为放任自流的常态，减少乃至消除两种权利的冲突应当是版权理论和实践中急切需要解决的一道难题。接下来笔者将从一般性权利冲突的原理出发，尝试找出一种有效的冲突协调机制。

二、精神权利与财产权利的冲突本质探析

"冲突理论中最有争议的问题是冲突的定义。什么是冲突？什么不是冲突？对冲突理论文献的粗略浏览将得到一大批种类多得惊人的、表示冲突各方面的词汇，如：敌对行为、战争、竞争、对抗、紧张、矛盾、争吵、意见不一、缺乏协调、论战、暴力行为、反抗、革命、争执以及其他许多词语。"❶ 冲突概念存在广义和狭义之分。广义冲突概念认为冲突"是有关价值、对稀有地位的要求、权力和资源的斗争，在这种斗争中，对立双方的目的是要破坏以致伤害对方。"❷ 狭义的冲突概念认为冲突并不包括一般意义上的竞争、分歧等可以被称之为矛盾的社会现象，而是专门指不同主体之间激烈的对抗、争夺甚至战斗，它是矛盾积累到一定程度所表现出来的一种比较激烈的对抗性的互动过程。❸

从冲突论的一般层面看，权利冲突的本质是利益的冲突。利益冲突与协调的理论是研究权利冲突问题的基石。"所谓利益，

---

❶　乔纳森·H. 特纳. 社会学理论的结构［M］. 杭州：浙江人民出版社，1987：210. 转引自张玉堂. 利益论［M］. 武汉：武汉大学出版社，2001：53.

❷　科塞. 社会冲突的功能［M］. 北京：华夏出版社，1989：绪言部分. 转引自张玉堂. 利益论［M］. 武汉：武汉大学出版社，2001：53.

❸　张玉堂. 利益论［M］. 武汉：武汉大学出版社，2001：53－54.

就是能够使社会主体的需要获得某种满足的生活资源，而这种资源满足的程度是以客观规律、社会环境和社会制度所认可的范围为限度的。"❶ "法律利益是利益的一种形式，是从利益体系中剥离出来的，以法定形式存在的利益，也即通常所说的合法权利或法益。"❷利益具有主体性、客观性、社会性和历史性特点。利益必须依附于特定的利益主体，离开了主体的利益是不存在的；利益并不是纯粹主观的东西，利益是由人们所处的社会关系所造成的，利益在本质上是一个社会关系范畴，它所凸现的是人们之间的社会关系，这种社会关系是历史的、发展变化的。❸法律是社会利益关系的调整器，不同的利益关系在纳入法律的调整范围之前要经过一个较长的周期，再加上立法者认识水平以及立法技术水平的局限性，所有的利益关系都纳入到法律的调整范围内进而达成稳定的和谐共处局面就显得非常困难，利益冲突的产生已经成为社会生活中经常不可避免的一个现象。

权利冲突的一般原理在分析版权许可实践中产生的精神权利与财产权利的冲突时同样适用。精神权利与财产权利的冲突是作者与被许可人或其他作品使用人之间矛盾的体现，表现为不同权利主体之间的相互对抗，这种冲突的本质是围绕着作品的不同利益的冲突。对于作者而言，作品是其人格的延伸，是其内在思想的外在表达，因此保持作品与创作人之间的特定联系对作者而言意义重大。但是作品在承载着作者人格价值功能的同时还是传递社会信息的"使者"，作品的创作扩大了社会信息库的存量，信息库存量的增加以及质量的提高是作品不断涌现出来的前提，是

---

❶❷ 周旺生. 论法律利益 [J]. 法律科学，2002 (4).

❸ 张玉堂. 利益论 [M]. 武汉：武汉大学出版社，2001：48-51.

社会持续发展的保证，作品只有被他人充分获取和利用才有价值。从总体看，保持作品与创作人之间特定联系的利益与获取和利用信息的利益是相互兼容、相互支持及相互补充的关系，两者的和谐共处是社会文化日益进步的表现和保证，这也是人们期望看到的一种结果。但是，由于受思想观念、立法技术等诸多因素的影响，分别由不同主体所享有的精神权利与财产权利很难实现稳固的和谐共处的局面，两者发生冲突的情形时有发生，精神权利与财产权利的冲突已经成为版权理论与实践中一个不可回避的问题。

从冲突社会学意义上讲，冲突均有正反两方面的效应，理论层面的积极功能是，通过对权利冲突的研究，可以丰富我们的权利理论，加深对权利问题的理解，甚至可能改变我们原有的一些权利理论和权利思维。❶ "冲突经常充当社会关系的整合器。通过冲突，互相发泄敌意和发表不同的意见，可以维护多元利益关系的作用。冲突还是一个激发器，它激发新的规范、规则和制度的建立，从而充当了利益双方社会化的代理者。"❷ 当然，与权利冲突所产生的正向效应相比，权利冲突所产生的负向效应更大。权利冲突会对社会秩序造成破坏，导致无序情形的发生。秩序"意指在自然进程和社会进程中都存在着某种程度的一致性、连续性和确定性。另一方面，无序（disorder）概念则表明存在着断裂（或非连续性）和无规则性的现象，亦即缺乏智识所及的模式——

---

❶ 刘作翔. 权利冲突的几个理论问题 [J]. 中国法学，2002（2）.

❷ 科塞. 社会冲突的功能 [M]. 北京：华夏出版社，1989：144. 转引自张玉堂. 利益论 [M]. 武汉：武汉大学出版社，2001：53.

这表现为从一个事态到另一个事态的不可预测的突变情形。"❶ 精神权利与财产权利的冲突破坏了"作品创作—作品传播—作品利用—作品再创作"的良好"生态秩序",导致了作品创作、传播与使用过程中的无序状态。此外权利冲突最直接的后果是冲突一方或双方（甚至多方）权利效能的充分实现受到限制。❷ 精神权利与财产权利的冲突一方面使作者维持作品与其之间特定联系的控制力降低,另一方面也会使作者以外的其他人充分利用作品的能力受到限制,这对于文化的繁荣、社会的进步将会产生一定的消极影响。另外由于冲突的存在,权利的行使遇到阻力,随之不断增加的救济诉求又会浪费有限的司法和行政资源,进而会影响整个社会的运行效率,无序状态的长期存在必将减慢社会前进的步伐。

精神权利对财产权利的制约可能会对版权许可或版权转让产生不利的影响：精神权利的存在提高了版权许可或版权转让的交易成本,甚至会阻止财产权利的充分让渡。❸ 如何协调精神权利与财产权利的冲突,在实现精神权利所负载的价值理念的同时,减少其对财产权利的牵制,从而最大程度地释放作品中所蕴含的信息、促进文化的繁荣及社会的进步已经成为版权理论及版权实践所面临的一道难题。

三、"精神权利保留—精神权利限制"协调路径的确立

权利主体的多元性是产生权利冲突的前提,因此如果财产权

---

❶ E. 博登海默. 法理学、法哲学与法律方法 [M]. 邓正来,译. 北京：中国政法大学出版社,1999：219 - 220.

❷ 刘作翔. 权利冲突的几个理论问题 [J]. 中国法学,2002 (2).

❸ HUGHES JUSTIN. The Philosophy of Intellectual Property [J]. Geo. L. J.,1988,77：351.

利在被让渡的同时，消除作者对经济权利的保留将会从根本上避免两者之间发生冲突，对于这种解决思路笔者称为"财产权利吸收精神权利"的协调路径。"财产权利吸收精神权利"的协调路径在实践中具体表现为允许精神权利的许可或转让；允许精神权利可通过一定的方式予以放弃❶；实行精神权利的强制许可制度❷等。

笔者认为，"财产权利吸收精神权利"的协调路径是一种较为极端的做法，与精神权利的本质不符。允许精神权利可以被许可或转让的做法是一种零和博弈的做法，因为尽管通过该方法可以达到对财产权利充分行使的目的，但它是以损害精神权利的本质为代价的，这不符合作品是作者人格的延伸的理念。❸ 英美等

---

❶ 参见：刘家瑞. 精神权利的再生 [M] //郑成思. 知识产权文丛第四卷，北京：中国政法大学出版社，2000：402 - 472. 何炼红. 著作人身权转让之合理性研究 [J]. 法商研究，2001（3）；何炼红. 著作人身权合理使用制度研究 [J]. 法学评论，2004（1）；YONOVER GERI J. Artistic Parody：The Precarious Balance：Moral Rights，Parody，and Fair Use [J]. Cardozo Arts & Ent. L. J. ，1996，14；CIOLINO DANE S. Rethinking the Compatibility of Moral Rights and Fair Use [J]. Wash & Lee L. Rev. ，1997，54.

❷ See YONOVER GERI J. Artistic Parody：The Precarious Balance：Moral Rights，Parody，and Fair Use [J]. Cardozo Arts & Ent. L. J. ，1996，14：112.

❸ 法国尽管从理论上禁止精神权利的转让，但在司法实践中，法院会执行一些在不损害作品精神的前提下允许对作品进行修改的合同。See BROOKS ERIC M. "Tilted" Justice：Site-Specific Art and Moral Rights after U. S. Adherence to the Berne Convention [J]. Calif. L. Rev. ，1989，77：1438. 但笔者认为，上述法国司法实践中所采取的做法与其说是作者在许可或者转让其精神权利，不如说是法院承认了作者行使保持作品完整权的另一种方式，允许精神权利的可以被许可或被转让与法国版权法所奉行的理念不符，这些都可以从法院的另一种主张中得到证明，即对于那些包含有"可能会不合理地修改作品"的承诺的合同，法院将宣告该合同无效。See MERRYMAN. The Refrigerator of Bernard Buffet [J]. HASTINGS L. J. ，1976，27：1045// BROOKS ERIC M. "Tilted" Justice：Site-Specific Art and Moral Rights after U. S. Adherence to the Berne Convention [J]. Calif. L. Rev. ，1989，77：n59.

国家所实行的允许精神权利可以放弃的做法尽管从一定程度上避免了精神权利和财产权利冲突的发生，但是，正如笔者在前面所论述的那样，精神权利的放弃与精神权利的转让虽然从表面看是不一样的，但实质效果是一样的，即作者以外的人行使了本应当由作者本人保留的权利，这与人格价值观的理念也不符，因此它不可能成为一个可以被普遍效仿的办法。此外，实行精神权利强制许可的做法不但不符合精神权利不能被许可或被转让的理念，而且由于它的强制性特征难免会招致更多的责难，因此该方案在理论和实践中也不是非常可行。总之，"财产权利吸收精神权利"的协调路径与精神权利的固有品性不相符，它是一种不太可行的做法。与"财产权利吸收精神权利"的协调路径不同，笔者主张采取另外一种协调路径，即"精神权利保留－精神权利限制"的协调路径。根据这种协调路径，精神权利只能保留在作者手中，由作者去行使，而不能被许可或被转让。同时，为避免保留在作者手中的精神权利对已经许可出去的财产权利的行使造成过多的制约，又要对其进行必要的限制。"精神权利保留－精神权利限制"的协调路径是一种比较温和的解决两种权利冲突的折衷方案，它的实行实质上是在贯彻这样一种理念，即在精神权利与财产权利的冲突中，利益的天平向财产权利一边适当倾斜，以实现财富利用和财富创造最大化的目标。由于精神权利保留的价值实质上已经隐含于对精神权利不能被许可的多维论证中，接下来笔者将以精神权利限制为中心，集中地论证精神权利限制的合理性，并提出具体的、切实可行的精神权利限制方案。

（一）精神权利限制的合理性论证

以非物质化的思想表达为保护对象的版权是人为的"垄断性"权利，这种"垄断性"权利的产生服务于特定的目的：或者是对作者人格价值的确认，或者出于特定的工具主义考虑。但任何权利都不是绝对的，版权也不例外，权利必然会被套上一定的枷锁，以扼制权利触角的无限伸张。对于复制权、发行权等财产权利的限制，已有太多的文献进行论述，诸多国家的版权制度以及众多的国际公约也有着不同程度的具体规定。然而，与复制权、发行权等财产权利相比，对表明作者身份的权利、保持作品完整性的权利等精神权利限制的论述以及相关规定似乎要少得多。笔者认为，精神权利在权利限制话题中的经常缺失与以下几个事实存在着内在的联系：首先，由于历史和文化价值观的不同，对精神权利的认识很难像财产权那样在全球范围内达成某种程度的契合，美国和英国迟迟不规定精神权利的保护就是这种认识分歧的一个论据。在对精神权利的本质还没有达成一致认识的情况下，人们很难再去考虑对精神权利进行限制，换言之，在对精神权利是否重要、是否应当进入版权法中等问题还没有澄清之前就去谈对精神权利的限制从逻辑上讲是本末倒置的。其次，精神权利往往被认为是为了保护作品创作者的人格而设定的，是保持作品与创作者之间存在密切联系的必要手段，对其进行限制就会削弱作品与创作者之间的联系，而复制权、发行权等权利在维系创作者人格方面的程度要比精神权利低一些，因此与精神权利相比，对财产权利进行限制对作者人格的影响相应地也要低些。再次，在版权交易相对滞后、作品利用技术不太发达的背景下，对作品的利用主要表现为对作品的复制、摘录等行为，作品的传播速度和规模相对有限，作品的作者身份也较容易确定，作品利用者和作者之间的沟通和交流也较为方便，在这种情况下，维系精神权利的完整性对版权的交易和作品的流通也不会产生太多的阻碍，因此对精神权利进行限制的立法就不会显得非常迫切。如果说精神权利限制立法的缺失与上述几个要素存在内在联系的话，那么随着人们对精神权利认识的逐步趋同、作品利用技术的日益发达以及随之出现的版权贸易的逐步繁荣，完全不受限制的精神权利已经日益不能适应社会环境的变化，将精神权利牢牢地保留作者手中的理念及相应的制度设计已经在某种程度上成为开展版权贸易和作品传播的绊脚石，在这种情况下再僵化地固守旧的理念显然不太符合版权立法的价值、宗旨和原则，精神权利必须变革，精神权利的强势必须收缩，以实现精神权利变革中的发展和发展中的精神权利变革二者之间的良性互动。

对精神权利的限制可以从对作品创作过程的清晰透视中获得一个合理性的论证。包括艺术作品在内的作品创作是一个进化的、革命化的动态过程，这个过程体现为"创作－解释－再创作－再解释……"，"任何作品的创作都不是孤立的，前面的创作是后面创作的源泉，它与现代密不可分地联系在一起，艺术是历史，同时它又来源于历史并且影响历史。"❶ 作为历史的艺术，它不是静止的，后面的创作者基于对此前作品的理解并且在其基础上增添自己的评论、看法或者幽默、讽刺的东西，最终向观众传达一个有关此前作品对现代社会的寓意的信息。❷作品的创作是一个螺旋式的不断往上发展的过程，作品的意义绝对不会孤立存在，它只会隐含于创作者与解释者的关系之中。❸ 每一个作者都

---

❶❷　See YONOVER GERI J. Artistic Parody：The Precarious Balance：Moral Rights，Parody，and Fair Use［J］. Cardozo Arts & Ent. L. J.，1996，14：80.

　❸　BEYER LAWRENCE ADAM. Intentionalism，Art，and the Suppression of Innovation：Film Colorization And the Philosophy of Moral Rights［J］. Nw. U. L. Rev.，1988，82：1025－1027.

会同时充当解释者和传递者的角色，作品的解释者（读者、听众、观众及其他欣赏者）对作品创作过程的不断延续也做出了重要贡献，作品创作者不应当对作品拥有无可争议的、无处不在的控制权，❶ 因为这样会窒息作品不断进化的空间。作者与其解释者的关系就如同父母与孩子的关系一样：作者创作了作品就如同父母生育、养育了孩子；作者对作品解释者的适度容忍就如同父母在指导孩子发展的同时应当留给其自由发展的空间一样。一点都不能容忍他人对作品进行违背自己意志的解释就如同父母根本不给孩子留下自由发展的空间并让其超越自身一样是不可能进一步提升作品价值的，也从根本上扼杀了文化发展的源泉。对精神权利进行适度限制是符合作品创作本性的必要手段，是实现社会文化持续繁荣的根本保证。

对精神权利进行限制还具有一定的人权意蕴。《世界人权宣言》第 27 条规定："人人有权自由参加社会的文化生活，享受艺术，并分享科学进步及其产生的福利。人人对由于他所创作的任何科学、文学或美术作品而产生的精神的和物质的利益，有享受保护的权利。"《经济、社会及文化权利国际公约》第 15 条基本也照搬了上述规定。该条规定了人人应当享有的几项权利，包括参加文化生活的权利、享受科学进步及其应用所产生的利益的权利及对其本人的任何科学、文学或艺术作品所产生的精神上和物质上的利益享受被保护的权利。无论是《世界人权宣言》，还是《经济、社会及文化权利国际公约》，都把版权的保护作为人权来

---

❶ BEYER LAWRENCE ADAM. Intentionalism, Art, and the Suppression of Innovation: Film Colorization And the Philosophy of Moral Rights [J]. Nw. U. L. Rev., 1988, 82: 1027.

对待，从而从根本上提升了版权的地位。"从人权角度讲，人人有权享受对其科学、文学和艺术作品所产生的精神和物质利益的保护，保障了作者与其作品之间的个人联系，保障了民族、社区或其他群体与其集体文化遗产之间的联系，也保障了能够使作者享受足够的生活水准而需要的基本物质利益。"❶ 但是，一个非常清楚的事实是，两者都把版权的保护与参加文化生活的权利及享受科学进步带来的利益的权利置于同一个条文之下，这决不是巧合而是有意的安排。这种安排是向人们彰显这样一种理念：版权与参加文化生活的权利、享受科学进步利益的权利是一个完整的统一体，三者之间存在着内在的紧密联系。"作者享受其科学、文学和艺术作品所产生精神和物质利益的保护权利不能与公约规定的其他权利分割开来。因此，缔约国必须在第 15 条第 1 款第 3 项规定的义务与本公约其他条款规定的义务之间保持适当的平衡，以便促进和保护公约规定的所有权利得到全面落实。达成这种平衡时，不应过于袒护作者的私人利益，而应该充分考虑到公众广泛获得作品的利益。"❷ "作者和创造者的权利并非其自身有什么好处，而仅被认为它们是文化自由以及分享和获得科学进步利益的基本前提。"❸ 包括版权在内的知识产权制度必须在制度框架内"有效平衡发明者、创造者的权利和更广阔的社会利益，并使这种平衡更明显、更确切。人权定位是指集中保护和维护人类尊严和公共利益。进一步说，创造者或作者的权利取决于对公共

---

❶❷ 联合国经济、社会、文化权利委员会第 17 号一般性意见 [J]. 版权公报，2006 (1).

❸ 参见：奥德丽·R. 查普曼. 将知识产权视为人权：与第 15 条第 1 款第 3 项有关的义务 [J]. 刘跃伟，译. 版权公报，2001 (3).

利益和社会利益的贡献。"❶ 对于作者而言，不仅物质利益要受到限制，精神利益也同样要受到限制，以确保公共利益和社会利益的实现。"作者的科学、文学和艺术作品所产生的精神和物质利益享受保护的权利也有一些限制，这些权利必须与公约所规定的其他权利相平衡。"❷ 对精神权利进行限制是版权人权品性的内在要求，但如何对其限制却是一个不太容易解决的问题，甚至可以说是版权理论和版权实践中必须面对的一道难题。接下来笔者将从多个维度探讨限制精神权利的各种具体措施，并就其合理性和可行性进行充分的论证。

（二）精神权利限制的多维展开

对作者的财产权利和精神权利的限制"必须是适度的，即如果有可能，规定好几种限制，则应采取限制性最小的那种措施。限制必须与第 15 条第 1 款第 3 项所保护权利的性质相一致，即在于保护作者与其作品之间的个人联系，保护使作者能够享受足够生活水准所需要的手段。"❸ 精神权利限制可从精神权利的权项、精神权利的权能及精神权利的救济等三个维度同时展开，也可以只在其中的一个或两个维度展开，但无论如何都应当与对应的版权理念及现有的版权制度相兼容。限制精神权利的具体措施需要进行充分的可行性论证。

1. 权项维度的精神权利限制

作为一项世界性的公约，《伯尔尼公约》第 6 条之二规定了两项精神权利，即表明作者身份的权利及保持作品完整性的权

---

❶　见：奥德丽·R. 查普曼. 将知识产权视为人权：与第 15 条第 1 款第 3 项有关的义务 [J]. 刘跃伟，译. 版权公报，2001（3）.

❷❸　联合国经济、社会、文化权利委员会第 17 号一般性意见 [J]. 版权公报，2006（1）.

利，这是对成员国提出的最低要求。由于版权理念及历史背景的不同，各成员国对精神权利的规定在遵守公约最低要求的前提下也体现出了一定程度的差异，其中一个表现是在精神权利的种类即权项的差异方面。权项的多少既体现出了本国的版权理念，也会对被许可或者被转让的财产权利的行使产生不同程度的影响，这在收回权中体现得最为明显。"收回权（the right to withdrawal）是从发表权（the right to disclosure）中自然引申出来的权利，它是指作者所享有的决定何时及是否将作品从公众中（或者从某个私人手中）取走（remove）的支配性权利。"❶ 也有学者认为，收回权是与保护作品完整权密切相关的一种权利，将收回权归属于发表权是不确切的。❷ 收回权在法国、意大利、德国等国家的著作权法中均有规定，它的行使往往以作者观点的改变为理由。作为一项精神权利❸，收回权的行使将会对被许可的财产权利的安全性产生重要的影响，因为这些权利随时可能被作者收回。尽管权利的收回通常以补偿被许可人的经济损失为前提，但是这些损失往往不是通过经济补偿就可以弥补的。这样，收回权在版权法中的出现无疑加大了精神权利与财产权

---

❶　VERSTEEG RUSS. Federal Moral Rights for Visual Artists: Contracts Theory and Analysis [J]. Wash. L. Rev., 1992, 67: 830.

❷　参见：吴汉东，等. 知识产权基本问题研究 [M]. 北京：中国人民大学出版社，2005：254 - 256.

❸　有学者认为收回权根本不是一项著作权，而是一种"特别解约权"或者"特权"。参见：唐广良. 试论版权法中的"精神权利"[J]. 版权参考资料，1990（6）. 转引自吴汉东，等. 知识产权基本问题研究 [M]. 北京：中国人民大学出版社，2005：254. 但从诸多国家著作权法中有关收回权的内容看，收回权行使的目的主要是维护作者的声誉，它的行使可以有效地防止错误或不妥观点的继续传播，因此它应属于精神权利的范畴。参见：吴汉东，等. 知识产权基本问题研究 [M]. 北京：中国人民大学出版社，2005：255.

利发生冲突的可能性。在精神权利不能被许可或转让的情况下，保留在作者手中的精神权利权项愈多，愈有可能对被许可或被转让的财产权利的行使造成障碍。基于此种原因，减少精神权项的设置将会大大降低冲突发生的可能性。不过，精神权项的减少将会削弱作者保持与其作品密切联系的能力，因此通过减少精神权项的设置来协调权利冲突的做法与通过增加精神权项的设置来增强作者人格的做法之间必须达成相对的平衡，这无疑对立法者提出了严峻的挑战。在缺少充分论证的情况下，通过减少精神权项的设置来协调精神权利与财产权利冲突的做法应当谨慎采用。

2. 权能维度的精神权利限制

权能是权利的核心，权利中所包含的权项再多如果没有丰富的权能作保证的话，这些权利也只能是弱势的权利。相反，权利中所包含的权项虽少，但是有丰富的权能作保证，则该权利仍然是强势的权利。概括起来，权利的强弱与权项的多少和权能的丰富程度存在紧密的联系。精神权利是作者支配或者控制其作品的一种手段，是保持作者与作品之间密切联系的不可或缺的重要保证。然而，这种支配或控制究竟该达到何种程度？作者与作品之间的联系是否可以密切到不容许由他人进行丝毫介入的程度？再进一步讲，对作品的发表、对作品进行的任何修改是否都需要由作者本人亲自行使或者经过其明确同意？这些问题都涉及了精神权利中的权能问题。从上述的有关精神权利限制的合理性论证的内容看，我们很容易对上述问题给出答案，即作者对作品的控制程度应当是有限的，财产权利的被许可人在一定条件下是可以不经作者同意从事发表作品以及修改作品的行为的。与通过权项设置来协调权利冲突的路径相比，通过限制精神权利的权能来协调权利冲突的路径效果更为明显，也更加现实。

对精神权利权能的限制可以通过扩张适用版权法中的合理使用制度来实现。合理使用就像为了公共利益而设置在财产上的地役权（easement）或者通行权（a right of way）。❶ 合理使用制度产生于 18 世纪末、19 世纪初的英国司法实践中❷，这些司法实践对美国也产生了重要影响，并在 1841 的 Folsom v. Marsh 案件中由 Joseph Story 法官进行了详细的阐述。在美国，通过司法实践所形成的合理使用制度在 1976 年的版权法中得到了系统的规定。除美国以外，目前几乎所有国家的版权制度中也都规定了合理使用制度❸，《伯尔尼公约》中也有一些条款涉及了对复制权等一些财产权利的合理性使用。不过，合理使用制度最初的目的基本上都是为了限制诸如复制权、发行权这样的财产权利，并没有把精神权利纳入到适用的范围之内。在美国，就表明作者身份的权利和保持作品完整的权利等两项精神权利是否应当纳入到合理使用制度的适用范围之内曾经引起了很大的争议。包括 Ginsburg 教授在内的诸多人士都认为，将精神权利纳入到合理使用制度的适用范围之内是不恰当的。尽管存在诸多反对意见，但是国会最

---

❶ FOWLER MAVIS. The Law of Copyright 59（1996）// CIOLINO DANE S. Rethinking the Compatibility of Moral Rights and Fair Use［J］. Wash & Lee L. Rev. , 1997, 54：footnote 195.

❷ PATRY WILLIAM F. Copyright Law and Practice 718（1994）// CIOLINO DANE S. Rethinking the Compatibility of Moral Rights and Fair Use［J］. Wash & Lee L. Rev. , 1997, 54：81.

❸ 尽管文件表述中并非都直接采用"合理使用"的表述，但内容和功能基本相同。参见：吴汉东. 著作权合理使用制度研究［M］. 北京：中国政法大学出版社，2005：导言部分。

终还是把精神权利纳入到了合理使用制度的适用范围之内。❶ 作为限制精神权利的一种手段，精神权利的合理使用在传统版权制度和司法实践中的缺位是与人们对精神权利所持有的基本理念一脉相承的。因此，愈是受作者人格价值观影响深远的国家，精神权利愈不可能通过合理使用的方式予以限制。"大多数提供精神权利保护的国家都不承认合理使用的抗辩，"❷ 在这些国家，精神权利合理使用制度的最终确立还有待于理论上的论证和司法实践的检验。

与精神权利限制或精神权利合理使用密切相关的是滑稽模仿（parody）问题，因为滑稽模仿往往会涉及对此前作品的修改，并赋予其新的意义，而对作品进行修改的权利往往属于作者精神权利的范畴。滑稽模仿是否合法、滑稽模仿是否存在必要的限度等问题已经与精神权利的限制等问题密切地联系在一起，并成为有关精神权利合理使用论述的中心话题。有关滑稽模仿的一个重要案例是美国最高法院在 1994 年审理的 LUTHER R. CAMPBELL 等诉 ACUFF-ROSE MUSIC，INC 案件❸（以下简称 ACUFF-ROSE 案件）。该案的基本案情是：1964 年 Roy Orbison 和 William Dee 创作了一首名为 "Oh，Pretty Woman" 的歌曲并将其版权转让给了 Acuff-Rose Music 公司。1989 年一个名为 "2 Live Crew" 的乐队成员 Campbell 创作了另外一首题为 "Pretty Woman" 的歌曲，该歌曲通过诙谐的歌词对前面所提到

---

❶　CIOLINO DANE S. Rethinking the Compatibility of Moral Rights and Fair Use [J]．Wash & Lee L. Rev.，1997，54：51，footnote 81.

❷　YONOVER GERI J. The "Dissing" of Davinci：the Imaginary Case of Leonardo v. Duchamp：Moral Rights，Parody，and Fair Use [J]．Val. U. L. Rev.，1995，29：1003.

❸　510 U. S. 569 (1994).

的歌曲进行了讽刺。随后，"2 Live Crew"乐队经理向 Acuff-Rose Music 公司发出了版权授权许可的请求，但 Acuff-Rose Music 公司拒绝了其请求。尽管如此，"2 Live Crew"乐队仍然在 1989 年七八月份发行了含有"Pretty Woman"歌曲的录音带和光盘。紧接着，Acuff-Rose Music 公司对"2 Live Crew"乐队及其所属的唱片公司 Luke Skyywalker Records 提起了诉讼。❶ 该案的一审法院做出了支持被告的判决，认为被告对原告作品的使用已经构成滑稽模仿，但二审理法院以被告的使用具有商业性质因此不构成合理使用为理由推翻了一审判决，该案件最终被提交到了美国最高法院。美国最高法院在该案的审理中结合美国版权法中的合理使用规则对滑稽模仿进行了详细的阐述，并得出了一致同意支持一审法院所做出的被告行为已构成合理使用的判决。最高法院在 ACUFF-ROSE 案件的最终判决中确立了对后来审理类似案件有重要指导意义的几个要素：第一，滑稽模仿的商业性质并不影响合理使用的抗辩。第二，滑稽模仿与原作品相比，必须具有改变性或创新性（transformative）的成分，简单增添一些东西并不构成滑稽模仿。第三，滑稽模仿的批判本质必然意味着其要利用原创作品中的重要成为，以激起（conjure up）人们对原创作品的联想，但只能以此为限度而不能照搬原创作品的全部。第四，滑稽作品的存在尽管会对原创作品市场造成破坏，但不会从根本上替代原创作品市场或其潜在的市场。ACUFF-ROSE 案件尽管涉及的是传统版权（财产权）背景下的侵权问题，但却对精神权利制度背景下分析滑稽模仿问题有很大的启发

---

❶　510 U. S. 569，572 - 573（1994）.

意义。❶ 美国一些学者往往引用该判决中所出现的一些观点，就假设的达芬奇的名画《蒙娜丽莎》被 Duchamp 滑稽模仿案件中 Duchamp 的行为是否构成合理使用进行了激烈的辩论。

作为一战后"Dada"艺术运动的创始人之一，Duchamp 于 1919 年在达芬奇的名画《蒙娜丽莎》的基础上创作了一副代号为 L. H. O. O. Q. 和名为《长胡子的蒙娜丽莎》作品，即在画中人物蒙娜丽莎的脸上画了一副胡子。❷ 假设 Duchamp 滑稽模仿行为发生在已有精神权利保护制度的今天，并假设达芬奇对 Duchamp 提起精神权利侵权诉讼，Duchamp 能否正当地行使合理使用的抗辩？针对这些问题，以 Geri J. Yonover 教授为代表的一些学者持肯定的意见。Geri J. Yonover 教授引用了 ACUFF-ROSE 案件判决中的一些观点，认为 Duchamp 对《蒙娜丽莎》的滑稽模仿尽管具有商业性质，但是这种模仿并没有替代达芬奇的《蒙娜丽莎》作品市场，不但如此，它还为人们带来了从其他视角解释艺术思想的机会。因为，从本质上讲，《长胡子的蒙娜丽莎》的滑稽模仿必然要使用《蒙娜丽莎》作品中的核心元素，即使是全部使用。Geri J. Yonover 教授最后得出结论：Duchamp 的滑稽模仿已构成了精神权利中的合理使用。❸ 针对 Geri J. Yonover 教授的观点，以 Dane S. Ciolino 教授为代表的一些学者提出了不同的观点。Dane S. Ciolino 教授认为，传统的合理使用制度与精神权利制度在价值目标、保护对象、权利性质等方面分别存在着很大的

---

❶　YONOVER GERI J. Artistic Parody：The Precarious Balance：Moral Rights，Parody，and Fair Use [J]．Cardozo Arts & Ent. L. J.，1996，14：109.

❷　YONOVER GERI J. Artistic Parody：The Precarious Balance：Moral Rights，Parody，and Fair Use [J]．Cardozo Arts & Ent. L. J.，1996，14：83 - 85.

❸　YONOVER GERI J. Artistic Parody：The Precarious Balance：Moral Rights，Parody，and Fair Use [J]．Cardozo Arts & Ent. L. J.，1996，14：101 - 123.

差别：传统的合理使用制度的设置出于促进科学进步的实用主义考虑，而精神权利制度的设置主要是出于保护作品创作者人格的需要；传统的合理使用抗辩针对的是与无形的作品相关的复制权、发行权等财产性权利，而精神权利制度保护的却是实实在在的有体物；❶ 合理使用制度保护的是无形的财产权，而精神权利制度保护的是实实在在的动产（personal property）。在 Dane S. Ciolino 教授看来，在动产上设置合理使用限制的做法是不可思议的，因为传统的作品具有无限复制的属性，对任意一个作品的复制件进行改变在带来新作品的同时对原来作品的供应并不会造成很大的影响，而视觉艺术品要么是单件，要么是有限量的复制件，对该艺术品的修改必然要减少其存在的数量，滑稽模仿行为最终只能带来零和博弈的结果，并不会带来创作的剩余，在这种情况下再适用合理使用制度不但不会促进合理使用制度所确立的目标的实现，而且会对精神权利所维护的价值目标造成了实质性损害。Dane S. Ciolino 教授最后得出结论，精神权利制度与合理使用制度是不兼容的，即精神权利不能受合理使用制度的限制。❷

笔者认为，在美国精神权利制度背景下，Dane S. Ciolino 教授的观点具有很强的说服力。的确，在精神权利制度只保护特定作品载体原件或者有限的载体复制件的情况下，合理使用制度对

---

❶ 根据《美国版权法》的规定，精神权利所保护的"视觉艺术作品"是指以单件存在的油画、图纸、印刷字体、静止图像、雕塑作品或者经作者署名并有连续编号的上述作品的复制件或复制品。参见：孙新强、于改之译：《美国版权法》，中国人民大学出版社 2002 年版。从上述规定看，美国版权法只保护部分作品的载体或者有限的载体复制件，并不保护无形的作品本身，这也是美国在精神权利保护方面与其他国家的不同之处。

❷ CIONION DANE S. Rethinking the Compatibility of Moral Rights and Fair Use [J]. Wash & Lee L. Rev. , 1997, 54: 51 - 81.

精神权利适用的后果将对作者造成难以弥补的损害，尽管此时他还可以寻求不正当竞争法、商标法等其他法律的救济，但对作者而言精神权利的保护毕竟是最直接、最有效的方式。不过，Dane S. Ciolino 教授的主张并没有普遍的适用性，因为对于大多数国家而言，精神权利制度所保护的是无形的作品而并非像美国那样仅仅局限于某些艺术作品的原件或者特定的复制件。在以无形的作品为保护对象的情况下，合理使用制度与精神权利基本上是兼容的，正像 Geri J. Yonover 教授所论述的那样。精神权利与复制权等财产性权利虽然是两种不同性质的权利，但合理使用制度所秉承的利益平衡理念对两者应当是同时适用的。精神权利的保护不是绝对的，保持作者与作品之间联系的人格利益也要与使用者的自由表达利益以及推进社会文化进步的利益之间达成一个相对的平衡，而合理使用制度正是保持这种平衡的有效手段，精神权利与财产权利之间的差异性不应当成为阻碍合理使用制度对其适用的障碍。

精神权利与财产权利之间的差异性又注定了由复制权等财产性权利发展起来的合理使用规则不能完全照搬到精神权利领域。在保持合理使用基本理念的前提下，人们需要从丰富的司法实践中逐步探索出具体的、可行的规则，以作为判断精神权利合理使用的判断标准。精神权利的保护与精神权利的合理使用限制的关系实质上是文化保护与文化创新两种价值理念的关系，合理使用限制规则的建构必须在两种价值理念之间达成相对的平衡。事实上，美国很早就是否应当反对电影着色（film colorization）❶、是

---

❶　即将传统的黑白电影通过一定的技术手段转化为彩色电影，以还原电影拍摄时的真实世界。

否应当通过一部保护精神权利的专门立法进行过激烈的辩论。在这场辩论中，一些持否定答案的学者就曾提出过一些具体的标准用以判断作品的修改是否破坏了文化创新与文化保护之间的平衡。如 Beyer 教授认为，在以下三种情况下，作品的修改所带来的损失远远超过其对文化创新所带来的好处，因此是不合理的：第一，创新针对的是在文化领域已经获得一个特殊的受人尊敬地位的作品；第二，对作品的修改已导致原作品实质价值的损失；第三，这种实质意义的改变是永久的并且是不可逆转的。❶ 笔者认为，上述三个标准对于人们在精神权利背景下判断行为是否合理仍然具有重要的参考价值。此外，从现有的版权公约和一些国家的版权立法中，我们也可以找出一些规定，并将其融入到有关精神权利合理使用限制的规则之中。例如，对于侵犯保持作品完整权的行为，《伯尔尼公约》将其限定为对作品进行的任何有损作者声誉的歪曲、割裂等行为，这实际上就将那些仅对作品进行技术性修改或者微不足道修改的行为作为合理使用行为排除在了侵权范围之外。作为深受人格价值观影响的国家，《日本著作权法》对发表权、署名权及保持作品完整权做出了一些例外规定。例如，针对发表权，《日本著作权法》规定了下列未经作者同意的发表行为是合理的，包括作者将未发表的作品著作权转让给他人，将尚未发表的美术作品或摄影作品的原件转让给他人等。❷针对保持作品完整权，《日本著作权法》规定，出于学校教学目的而对作品中的用语和用词所做的不得已的改动行为、为了使原

---

❶　BEYER LAWRENCE ADAM. Intentionalism，Art，and the Suppression of Innovation：Film Colorization And the Philosophy of Moral Rights ［J］. Nw. U. L. Rev.，1988，82：1036.

❷　具体内容见《日本著作权法》第 18 条第 2 款。

先不能使用的计算机程序在特定的计算机上使用或者为了使计算机程序在计算机中发挥出更好的功效而对计算机程序所做的必要的改动以及其他按照作品的性质及其使用目的和状况所做的不得已的改动等行为视为合理行为。❶ 上述学者的观点、有关国际公约或相关国家的版权立法无疑对我们构建精神权利的合理使用限制规则具有重要的借鉴作用。

在笔者即将结束本部分的论述之际，笔者不得不提到我国在有关精神权利的权能限制的立法及司法现状。从立法看，我国现有的《著作权法》并没有就精神权利的权能范围做出非常具体的规定，❷ 但是司法实践中已出现不少与精神权利的权能相关的案例。因此，如何从理论上对这些问题进行解释并从立法层面及时地做出回应已显得非常迫切。事实上，在数字化技术普及之前，由于受制作技术和传播技术的局限，滑稽模仿的现象在实践中并不是非常普遍，因此，人们很少对其加以关注。但是，随着数字化技术的普及，越来越多的人开始借助于该项技术对一些作品进行讽刺性或娱乐性的修改，并通过互联网进行广泛传播。例如，根据电影《无极》改变的网络短片《一个馒头引发的血案》以及借助红色经典电影《闪闪的红星》、《铁道游击队》等改编的短片等。对于这些行为的性质认定目前存在着很大的争议，在没有充

---

❶ 具体内容见《日本著作权法》第 20 条第 2 款。

❷ 我国《著作权法》第 22 条有关合理使用的规定强调了合理使用的一个前提，即在使用他人作品时应当指明作者姓名、作品名称，并且不得侵犯著作权人依法应当享有的其他权利。这就意味着在合理使用他人作品的情形下应尊重作者所享有的署名权、修改权、保护作品完整权等精神性权利。与复制权等财产性权利相比，作者所享有的精神权利显然处在了被立法优先考虑的地位。此外，从《著作权法》第 22 条所规定的 12 种情形看，所涉及的权利为复制权、广播权、翻译权、表演权等财产性权利，不包括作者所享有的精神权利。由此，我们可以认为我国《著作权法》中有关合理使用的规定基本上是把精神权利排除在外的。

分的理论支持和明确的法律指导下，人们往往很难给出一个较为明确的答案。笔者认为，这些改编、模仿行为与原创作品作者所享有的精神权利之间存在着密切的联系，在缺少对精神权利的权能进行适当限制的前提下，最终结果肯定会对行为人不利。但是，从笔者在前面部分的论述中可以得出这样的结论，即缺少精神权利权能限制的版权制度很难成为一个完善的版权制度。因此，我们不能因为我国现有立法中缺少相关规定就草草地做出对行为人不利的结论，而如何在我国版权立法中确立包括精神权利合理使用制度在内的有关精神权利权能限制的具体规则除了需要在理论和实务中不断探索之外，我们也需要充分借鉴国外的相关理论和实践，从而避免走过多的弯路。

3. 权利救济维度的精神权利限制

根据霍菲尔德对财产结构的分析，请求权（rights）是维持权利现状的重要保证以及确保权利安全的重要救济手段。尽管霍菲尔德的理论主要以财产权利作为分析对象，但是它对于人们深入理解精神权利的内部结构也具有重要的借鉴意义。对于精神性权利而言，如果缺乏有效的事后救济手段，无论权项多么丰富，权能有多强大，对作者而言仍然没有太多的意义。精神权利的救济主要包括财产性救济与非财产性救济，前者主要指损害赔偿救济，后者是指赔礼道歉、消除影响以及禁令等救济。❶ 对于作者而言，救济手段选择机会的多少将会对其精神权利的存在及其行使产生重要影响。在版权许可过程中，如果精神权利与被许可的

---

❶ 有关知识产权救济内容的具体论述可参见：杨明. 知识产权请求权研究——兼以反不正当竞争为考察对象 [M]. 北京：北京大学出版社，2005. 张广良. 知识产权侵权民事救济 [M]. 北京：法律出版社，2003.

财产权利发生冲突的话，法官可以通过有针对性选择救济手段的途径来实现对精神权利的间接限制。对于像滑稽模仿这样的具有演绎属性的行为而言，禁令救济将会产生一揽子（blanket）式不良效应，因为滑稽模仿中毕竟有模仿者的创新成分，做出永久性禁令的结果只能是人们再也看不到或听到滑稽模仿，❶ 因此在这种情况下，给予作者损害赔偿救济可能会更符合社会利益。但是，当滑稽模仿明显地超出了精神权利限制的范围但为了不对模仿者的创作热情造成太大的负面影响，可以仅仅给予禁令救济而避免同时给予损害赔偿救济，以便保持模仿者继续从事其他非侵权模仿的物质基础。❷对于法官而言，通过救济措施的选择来间接地实现对精神权利的限制的过程就如同一项高度复杂的司法艺术，它需要进行个体与个体、个体与整体之间的利益考量，它的可行性还有待于理论上的进一步论证和司法实践的进一步检验，而这一切注定是非常漫长的。

---

❶❷　　YONOVER GERI J. Artistic Parody：The Precarious Balance：Moral Rights，Parody，and Fair Use [J]. Cardozo Arts & Ent. L. J.，1996，14：113 - 114.

第四章

版权许可制度模式论
（一）：授权许可制度

一、数字化技术与授权许可方式的革新

授权许可，又称使用许可❶、许可使用❷，是指版权人"将自己的作品以一定的方式、在一定的地域和期限内许可他人使用的行为"❸。授权许可是一种具有设定权利意图的表意行为，其效力来源于版权人与作品使用人之间所订立的授权许可合同。通过这些合同，版权人可以获得一定的报酬，作品使用人可以获得使用作品的权利。这种情形又被称为版权许可证贸易。❹授权许可是版权人获得经济利益的重要手段。作为版权许可的三种制度模式中的一个，授权许可在适用范围的广泛性方面是法定许可和强制许可无法比拟的，因为它更能体现版权人的自由意志，表现为版权人在许可的设定方式、许可类型、许可报酬等方面享有充分的控制能力。具体而言，在设定方式上，授权许可既可以由版权人本人亲自做出，也可以通过版权集体管理机构、出版社等机构做出；既可以通过面对面的方式进行，也可以通过信件、电子通讯等方式进行。在许可类型方面，授权许可既可以采取专有授权许可形式，也可以采取非专有授权许可形式；既可以是针对已创作完成的作品，也可以针对尚未创作完成的未来作品。❺在许可报酬

❶ 参见：郑成思. 版权法［M］. 北京：中国人民大学出版社，1997：321-322.

❷ 参见：吴汉东. 著作权合理使用制度研究［M］. 北京：中国政法大学出版社，2005：149.

❸ 吴汉东，刘剑文，等. 知识产权法［M］. 北京：北京大学出版社，2002：99.

❹ 吴汉东. 著作权合理使用制度研究［M］. 北京：中国政法大学出版社，2005：149.

❺ 例如《德国著作权法》第 40 条第（1）款规定："作者将未来作品上所享有的各项使用权许可他人而签订的合同应当以书面形式进行。当事人双方可以自合同订立 5 年后通知解除合同。若未就更短的解约期限做出约定，通知解约期限（接下页）

方面，既可以采取使用费的方式，也可以采取权利置换的方式；许可人既可以行使获得报酬的权利，也可以放弃获得报酬的权利。在互联网普及之前，版权人对作品的控制相对容易，授权许可通过合同书、信件及传统的电子通讯（电话、电报、传真）等方式设定，授权许可应当包括的内容在版权法中也有比较明确的规定，版权人进行许可授权的目的也较明确，即获得一定的报酬。但是，随着互联网的普及，在实践中出现了新的授权许可方式，其在许可的内容、许可的范围、许可的报酬等方面都与以往的授权许可有着很大的不同。新的授权许可方式的出现拓展了授权许可的适用范围，为满足版权人、作品使用者的利益需求提供了更加广泛的选择空间。接下来笔者将对互联网环境下新出现的几种主要的授权许可设定方式及其内容进行简要的评价。

（一）DRM 许可

DRM 技术即数字权利管理技术（digital right management），是数字内容提供者为防止作品盗版而采取的一项管理技术，DRM 许可是借助该项技术而采取的一种授权许可方式。需要保护的内容被加密，即使被用户下载保存，没有得到数字节目授权中心的验证授权也无法播放，从而严密地保护了版权。❶DRM 许可一方面为版权人控制作品的传播提供了一个相对安全的途径，另一方

（接上页）为 6 个月。"M. 雷炳德. 著作权法［M］. 张恩民，译. 北京：法律出版社，2005：附录三。我国目前的《著作权法》中尚没有针对未创作完成作品的版权转让或许可的明确规定，但是在实践中已经出现许多"约稿"现象（其实质为未来作品版权的许可或转让），为此有学者呼吁参照其他国家的做法在立法中确立针对未来版权的许可和转让规定。见穆英慧，苏玉环. 未来版权转让合同之民法基础［J］. 华东政法学院学报，2003（4）.

❶　［EB/OL］.［2012 - 08 - 16］. http：//baike. baidu. com/view/47310. htm.

面也大大提高了版权授权许可的效率。此外，作为一些技术性的保障措施，DRM 已受到版权法的严格保护，从而为 DRM 许可的进一步发展提供了制度保障。正是基于上述原因，DRM 许可正受到版权人的日益青睐，成为网络环境下版权授权许可的一个主要方式。不过，DRM 许可也面临着一个发展中的瓶颈，即 DRM 许可与合理使用制度的冲突。因为在网络技术出现之前，授权许可只针对合理使用（或法定许可、强制许可）以外使用作品的情形，出于个人学习、研究或欣赏等目的使用作品的并不需要获得版权人的授权，也不需要向其支付报酬，然而 DRM 许可的出现打破了这一平衡，因为由于 DRM 技术的存在，即使出于上述目的对作品进行使用通常也要事先获得版权人的授权。因此，有效地协调 DRM 许可与合理使用制度的冲突已成为 DRM 许可发展的关键。

（二）默示许可（implied license）

默示许可也称推定许可（presumed license），是指虽然版权人没有明确地做出授权许可的意思表示，但根据其行为或者结合其他情形，可以推定出其已默认或者同意对其作品进行使用的情形。对于默示许可，有些学者把其作为版权限制或者非自愿许可❶的一种类型来看待，但事实上，默示许可仍然属于自愿许可即授权许可的范畴，因为其依然建立对版权人内在意思尊重的基础之上，只是该意思是通过行为而非言语的形式表现了出来。退一步讲，默示许可即使被看做对版权的"限制"，也只能是版权人的"自我限制"。❷

---

　　❶ Jay Dratler, Jr.. 知识产权许可（上）［M］. 王春燕，等，译. 北京：清华大学出版社，2003：183.

　　❷ 参见：赵莉. 质疑网络版权中默示许可的法律地位［J］. 电子知识产权，2003（12）.

在互联网出现之前，在实践中即存在着有关版权默示许可的立法例。例如 1976 年《美国版权法》第 201 条（c）款规定，在没有明确的关于版权转让协议的情况下，集体作品（collective work）❶ 的版权人被推定为拥有复制和发行作为该集体作品组成部分的可以分割使用的作品（contribution）、该集体作品任何修订版（revision）以及同一序列的任何未来创作的集体作品的特权。从立法背景看，该项规定的出现是为了更好地平衡出版商（publishers）和自由撰稿作者（freelance authors）的利益，因为根据 1909 年《美国版权法》规定，出版商同时拥有集体作品和集体作品中可分割使用的作品的版权，这种状况对自由撰稿者而言非常不利。1976 年《美国版权法》改变了这种状况，将集体作品的版权和集体作品中可分割使用的作品的版权分开，前者仍归出版商所有，而后者改归自由撰稿作者所有，同时又做出了上述有关默示许可的规定。❷ 不过，随着互联网的出现，一个问题会自然而然地产生，即版权法中有关默示许可的规定在网络环境下能否继续适用？美国第十一巡回法院在 2001 年审理的 Greenberg 案件中❸以及第二巡回法院在 1999 年审理的 Tasini 案件中❹，法官都对版权法第 201 条（c）款的适用范围做出了以下解释，即出版商的特权是有限的，出版商在通过光盘、互联网等方式提供自

---

❶　根据《美国版权法》第 101 条的解释，集体作品包括期刊、文选或百科全书等，它是汇编作品（compilation）的一种类型。

❷　THORNBURG ROBERT H. The Presumption against Implied Transfer of Electronic Rights in Licenses under Section 201（c）of the 1976 Copyright Act：A New Right for the Bundle？［J］. U. Ill. J. L. Tech. & Pol'y，2002：238 - 239.

❸　Greenberg v. National Geographic Soc'y，244 F. 3d 1267（11th cir. 2001）.

❹　Tasini v. New York Times，206 F. 3d 161（2nd cir. 1999）.

由撰稿作者作品时，必须获得自由撰稿人的明示许可。❶ 尽管没有通过立法加以明确规定，但是在我国版权实践中也存在着与《美国版权法》第 201 条（c）款类似的做法，表现为在实践中，期刊社❷在刊登作品时极少再向作者要求获得复制和发行所刊登作品的明示许可，因为仅有作者的投稿行为就已足够表明其已经同意将作品的复制权和发行权授予了期刊社。针对通过光盘、互联网方式传播所刊登作品的行为，实践中不少期刊社采取了包含以下内容的声明，即所刊登作品将要通过数据库等方式传播，如果作者不同意的话，要提前通过书面形式向期刊社进行声明。期刊社所采取的这些措施是否可以因此免除其要承担的责任还值得商榷。

默示许可能否在互联网环境下适用，特别是对出现在电子公告系统（BBS）、博客、微博等网络空间中的作品适用，是我国当前版权实践中所面临的一个问题。默示许可属于默示形式的民事法律行为。默示形式包括推定行为和沉默。前者是指在一定条件下通过采取积极作为的方式来进行意思表示的形式，它既可以作为实施民事法律行为之要约，也可以作为实施民事法律行为之承诺，还可以作为同意变更或终止民事权利义务关系的依据。后者是指根据法律规定或者当事人的约定，以消极的不作为表达意思表示的行为。❸ 关于默示形式的民事法律行为，《最高人民法院关于贯彻执行〈中华人民共和国民法通则〉若干问题的意见（试

---

❶ THORNBURG ROBERT H. The Presumption against Implied Transfer of Electronic Rights in Licenses under Section 201（c）of the 1976 Copyright Act：A New Right for the Bundle?［J］. U. Ill. J. L. Tech. & Pol'y，2002：254.

❷ 在我国，期刊可以作为汇编作品受到保护。

❸ 李开国. 民法总则研究［M］. 北京：法律出版社，2003：237.

行)》（以下简称《意见》）中有着明确的规定。该《意见》第66条规定："一方当事人向对方当事人提出民事权利的要求，对方未用语言或者文字明确表示意见，但其行为表明已接受的，可以认定为默示。不作为的默示只有在法律有规定或者当事人双方有约定的情况下，才可以视为意思表示。"另外，《民法通则》第56条也规定："民事法律行为可以采取书面形式、口头形式或者其他形式。法律规定是特定形式的，应当依照法律规定。"从实践来看，通过电子公告系统、博客、微博等网络空间平台发表作品可分为两种情形。第一种情形是作者只有注册为用户，并且在注册时须接受服务提供者事先拟定好的格式条款才能发表作品。从版权许可的角度看，这种情形又可分为三类。第一类是格式条款中直接含有有关版权默示许可的规定。例如，《武汉大学珞珈山水 BBS 站管理总纲》第18条规定，"本站用户在本站各讨论区版面发表的原创文章，应视为公开发表。如未在原创文章中注明转载条款的，应视为默认允许在本站范围内转载。"❶ 第二类是格式条款中不包含任何有关版权许可的内容。第三类是格式条款要求用户必须同意服务商享有对其发表作品进行各种方式利用权利以及再许可的权利。如《搜狐网络服务使用协议》第4条第5项规定："用户同意，对于其上传到本网站的任何内容，搜狐在全世界范围内不限形式和载体地享有永久的、不可撤销的、免费的、非独家的使用权和转授权的权利，包括但不限于修改、复制、发行、展览、改编、汇编、出版、翻译、信息网络传播、广播、表演和再创作及著作权法等法律法规确定的其他权利，用户特别授权搜狐以自己名义单独对第三方的侵权行为提起诉讼并获得全额

---

❶ [EB/OL]. [2012 - 08 - 08]. http：//bbs. whu. edu. cn/.

赔偿。搜狐无须为此向用户给予任何报酬或承担任何义务，也无须另行通知。"❶ 与只有注册才能接受服务的情形不同，在实践中还存在作者不需要注册为用户即可发表作品的情形。针对上述情况，笔者认为，在注册为用户才能发表作品的情形中，第三类情形更接近明示许可，而前两类情形以及不需要注册即可接受服务的情形下都会涉及默示许可能否适用以及适用范围问题。"我们认为，对于网络经营者而言，可以通过声明、告示等内容不违背诚实信用原则的格式合同，要求对张贴在其服务器上的作品，适用默示许可。"❷ 电子公告系统、博客、微博等网络空间中能否适用默示许可关键在于默示许可的适用是否符合公平、诚实信用等原则的要求。笔者认为，在上述有关武汉大学珞珈山水 BBS 的例子中是可以适用默示许可的，因为一方面它规定用户可以在文章中做出不准转载的声明，另一方面又规定转载的范围仅限于该站范围之内，从而较好地平衡了 BBS 服务提供者和用户之间的利益关系。此外，许多网络空间服务正逐步走向商业化的运作模式，通过广告及无线增值等业务，服务提供者得到了巨大的收益。在这种情况下，如果坚持适用默示许可很可能会出现对作品创作者不公平现象的出现。事实上，针对博客、微博等作品的版权及商业利益分享的争议在实践中已开始出现。❸ 默示许可的适用应当结合具体情形进行谨慎评估，以平衡作品创作者与网络服务提供者之间利益关系作为一个基本的标准。

❶ [EB/OL]. [2012－08－08]. http：//passport. sohu. com/web/serviceitem. jsp.

❷ 张平，张韬略. 数字环境下版权授权方式研究 [M] //张平. 网络法律评论第 6 卷. 北京：北京大学出版社，2005：12.

❸ 参见：刘志刚. 博客作品适用版权授权方式的可行性分析 [J]. 中国版权，2006 (4).

（三）GNU 许可、知识共享许可（CCPL）

GNU 是 "GNU's Not Unix" 的递归缩写。GNU 计划（GNU Project），又称革奴计划，是由 Richard Stallman 在 1983 年 9 月公开发起成立的，其目标是 "重现当年软件界合作互助的团结精神"，开发出可以自由使用的操作系统软件和其他自由软件。自该计划实施以来，许多比较知名的软件如文字编辑器 Emacs，编程语言编译器以及 Linux 操作系统等陆续开发了出来。❶ 根据 GNU 计划，一旦人们获得某个软件，就享有三个方面的使用自由，包括复制及与他人分享软件的自由、通过接触源代码修改软件的自由、发行改进版本软件的自由等。❷ GNU 计划的实质是保证作者对其软件享有版权的前提下授权许可他人对该软件进行自由的复制、发行和修改。为规范这些目标的实现，GNU 先后推出了针对软件本身的通用公共许可证（General Public License，GPL）、较宽松的通用公共许可证（Lesser General Public License，LGPL）等类型的许可证。根据这些许可证，人们可以自由使用公开源代码的软件。为公平起见，同时也为了保证软件自始至终的自由传播，使用者在传播这些软件或者基于这些软件的衍生软件或者包含这些软件的其他软件时，也要将同样的自由使用软件的权利授权许可给他人。除此之外，GNU 也推出了自由文档许可证（Free Documentation License，FDL），该许可证主要针对软件操作手册（manuals）、教科书（textbook）

---

❶ GNU（条目）[EB/OL].［2012－08－08］. http：//baike. baidu. com/view/36272. htm.

❷ [EB/OL].［2012－08－08］. Overview of the GNU System, http：//www. gnu. org/gnu/gnu-history. html.

或者其他的功能性和实用性文档。❶

知识共享许可（Creative Commons Public License，CCPL）是知识共享组织所创立的一种版权许可方式。该组织由 James Boyle，Michael Carroll，Lawrence Lessig 等人于 2001 年创立，其宗旨是在版权人和作品使用者之间架起一座沟通的桥梁，从而实现人们知识的合作与共享。❷ 在知识共享许可中，版权人授权许可他人对其作品进行使用，但前提是被许可人须接受版权人在许可中所设定的限制。这些限制分为四类，分别是署名（保留对作品的署名）、非商业性使用（仅限于非商业性目的）、禁止演绎（不得进行演绎创作）、相同方式共享（只有在对演绎作品使用与原作品相同的许可协议的情况下，才允许发行演绎作品）。❸ 根据许可人所选择限制类型的不同，知识共享许可又被分为六类，分别为署名－非商业性使用－禁止演绎（by-nc-nd）、署名－非商业性使用－相同方式共享（by-nc-sa）、署名－非商业性使用（by-nc）、署名－禁止演绎（by-nd）、署名－相同方式共享（by-sa）、署名（by）。❹ GNU 许可和知识共享许可的出现是对传统的版权授权许可方式的革新，它为作品的自由、广泛传播以及作品的再创作提供了一个崭新的机制。但是，与其他方式的授权许可相比，GNU 许可和知识共享许可下的作品种类和作品数量还相对有限，两类

---

❶　GNU Free Documentation License［EB/OL］.［2012 - 08 - 08］. http：//www. gnu. org/copyleft/fdl. html.

❷　［EB/OL］.［2012 - 08 - 08］. http：//cn. creativecommons. org/faq. php＃What_problem_does_Creative_Commons_intend_to_solve?.

❸　［EB/OL］.［2012 - 08 - 08］. http：//creativecommons. net. cn/licenses/licenses_exp/.

❹　知识共享许可协议文本［EB/OL］.［2012 - 08 - 22］. http：//creativecommons. net. cn/licenses/meet-the-licenses/.

许可的广泛采用仍然需要一个较长的发展和完善的过程。

二、授权许可过程中不当行为的规制

（一）问题的提出

合同自由是合同法的基本原则，它们的产生和存在具有深厚的理论支撑和广泛的社会基础。在古典自由主义下，作为展示个人自由意志、实现个人自治的重要途径，绝对的合同自由理念被推广到了极致，"合同自由对个人自我的实现是如此重要，以致于有时它被人们视为一项根本性的权利"。❶ 绝对的合同自由原则意味着各种市场交易的进行完全由当事人自己去决定，国家及其他当事人不能加以干预。不可否认的是，在合同主体完全平等、市场充分竞争的条件下，合同自由原则的充分贯彻对于个人利益需求的满足、社会资源的有效配置以及当事人之间公平价值目标的实现具有重要的意义。但是，随着经济和社会的发展，特别是随着大量的格式合同条款的出现，市场主体地位的平等性受到极大冲击，当事人之间不公平的问题日益突出，在这样的背景下，原来所奉行的绝对合同自由理念开始受到挑战，诸多旨在确保当事人之间公平目标实现的立法措施开始出现，在民法中开始"通过诚实信用原则、公序良俗原则对私法自治或契约自由原则进行限制，以及法律直接规定某些契约条款无效等"❷，另外在实践中也出现了旨在为劳动者及消费者提供保护的专门性法律。此外，

---

❶ See GUIBAULT LUCIE M C R. Copyright Limitation and Contracts：An Analysis of the Contractual Overridability of Limitations on Copyright［M］. London：Kluwer Law International，2002：115.

❷ 梁慧星. 从近代民法到现代民法——20 世纪民法回顾［J］. 中外法学，1997（2）.

由合同订立所产生的诸多负外部性问题也开始受到人们的关注，如为防止通过订立合同方式排挤竞争对手、破坏市场公平竞争秩序行为，在实践中开始出现以反不正当竞争法、反垄断法等限制合同自由的法律规范。但是，上述对合同自由进行限制的事实并不意味着人们完全抛弃了合同自由的原则，因为对合同自由进行限制只不过是人们为了更好地达成其与公平价值之间的平衡，即此时的合同自由原则已不是绝对的而是兼顾公平的合同自由原则。

　　自由与公平之间的平衡问题仍然贯穿于当今的法学理论和法律实践中。在自由与公平的平衡过程中，自由主要体现为订立合同、选择合同相对人以及决定合同内容的自由，而公平除了体现合同当事人之间的公平外，还涉及合同当事人与社会之间的公平问题，自由与公平之间的平衡不仅适用于传统的有体物产权交易，对于作为智力成果的作品版权交易也同样适用。许可人与被许可人通过自由签订合同的方式达成版权交易，这不但可以满足其各自的利益需求，而且从社会的角度而言，可以大大加快作品的广泛传播速度，促进文化的日益繁荣和社会的不断进步，但在版权授权许可合同的签订和履行过程中同样会出现与公平、正义等价值目标不符的不当行为，突出地表现在许可人通过利用其在作品市场所享有的优势地位将许多不公平的许可条款强加于被许可人，而被许可人由于信息不对称或者受选择余地限制的原因而不知不觉或者被迫接受这些对其明显不公平的条款，或者许可人通过利用其在相关市场的支配力去排挤其他竞争对手从而破坏公平的市场竞争秩序，这些情形随着数字化时代的来临表现得更加突出。在数字化作品产生之前的年代里，尽管在版权授权许可过程中也会存在着一些影响公平价值目标的不当行为，但由于作品的大量需求者主要限于出版社、音像制品制作者及广播电视作者等作品传播组织，其具有的专业优势、市场地位以及作品的相对高弹性需求基本上可以确保许可人与被许可人之间的相对公平，对市场公平秩序破坏的范围和程度也相对较低。但是随着数字化时代的来临，普通消费者对于计算机软件等数字化的作品需要愈来愈多，而且由于网络外部效应的存在（即网络对于人们的价值与网络使用者人数规模之间存在着一定的正比例关系），一个先开发出来的、与网络环境相兼容的数字作品很可能在市场中占有一定的支配地位，在这种情况下消费者选择替代产品的机会非常有限。在较低需求弹性的前提下，版权人就会利用其在市场中优势地位，通过采取技术保护措施（受到版权法的保护，即破坏或者规避这些措施要承担版权侵权责任）加拟定格式条款的方式将包括价格在内的诸多不公平内容强加给被许可人，或者通过利用其在相关市场的支配力去破坏公平的竞争秩序。诸多不当行为在版权授权许可过程中的频繁出现对被许可人的利益以及包括公平竞争在内的公共政策造成了非常不利的影响，如果对之持自由放任的姿态，那么最终损害的不仅是合同自由本身，文化繁荣以及社会进步目标的实现也将受到一定程度的阻碍，因此如何在兼顾自由与公平的基础上有效地规制版权授权许可过程中出现的诸多的不当行为已成为必须解决的一道难题。

（二）授权许可过程中不当行为的界定

版权授权许可过程的不当行为有多种表现形式，既包括与传统作品有关的一揽子许可、捆绑销售等不当行为，也包括与数字作品密切联系的对版权法中所规定的版权限制进行排除的不当行为。对于上述与版权授权许可有关的不当行为，国外大量的研究文献以及司法判例已经涉及，但是由于对于这些问题的研究在我国才刚刚开始起步，对上述国外研究成果的充分借鉴可以使我们少走弯路，因此笔者接下来将在充分借鉴国外研究成果和司法实践的基础上，对版权授权许可过程中出现的不当行为进行界定，然后就规制这些不当行为的方式进行论述。从现有的实践看，版权授权许可中的不当行为主要从以下行为中产生：

1. 由搭售、一揽子许可、捆绑许可及限制作品使用范围所产生的不当行为

（1）由搭售（tie-ins）所产生的不当行为

搭售是反垄断分析中经常出现的一个概念。对于版权而言，搭售是指被许可人获得许可人版权授权的前提是被许可人附带地从许可人那里购买不需要的产品、接受不需要的服务或者获得不需要的其他权利。在国外立法、司法和执法实践中，版权授权许可过程中的搭售行为并不必然构成违法，相反还可能基于其他原因如价格歧视而获得法律的允许。❶ 价格歧视是版权许可中经常采取的一个行为，它是版权人在进行版权授权许可时，针对被许可对象的不同而收取不同的费用。在 ProCD 诉 Matthew Zeidenberg 案中❷，原告对其开发的电话号码数据库针对普通消费者和商业顾客分别收取不用的许可费用，即原告在对数据库授权许可过程中采取了价格歧视的方法：针对普通消费者收取较低的价格，而对商业顾客收取较高的价格。在案件的审理过程中，法院基本上认同了原告采取价格歧视方法的合理性，即法院认为如果原告不能采取分别定价而只能采取统一定价的方法，那么原告的统一定价水平就会大大超过原来针对普通消费者的定价水平，由于相关数据库产品针对普通消费者的较高的需求弹性，原告为了获得利润就不得不对商业顾客收取一个

---

❶ See POSNER RICHARD A. Transaction Costs and Antitrust Concerns in the Licensing of Intellectual Property [J]. Marshall Rev. Intell. Prop. L., 2005, 4: 325.

❷ 86 F. 3d 1447 (7th cir. 1996).

对其有吸引力的价格，在这种情况下普通消费者和商业顾客都将受到损失。在许可人对相关作品市场没有支配力，或者虽然存在市场支配力但不会妨碍市场公平竞争的前提下，基于价格歧视的原因来分析搭售的合理性是可行的，但是如果上述前提不具备，版权人就往往会利用其对相关作品市场的支配力去破坏被搭售产品市场的竞争，这无疑是对公平竞争的公共政策的侵犯，因此应当被包括反垄断法❶等在内的诸多法律的禁止。

（2）由一揽子许可（blanket licensing）所产生的不当行为

一揽子版权许可经常发生在版权集体管理机构和大量使用作品的广播电视机构之间，它是指作为版权集体管理机构的组织将其管理的所有作品授权被许可人使用，而由被许可人向该组织支付一个固定的许可使用费（a flat dollar amount）或者根据其利润的一定比例向许可人支付许可使用费，收取的许可使用费再由该组织根据其成员作品大致被使用的频率而在他们之间进行分配。❷对于被许可人而言，除了整体上接受作品的授权许可外，其并没有其他的可供选择的空间，因此很容易产生对其不公平的问题。在美国的司法实践中曾经围绕着一揽子许可的合理性问题发生过较大的分歧。在 BMI（Broadcast Music，Incorporation）和 ASCAP（American Society of Composers，Authors and Publishers）等诉 Columbia Broadcasting System，Inc. 等案件中❸，作为上诉人的 BMI 和 ASCAP 是两家版权集体管理组织，作为被上诉人的

---

❶　反垄断法与竞争法从内容看并没有太大的区别，本文主要采用反垄断法称谓，但有时也会采用竞争法的称谓。

❷　参见：威廉·M. 兰德斯，理查德·A. 波斯纳. 知识产权法的经济结构 [M]. 金海军，译. 北京：北京大学出版社，2005：489.

❸　441 U. S. 1 (1979).

Columbia Broadcasting System，Inc. 是一家从事广播电视业务的机构。此前，Columbia Broadcasting System，Inc. 一直以一揽子许可的方式从上诉人那里获得了音乐作品的授权许可，但是后来Columbia Broadcasting System，Inc. 对 BMI 和 ASCAP 两家机构提起诉讼，主张 BMI 和 ASCAP 的一揽子许可行为构成了非法的价格固定、非法的搭售安排、一致的拒绝交易及权利滥用等非法垄断行为，一审法院拒绝了 Columbia Broadcasting System，Inc. 的诉讼请求，二审法院虽然在大部分方面与一审法院保持了一致，但在价格固定方面做出了与一审法院不同的判决，即二审法院判决 BMI 和ASCAP 的一揽子许可行为构成了非法价格固定行为，美国最高法院推翻了二审法院有关一揽子许可构成了非法价格固定行为的判决。美国最高法院认为，一揽子许可至少为一个庞大的音乐作品表演权市场提供了一个可以接受的机制，因此不能自动地被宣告为非法的行为，相反，一揽子许可的合法性问题应当根据合理性规定进行具体的分析。❶ 虽然美国最高法院推翻了二审法院的判决，但这决不意味着最高法院承认了一揽子许可的合法性，因为最高法院只是表明一揽子许可的合法性要根据具体情况进行分析。另外，最高法院在判决中明确提到了"一揽子许可可能经受不住合理性规则分析的考验"❷，这就意味着当许可人具有绝对的市场控制力并且滥用这种控制力的时候，一揽子许可仍然会构成非法的行为并且要受到包括反垄断法在内的诸多法律规范的制裁。

（3）由捆绑许可所产生的不当行为

版权授权许可中的捆绑行为往往发生在计算机软件授权许可

---

❶ 441 U. S. 1，23，24 (1979).
❷ 441 U. S. 1，24 (1979).

领域，它是指软件版权人将其所拥有的两种或两种以上的软件整合（integrate）在一起进行许可。对于被许可人而言，其可能只想要使用其中的一个软件，但由于版权人的上述行为，其最终只能接受版权人所提供的被捆绑在一起的全部软件。从形式上看，捆绑许可与搭售许可非常类似，因此有关搭售许可的分析方法在捆绑许可领域仍然适用。围绕着软件版权捆绑许可的合法性问题，目前在理论和实践的层面都存在着争议。在影响非常广泛的美国诉微软公司案件❶中，有关捆绑的问题引起了广泛的关注。在本案中，美国司法部控告微软把"Windows"操作系统和"IE"浏览器（"Internet Explorer"）捆绑在一起销售的行为已经违法了《美国反托拉斯法》第 1 条的规定，即被告的行为已经不合理地违反了公平的竞争政策。在案件的一审中，法院支持了对微软的这项指控，但是一审法院的这项判决并没有被二审法院加以确认，相反二审法官撤销了一审法院的这项判决，并要求一审法院按照其意见进行再审理。二审法院在判决中提到，学术界和实务界对于"旧经济"条件下的垄断理论对在以网络效应为主要特征的不断变化的技术市场中进行竞争的企业能否适用以及适用的程度存在着很大的争议。在这些市场中，一个产品或者标准往往具有支配市场的倾向，但这种支配往往是暂时的，因为某个技术所获得的支配地位很快会被下一轮的改进技术所替代，从鼓励技术创新的角度而言，应当支持企业通过千辛万苦所获得的这种暂时性垄断地位，换句话讲，这种垄断很难归入传统的受《反托拉斯法》禁止的行为范畴。❷ 不可否认的是，以网络效应为特征

---

❶　253 F. 3d 34 (D. C. Cir. 2001).

❷　253 F. 3d 34, 49, 50 (D. C. Cir. 2001).

的软件市场确实具有与其他市场不同的地方，但是以产品市场支配力或者垄断的暂时性以及鼓励创新为理由去为包括软件捆绑许可在内的行为进行辩护将很难立足，因为一旦这些行为被法律所确认，那么后面的技术创新将很难突破目前占有支配或者垄断地位的企业通过上述行为所设立的防线，从而也就很难替代前面的产品，在这种情况下，所谓的暂时性垄断最终会转换为长时间的垄断，公平竞争的政策目标将会长时间地得不到实现。基于上述原因，捆绑许可行为的合理性、合法性问题尚需要不断进行理论上的探讨和司法实践的摸索，但是我们并不能因此对这些行为置之不顾，当一个软件已经在相关市场中占有绝对性的支配地位，那么围绕其进行的捆绑行为应当被视为违反公平竞争政策的非法行为。

（4）由限制作品使用范围所产生的不当行为

在版权授权实践中，存在着这样的现象，即许可人只允许被许可人将作品使用在由被许可人提供的硬件设备上，从而达到垄断该硬件设备市场、排挤其他竞争者的目的，这种限制作品使用范围的不合理行为在软件授权许可领域经常可见，Alcatel USA, Inc.（以前的 DSC）诉 DGI Technologies Inc. 案就是这样的一个例子。[1] 法院认为 DSC 在授权许可过程对被许可人软件使用范围的限制明显地属于滥用版权的不合理行为。作为原告 Alcatel 的前身，DSC 是从事电话交互系统设备的生产商，这些电话交换系统由其拥有版权的操作系统软件进行控制，除此之外，电话系统的扩容往往还要安装一组特制的扩容卡。DSC 在软件授权许可协议中明确规定软件只能在其提供的设备上使用。本案被告 DGI 是生产交换系统扩容卡的生产商，原告主张被告的行为已经侵犯了其对电话操作

---

[1]　166 F. 3d 772 (5th Cir. 1999).

系统软件所享有的版权。在案件审理中，法院认为 DSC 在软件许可协议中对软件使用范围进行限制的行为（软件只能使用在由其提供的设备上）表明其意图垄断并不享有专利保护的电话交换系统扩容卡市场，这些已明显地超出了版权的范围，因此属于滥用版权的行为范畴。❶ 版权授权许可过程中对作品使用范围进行限制，即将作品的使用对象限制在许可人提供的相关硬件上，这将会对相关硬件市场公平竞争环境造成一定程度的破坏，因此对于这些行为应当保持高度的谨慎，必要时要采取一定的行动进行规制。

2. 通过格式合同规避信息产品责任、版权客体限制、合理使用制度的行为

随着计算机技术和网络技术的广泛应用，包括计算机软件等在内的数字化作品的版权授权开始采取拆封合同（shrinkwrap contract）、点击合同（clickwrap contract）及浏览合同（browerwrap contract）等格式合同方式❷，而其中拆封合同和点击合同运用最为广泛。在合同成立方面，由于点击合同条款在用户点击同意按

---

❶ 166 F. 3d 772，794 (5th Cir. 1999).

❷ 拆封合同是指通过以下方式所订立的合同，即许可条款出现在用来密封软件的包装（通常是一层塑料）上面或里面，一旦用户拆开包装即被视为接受许可条款的合同。点击合同是指通过下列方式所订立的合同，即一方当事人事先拟定好一个以电子形式出现的合同条款，另一方当事人可以通过点击符号（icon）按钮（button）或者输入一些特殊词汇（a set of specified）的方式加以同意。See KUNZ CHRISTINA L，DUCA MAUREEN F DEL，THAYER HEATHER，et al. Click-Through Agreements：Strategies for Avoiding Disputes on Validity of Assent [J]. Bus. Law，2001，57：401；浏览合同是指通过下列方式所订立的合同，即合同条款出现在网站上，或者 CD-ROM（只读储存器）使用者的电脑屏幕上，这些条款并不要求使用者通过点击"是"或者"我同意"按钮的方式加以明确的同意，因此该合同又被称为免点击（click-free）的合同。See KUNZ CHRISTINA L，OTTAVIANI JOHN E，ZIFF ELAINE D, et al，Browse-wrap Agreements：Validity of Implied Assent in Electronic Form Agreements [J]. Bus. Law，2003，59：279.

134

钮之前有充分的机会去阅读，因此有关其成立的争议并不大，但是对于拆封合同而言情形就大不一样了。在拆封合同下，用户（被许可人）一旦拆开用来密封软件的外包装即被视为接受许可条款，但由于拆封合同条款出现在包装里面，或者虽然在包装外面出现但并不完整，或者要等到在软件电脑上运行才能出现全部许可条款，因此在用户（被许可人）拆开包装之前几乎是没有机会了解合同条款内容的，这种"先交钱后条款"（"money now, term later"）或者"先销售后提供合同条款"（"post-sale terms"）的合同订立方式显然与传统的合同订立方式不符。按照传统合同法理论，合同的成立以合同当事人意思表示一致为标志，而在拆封合同下，在用户（被许可人）拆开包装之前几乎是没有机会知晓软件销售商（许可人）意思表示的，因此有关拆封合同成立问题在理论和实践中引起争议就不足为奇了。在美国联邦第七巡回法院于 1996 年审理 ProCD 诉 Matthew Zeidenberg 案件❶之前，拆封合同很难被法院裁定执行，该案的一审也不例外❷，但是在二审中，法院却给出了与其不同的意见。二审法院认为，先交钱后知道合同条款的情形在实践中非常普通，如购买保险和购买音乐会的门票。将所有拆封的合同条款印制在包装外面必然要用非常小的字体，这根本没有必要。在二审法院看来，只要客户（被许可人）事后有机会阅读合同条款并且有解除合同的机会就足够了，而不需要将所有拆封的合同条款用非常小的字体印制在包装外面，换言之，"先交钱后条款"的方式并不影响合同的成立。❸

---

❶　86 F. 3d 1447.

❷　法院认为，因为许可条款印制在包装盒里面而不是外面，因此不是合同。908 F. Supp. 640（W. D. Wis. 1996）.

❸　See 86 F. 3d 1447，1451，1452（7ᵗʰ cir. 1996）.

二审法院的这些意见在最初拟定的《统一商法典》（UCC）2B 条款以及后来单独制定的《统一计算机信息交易法》（UCITA）中得到了明确了认可。按照《统一计算机信息交易法》的规定，只要被许可人被提供审查合同条款并拥有退回产品的机会等，这些合同条款就是可执行的。欧盟于 1997 年推出了《关于远程销售合同中的消费者权益保护的指令》❶，其中规定网络消费者具有通过书面文件进行确认以及退货、退钱的权利，但是对于这些规定能否适用于包括计算机软件在内的作品许可尚存在着争议，一些学者认为上述指令中的内容只适用于其他产品消费者，而不能适用于享有版权保护的作品消费者。❷ 笔者认为，拆封合同、点击合同等毕竟是数字环境下新出现的合同订立方式，因此既不能完全照搬也不能彻底抛弃传统的合同理论去分析这些特殊的合同类型。事实上，对于拆封合同和点击合同而言，如果其中的内容对于被许可人而言完全公平合理，而且也没有规避版权法、消费者权益保护法以及相关的公共政策，那么承认这些合同的有效性也不是不可，但是问题的关键是，拆封合同和点击合同中往往出现与这些假设相反的内容，即在这些合同中往往出现限制、排除被许可人正当利益或者与公共政策相抵触的条款，因此在这种情况下，拆封合同和点击合同的效力问题就需要谨慎对待了。对于拆封合同和点击合同的效力问题，笔者将在第三部分加以论述，接下来笔者先就通过拆封合同和点击合同规避信息产品责任、版权

---

❶ Directive 97/7/EEC of the European Parliament and of the Council of 20 May 1997 on the protection of consumers in respect of distance contracts.

❷ Copyright Law Review Committee. Copyright and Contract 6.49［R/OL］.［2012 - 08 - 16］. http：//www. ag. gov. au/Documents/CLRC％20Copyright％20and％20Contract％20Report％20-％20Chapter％206. pdf.

客体限制、合理使用制度及权利穷尽原则的行为加以介绍：

（1）规避信息产品责任的行为

"20世纪下半叶，随着信息的商品化、财产化、数字化和网络化，专门从事信息收集、整理、储存以及扩散的信息服务业应运而生，并且成为了经济社会中一个支柱性的产业。"❶ 信息产品与有形的物质产品不同，它主要由那些不具有实物形态的产品组成，包括作品、发明、商标和商业秘密等。"有形的物质产品存在质量问题，无形的信息产品也存在质量问题"❷，但用来解决产品质量责任问题的"产品责任法的适用范围限于动产。因信息缺陷产生的损害，无法纳入产品责任法"❸。由于信息产品的特殊性，有关信息产品的质量标准、信息产品责任的性质、信息产品责任的构成要件及信息产品责任的免责事由等内容在理论上尚存在着争议❹，但是借鉴有形产品的质量标准及惯例，信息产品至少应当符合安全性、准确性、可用性等标准。❺ 由于包括计算机软件在内的作品属于信息产品的范畴，因此在版权许可过程中，许可人对于这些作品的可用性、准确性等同样应当承担担保义务，但是在拆封合同和点击合同中，许可人往往列出了免除这些担保义务（disclaimer of liability）的条款，这对于被许可人而言

---

❶❷ 李扬. 信息产品责任初探 [J]. 中国法学，2004 (6).

❸ 梁慧星. 从近代民法到现代民法——20世纪民法回顾 [J]. 中外法学，1997 (2).

❹ 有学者主张，像计算机软件这样的信息产品在开发上需要投入非常大的成本，而且软件开发者还要承担开发失败以及市场销售不畅所带来的巨大风险，因此在这种情况下如果再让其承担较多的信息产品责任的话，显然不利于整个信息产业的发展。See Copyright Industry Organizations，Reply Comments，p. 12 // Copyright law Review Committee. Copyright and Contract 6. 114 [R/OL]. [2012-08-16]. http://www. ag. gov. au/Documents/CLRC% 20Copyright% 20and% 20Contract% 20Report% 20-%20Chapter%206. pdf.

❺ 李扬. 信息产品责任初探 [J]. 中国法学，2004 (6).

显然是非常不公平的。美国《统一计算机信息交易法》虽然规定了许可人应当对于其所提供的信息产品的可用性（fitness）、准确性（accuracy）等承担默示的担保义务❶，但是该法第 406 条又规定可以通过文字或者行为的方式予以免除（disclaimer）或者限制（modification），这显然为许可人利用事先拟定好的格式合同条款规避法定的默示担保义务提供了合法化的庇护，因此如何认定这些条款的效力已经成为人们急待需要解决的问题。

（2）规避合理使用制度的行为

合理使用限制是基于市场失灵、表达自由等原因而做出的重要的制度安排，也是平衡作品创作者、传播者和使用者之间利益关系的基本手段，它为那些主要基于学习、研究、批评、评论、新闻报道及课堂教学等目的而对作品进行使用的人提供了一种重要的权利（user's right）或者特权（privilege）。❷ 对于人们来说，在传统的作品环境下（非数字化作品），上述权利或者特权的行使似乎并不太难，但是这种情景随着网络技术的广泛普及和数字化作品的大量出现而得到了极大的改变，而这其中对合理使用制度影响最大的是版权法中有关技术保护措施的规定及拆封合同、点击合同等格式化合同的普遍采用。技术保护措施本来是版权人为防止作品被盗版而采取的一种措施。为了防止其被故意破坏或者规避，1996世界知识产权组织（WIPO）在其通过的两个有关互联网的条约即《世界知识产权组织版权条约》（WIPO Copyright Treaty）和《世界知识产权组织表演及录音制品条约》（WIPO Performances and

---

❶　UCITA §403 - 405.

❷　有关合理使用性质的探讨可参见：吴汉东. 著作权合理使用制度研究 [M]. 北京：中国政法大学出版社，2005：130 - 143.

Phonograms Treaty）要求缔约国采取相应的法律保障措施来保护这些技术措施，随后包括美国、中国等在内的许多国家纷纷在各自的版权法中增添了有关技术保护措施的规定。从防止侵权、维护版权人利益的角度而言，有关技术保护措施的规定也无可厚非，但是关键的问题是技术保护措施的出现也大大增加了人们接触作品机会的难度，包括基于合理使用的目的去接触作品，这样合理使用制度所赋予人们的权利或者特权极有可能成为水中月、镜中花。如果说技术保护措施的运用还只是为版权人阻挡人们行使合理使用权利或者特权提供了一个"盾"的话，那么拆封合同、点击合同则为许可人限制或者排除上述权利或者特权提供了一个"矛"：许可人经常利用拆封合同、点击合同规定被许可人不得对作品进行评论或批评❶，或者不得对作品进行任何复制，或者不得从事对计算机软件等进行反向编译、反向工程❷等本来应属于合理使用的行为，而且这些"矛"和"盾"经常被版权人同时采纳，从而更加彻底地"架空"了合理使用制度所赋予给人们的权利或特权，也大大扩张了许可人所享有的版权"势力范围"。

（3）规避版权客体限制的行为

版权法的保护对象或者版权的客体只能是那些具有独创性的思想表达，思想以及不具有独创性的思想表达往往被排除在版权的客体之外，这种基于各种利益平衡考虑而对客体进行限制的制度设计是整个版权法赖以维系的基石，但这块基石正随着数字化时代的来临而逐渐松动，一个突出的表现是版权人开始利用拆封

---

❶　See Video Pipeline, Inc. v. Buena Vista Home Entm't, Inc. , 342 F. 3d 191, 203‑06 (3d Cir. 2003).

❷　See Bowers v. Baystate Techs. , Inc. , 320 F. 3d 1317 (Fed. Cir. 2003).

合同等方式规避有关版权客体范围限制的规定，明确地将那些原本属于"思想"范畴的内容以及很难受到版权保护的数据汇编列为许可合同的保护对象。相对于将数据汇编纳入到合同保护对象❶的规避行为，通过合同来保护"思想"的行为较为间接和隐蔽，它主要体现为合同中有关反向编译、反向工程的禁止性规定。对于软件而言，版权法只保护那些用来执行特定功能的指令序列（包括源程序序列和目标码程序序列），指令序列所体现的思想或所执行的功能被排除在了软件版权保护范围之外。由于软件（开源软件除外）通常以目标码（机读码）的形式出现，为了兼容性、适应性、弥补漏洞或者其他目的，人们往往要通过反向编译、反向工程等技术手段去分析程序中所包含的思想或功能，或者获得与目标程序大致对应的源程序，而反向编译、反向功能的禁止性规定无疑把人们自由获得软件"思想"或者"功能"的权利排除在外，这对被许可人而言显然是非常不公平的。

（三）反垄断控制与版权滥用抗辩——对授权许可过程中出现的不当行为进行规制的两个视角

版权授权许可本来可以在自由、公平基础上来满足各方的利益需求，进而实现促进文化繁荣和推动社会进步的目标，然而由于许可过程中诸多不当行为的出现，上述的这些美好图景将很难实现。因此，如何有效地规制这些不当行为已成为版权理论与实践急待解决的一个问题，接下来笔者将从反垄断和权利滥用两个视角❷，分

---

❶　See 86 F. 3d 1447（7th cir. 1996）.

❷　垄断与权利滥用存在着密切的联系：一般而言，垄断行为足以构成权利滥用，而且实践中权利滥用原则的应用往往与反垄断分析相联系，但是反垄断分析并不能代替权利滥用原则的适用，因为反垄断法与禁止权利滥用理论的宗旨存在着很大不同，一些权利滥用行为并不必然违反反垄断法，从反垄断分析的视角去规制版权许可中所出现的不当行为主要指那些同时构成垄断和权利滥用的行为，即搭售、一揽子许可及捆绑许可等行为。

别就如何规制从搭售、一揽子许可、捆绑许可、限制作品使用范围等过程中产生的不当行为以及通过格式合同规避信息产品责任、合理使用制度和版权客体限制的不当行为进行论述。

1. 不当行为的反垄断控制

包括版权法在内的知识产权法和反垄断法的关系一直是理论与实践中争议的焦点。对于知识产权法和反垄断法或竞争法之间关系的认识，主要存在着以下五种理论，即竞争法至上（supremacy of anti-trust laws）理论、知识产权法至上（supremacy of intellectual property laws）理论、基于专有权范围的理论（theory based on the scope of exclusive rights）、作为财产权的知识产权（intellectual property rights as property）理论及成本收益（cost-benefit）理论。竞争法至上理论主张包括知识产权在内的所有专有权利的行使都要经受反垄断法或竞争法的审查；知识产权法至上理论主张任何平衡性因素都应当融入到知识产权法本身，除此之外，知识产权不应当再受到反垄断法或竞争法的审查；基于专有权范围的理论主张只有那些在法定专有权范围内行使的行为才能获得反垄断法和竞争法所授予的特权；作为财产权的知识产权理论主张知识产权和其他财产权没有太多的区别，因此知识产权主体也应当和其他财产权主体一样享有广泛的对权利行使进行控制的权利；成本收益理论主张应当对知识产权授予可能对权利人产生的收益与可能对社会带来的损失进行比较，如果收益大于损失则予以保护，反之则予以禁止。❶ 以上主

---

❶　RAHNASTO ILKKA. Intellectual Property Rights，External Effects and Anti-Trust Law：Leveraging IPRs in the Communications Industry［M］．New York：Oxford University Press，2003：21－81.

张分别从不同角度来处理知识产权和反垄断法的关系，这些主张在不同国家或地区以及不同时期的立法或司法实践中也得到了直接的体现，美国就是一个非常突出的例子。从 1912 年到 1975 年，美国实践中一直盛行反垄断法至上的主张，在审理类似版权许可搭售这样的案子中，法官往往不是基于市场分析（即看搭售等行为是否对相关市场的公平竞争造成破坏）而是基于知识产权的存在而自然而然地做出存在市场控制力的判断并进而做成搭售构成垄断的裁定❶，但这种情形从 20 世纪 80 年代开始即发生了巨大的变化，表现在司法实践中法院逐渐开始根据"合理性规则"（rules of reason）而不是"本质违法规则"（per se rules）去分析知识产权问题。在立法方面，由美国司法部和联邦贸易委员会于 1995 年联合推出的《知识产权许可反托拉斯行动指南》明确指出，知识产权法和反托拉斯法具有共同的目标，即推动创新和增强消费者福利；知识产权所有者所享有的排他性权利与其他形式的私人财产所有者所享有的权利是一样的；不能假定知识产权的授予必然会赋予其所有者市场支配力。❷ 这些立法规定清楚地表明，在知识产权法和反垄断法之间，利益的天平开始朝着对知识产权人有利的一面倾斜，"甚至曾经被认为本质违法的搭售、垄断性销售和未使用其他重要手段的抵制，现已根据修订后的合理性规则进行分析。法院考虑市场结构，有时还考虑其他正当理由。在决定是首先适用本质违法规则还是合理性规则的过程中，

---

❶ RAHNASTO ILKKA. Intellectual Property Rights，External Effects and Anti-Trust Law：Leveraging IPRs in the Communications Industry [M]. New York：Oxford University Press，2003：23 – 33.

❷ U. S. Department of Justice and the Federal Trade Commission. Antitrust Guidelines for the Licensing of Intellectual Property 1. 0，2. 1，2. 2 [EB/OL]. [2012 – 10 – 03]. http：//www. justice. gov/atr/public/guidelines/0558. htm＃t21.

法院试图通过检测市场结构和经济效果对有些违法案件采取居中的措施。"❶ 对于版权许可过程中所出现的搭售、一揽子许可及捆绑许可等行为，法院开始愈来愈多地采取合理性规则进行分析。在前述的 BMI 诉 Columbia Broadcasting System，Inc. 等案件中❷，最高法院明确了合理性规则在对一揽子许可进行反垄断分析时的重要性。

对于版权与反垄断的关系，欧盟和日本在实践中的做法也体现出了各自的特色。在欧盟，有关竞争法的规则主要体现在《欧共体条约》第 81 条和第 82 条❸，其中第 81 条是有关禁止限制竞争协议的规定，第 82 条是有关禁止滥用市场支配地位的规定，这些规定对于包括版权在内的知识产权也同样适用，欧共体法院于 1996 年所做出的 Magill 判决即是一个明显的例子。❹ 在该案中，欧共体法院支持了欧洲初审法院的判决，认定了 RTE 等三家电视台的行为构成了滥用市场支配地位。Magill 是"欧共体法院近年来关于著作权领域最重要的判决。这个判决对于一些高科技产业如软件业、数据库公司、电信业和信息技术产业的企业有

---

❶　Jay Dratler，Jr.．知识产权许可（上）［M］．王春燕，等，译．北京：清华大学出版社，2003：416 - 417.

❷　441 U. S. 1 (1979).

❸　《欧共体条约》中的一些条文序号在 1997 年 10 月进行了相应修改，原来的第 85 条、86 条变成了第 81 条、82 条。

❹　在本案中，原告 RTE 等是在爱尔兰和北爱尔兰等地区从事电视节目播放的三家电视台，它们每天分别通过报纸预告自己的电视节目（周末或者节假日预告双日节目），被告 Magill 出版了一份可以预告在爱尔兰播放的所有电视节目的周刊，原告对被告提出了版权侵权之诉，法院判决原告胜诉。被告向欧共体委员会提出申述，欧共体委员会裁定原告的行为构成了滥用市场支配地位，原告随后向欧洲初审法院提出上述，后者维持了欧共体委员会的裁决。有关该案详细介绍可参见：王晓晔. 知识产权滥用行为的反垄断法规制［J］. 法学，2004（3）.

着特别重要的意义"❶。与 Magill 案件中原告滥用市场支配地位、拒绝版权交易的做法不同，由欧盟反垄断委员会做出裁决的微软案则涉及了版权许可过程中的捆绑销售行为。2004 年 3 月，欧盟委员会裁定，微软公司由于滥用其在操作系统软件领域的垄断地位，将自己的媒体播放器和"视窗"操作系统捆绑销售，妨碍了正常竞争，因此决定对其处以 4.97 亿欧元的罚款。❷ 由于"视窗"操作系统在全球的巨大影响力，这一裁决的影响将是非常广泛和深远的，它不仅对欧盟而且会对全球范围内的软件许可产生重要的影响。在日本，《禁止垄断法》明确排除了对行使著作权法、专利法中所规定的权利的行为的适用，但是在"有关知识产权被许可实施的场合，在判断这种合同条款的违法性的时候，应该适用禁止垄断法的规定。这不仅是日本经济法学界通行的看法，而且也是日本公正交易委员会正式解释中的观点"❸。

对于知识产权与反垄断的关系，我国于 2007 年 8 月 30 日通过的《反垄断法》已有规定。根据该法第 55 条，"经营者依照有关知识产权的法律、行政法规规定行使知识产权的行为，不适用本法；但是，经营者滥用知识产权，排除、限制竞争的行为，适用本法。"不过，由于知识产权许可的特殊性，有必要借鉴其他国家或地区的做法，通过行政法规、司法解释，对滥用知识产权的垄断标准进行明确。

❶ 王晓晔. 知识产权滥用行为的反垄断法规制［J］. 法学，2004（3）.
❷ 李芃. 微软服软 立即公开源代码［N］. 国际金融报，2004 - 12 - 23（2）.
❸ 王先林. 若干国家和地区对知识产权滥用的反垄断控制［J］. 武汉大学学报：社会科学版，2003（2）.

2. 版权滥用原则对规避信息产品责任、合理使用制度等不当行为的规制

由于拆封合同或者其他类似合同中包含有大量的规避信息产品责任、合理使用制度及版权客体限制的条款，这无疑大大拓展了版权人的权利空间，缩小了被许可人的权利范围。拆封合同或者类似合同采取的是格式化的合同形式，任何希望获得许可的人都要受同一合同的约束，这就意味着合同的影响力已经不仅仅局限于范围狭小的当事人之间，合同在很大程度上已具备了对世性。信息产品责任、合理使用制度以及版权客体的限制等分别是公共立法予以明确的内容，是进行公共治理的重要手段，通过合同来规避立法实质上就意味以"私人立法"来代替"公共立法"、以"私人治理"来代替"公共治理"、以"私人秩序"来代替"公共秩序"。拆封合同或者类似合同在数字化时代的大量出现对传统的版权理念和版权立法带来了极大的挑战，对于这些许可合同，实践中也出现了不同的主张，提出了不同的解决办法，接下来笔者将首先介绍版权滥用抗辩以外的几种主张，在此基础上系统地论证版权滥用抗辩对规避信息产品责任、合理使用制度等不当行为的规制。

（1）版权滥用原则以外的几种方案

对于拆封合同或者类似合同，理论界主要有下述几种主张：一是认为拆封合同或者类似合同是适应网络环境的新的合同形式，对于这种"私人治理"或者"私人自治"形式应当予以维持。❶ 这种

---

❶ See MERGES ROBERT P. Expanding Boundaries of the Law：Intellectual Property and the Costs of Commercial Exchange：A Review Essay [J]. Mich. L. Rev.，1995，93；BENKLER YOCHAI. Taking Stock：The Law and Economics of intellectual Property Rights：An Unhurried View of Private Ordering in Information Transactions [J]. Vand. L. Rev.，2000，53：2063－2080.

观点认为，对于计算机软件之类的信息产品而言，通过合同来实现"私人治理"要优于通过立法来实现"公共治理"，因为合同当事人之间与立法者相比，获得对称信息的优势更为明显，当事人之间的利益关系完全可以通过市场价格来予以调整，即如果合同条款不能被某个人所接受的话，他可以去寻找其他的替代产品。这种观点遭到了一些学者的尖锐批评，他们认为主张"私人治理"的许多假设是很难成立的，特别在网络环境下存在着许多已经占有绝对支配地位的信息产品，价格调节以及寻找替代产品的机会几乎不存在❶，完全封闭的信息环境会威胁到我们的民主和我们个人的自治，如此一跃是不负责的，也是不符合宪法的。❷二是认为作为"私人治理"手段的拆封合同或者类似合同的大量出现正不断侵蚀着版权法的领地，因此应当通过立法手段来补救由此所产生的问题。❸ 例如可以借鉴《欧盟计算机软件程序保护指令》第 9 条第 1 款的规定，将所有与该指令第 5 条第 2 款和第 3 款规定内容相反的合同条款都视为无效的合同条款。❹ 这种做法实质上是将有关权利的限制性规定视为强制性的、不能通过合同方式予以排除的，这无疑有利于对软件使用人的利益进行保

---

❶ HODGE ROBERT，Kress Gunther. Social Semiotics 261（1988）// BEEBE BARTON. The Semiotic Analysis of Trademark Law［J］. UCLA L. Rev.，2004，51：627.

❷ BENKLER YOCHAI. Taking Stock：The Law and Economics of intellectual Property Rights：An Unhurried View of Private Ordering in Information Transactions ［J］. Vand. L. Rev.，2000，53：2064.

❸ See HEATH STEVEN A. Contracts，Copyright，and Confusion：Revisiting the Enforceability of "Shrinkwrap" Licenses［J］. Chi. -Kent J. Intell. Prop.，2005，5：12.

❹ 《欧盟计算机软件程序保护指令》第 5 条第 2 款和第 5 条第 3 款是有关权利人权利的限制性规定，分别涉及软件合法拥有人享有出于正常使用备份软件和出于学习、研究等目的进行反向工程的自由。

护。但是，欧盟的这些指令是在 1991 年制定的，当时除了愈来愈多的许可实践外，涉及其他版权作品使用的有影响的合同行为尚未出现，因此不可能对其他限制性规定的强制性特征做出澄清，不过在网络时代已经来临的背景下，情形就大不一样了。❶由于对拆封合同或者类似合同的效力还未形成高度一致的意见，因此通过立法形式来赋予版权限制条款强制性效力的做法还有待于进一步的论证。三是通过版权法的先占原则、合同法中的显示公平理论及消费者权益保护法中的相应原则来保护作品使用人的利益。版权法中的先占原则是美国版权法中的一项重要原则。根据《美国版权法》第 301 条的规定，对于版权法第 106 条所规定的涉及版权法范围内的作品的专有性权利将不适用普通法或者各州之成文法之规定而是适用版权法的规定（包括有关权利限制的规定）。由于在美国，合同法属于州法，因此当合同与版权法发生冲突时，应适用版权法。但是目前在美国有关先占原则的理解非常混乱❷，并在实践中出现了规避先占原则适用的做法❸，以先占原则来解决规避版权法的合同很难达成高度统一。显示公平（unconscionability）理论在大陆法系和普通法系的合同法中占有重要位置，根据这些理论，如果合同中出现对当事人明显不公平的条款，则该条款甚至整个合同将很难得到执行。值得注意的是，显示公平理论在拆封合同或者类似合同的背景下是非常软弱

---

❶　See Copyright Law Review Committee. Copyright and Contract 6. 07 ［R/OL］. ［2012 - 08 - 24］. http：//www. ag. gov. au/Documents/CLRC％20Copyright％20and％20Contract％20Report％20-％20Chapter％206. pdf.

❷　LEMLEY MARK A. Beyond Preemption：The Law and Policy of Intellectual Property Licensing ［J］. Calif. L. Rev. ，1999，87：9.

❸　例如在 ProCD 诉 Matthew Zeidenberg 案件中，法官基于拆封合同的相对性排除了先占原则的适用。86 F. 3d 1447 （7th cir. 1996）.

无力的，因为在这些合同背景下对显示公平的认定是非常困难的，事实上拆封合同或者类似合同中对被许可人明显不公平的大量条款很少被起诉。❶ 消费者权益保护法为被许可人利益的保护提供了另外一个重要手段，它确保了经营者和消费者在进行交易时应当遵循自愿、平等、公平、诚实信用的原则。《美国统一计算机信息交易法》第 102 条将被许可人作为消费者，同时又在第 105 条（c）款明确规定了当合同条款与消费者权益保护法发生冲突时将适用消费者权益保护法的规定，但遗憾的是，这些规定在实践中往往不能落实到实处。在处理拆封合同等问题时，消费者权益保护法的有关规定很少被引用，消费者权益保护法并没有成为规制许可过程中所出现的不当行为的理想手段。四是倡导开放源代码运动或者自由软件运动，以"通用公共许可"（General Public License，简称 GPL）合同或者类似合同来代替已有的用来进行商业软件许可的拆封合同、点击合同等方式。这种做法的本质是实现"思想共享、知识共享、源码共享"❷，但由于与商业性软件相比，开放性源代码软件或者自由软件的数量以及应用程度在所有的软件中尚未占有绝对的优势地位，因此在商业经济日益繁荣的时代，以开放源代码运动或者自由软件运动来解决由拆封合同、点击合同等所带来的问题在短期内还很难实现。

---

❶ LOREN LYDIA PALLAS. Slaying the Leather-Winged Demons in the Night：Reforming Copyright Owner Contracting with Clickwrap Misuse ［J］. Ohio N. U. L. Rev. , 2004，30：500 - 510.

❷ 马骁. 开放源代码软件及其许可证的法律特征研究 ［M］//网络法律评论，北京：法律出版社，2002：34.

（2）版权滥用原则的发展、演变及其在规制不当许可行为中的应用

在对规避信息产品责任、合理使用制度、版权客体限制等内容的不当行为进行规制方面，版权滥用原则在理论上正得到愈来愈多的支持，在司法实践中也被逐步应用。在大陆法系民法中，版权滥用原则从属于权利滥用原则的范畴，或者说版权滥用原则是民法中的权利滥用原则在版权领域的具体应用。禁止权利滥用原则最初发端于法国的判例，随后在成文法中得到了确认，通过成文法确认该原则最早出现在《德国民法典》第 226 条和《瑞士民法典》第 2 条第 2 项中，前者规定"权利之行使，不得专以损害他人为目的"，后者规定"权利之显然滥用，不受法律保护"。❶由于民法中的权利滥用原则可以在不同的场合加以应用，而且由于其同时具有道义上的、衡平法上的及公共秩序方面的蕴含，权利滥用原则的具体内容很难界定，实践中也存在着不同的对权利滥用进行认定的标准，但从权利的社会功能角度去认定权利滥用的做法正受到愈来愈多的支持。根据这种标准，所有的权利都在履行一定的社会功能，因此应当根据其各自的功能来行使，否则就构成权利滥用。❷随着版权制度的发展，民法中的权利滥用原则在版权立法和司法实践中也逐步被采用。例如，法国在 1992年颁布的《知识产权法典》在 L. 121－3 和 L. 122－9 条分别规定了已故作者的代表不得滥用发表权和使用权，否则法院可以采取一切适当措施。尽管这些规定针对已故作者的代表滥用著作权的

---

❶ 汪源智. 论禁止权利滥用原则 [J]. 法学研究，1995（5）.

❷ See GUIBAULT LUCIE M C R. Copyrights Limitations and Contracts：An Analysis of the Contractual Overridability of Limitations on Copyright [M]. London：Kluwer Law International，2002：184－188.

情形，但是法院在审理其他著作权滥用案件时经常会参照这些规定。在荷兰，最高法院所做出的 Dior 诉 Evora 案件（HR 20 December 1995，NJ 1996，p. 682，§ 3. 10）裁决中，民法中的权利滥用原则明确地被采用以作为对主张版权侵权的抗辩。❶

在英美普通法国家，滥用原则起源于衡平法中的"不洁之手原则"（unclean hands doctrine），根据这些原则，到衡平法院寻求救济的一方当事人必须以清洁之手进入法庭。就专利案件而言，如果专利权人提供伪证、贿赂他人隐藏证据或者试图欺骗法庭做出对其有利裁决的话，其将会丧失衡平法上的救济。❷ 衡平法上的"不洁之手原则"在美国最高法院于 1942 审理的 Morton Salt Co. 诉 G. S. Suppiger Co. 案件（314 U. S. 488）中被加以延伸并发展成了专利权滥用原则。该案涉及了专利权人在专利产品上搭售其他不享有专利权的产品，法院认为这种行为违背了授予专利权的公共政策，因为其意图将专利权扩张到适当范围之外。此后，法院在许多类似案件中几乎基于同样的理由判决专利权人构成专利权滥用，而未采用被认为是反垄断案件中应当运用的适当方法即市场分析方法或者经济分析方法。这种情况在 1988 年专利权滥用修正案出台后有所改变，因为该修正案明确要求法院在认定专利权滥用时要采用合理性规则进行灵活和广泛的审查。❸ 与专利权滥用原则相比，版权滥用原则在司法实践中出现的时间

❶　See GUIBAULT LUCIE M C R. Copyrights Limitations and Contracts: An Analysis of the Contractual Overridability of Limitations on Copyright [M]. London : Kluwer Law International，2002：184 - 188.

❷　SCHLICHER JOHN W. Licensing Intellectual Property: Legal, Business, and Market Dynamics [M]. Toronto: John Wiley & Sons, Inc. , 1996：126.

❸　Jay Dratler, Jr. . 知识产权许可（上）[M]. 王春燕，等，译. 北京：清华大学出版社，2003：472 - 489.

要晚许多，因为直到 1990 年在美国第四巡回法院审理的 Lasercomb America，Inc. 诉 Reynolds 案件中❶，法院才正式在版权案件中适用权利滥用原则。在本案中，软件版权人试图在其提供的格式许可协议中禁止被许可人开发与其相竞争的软件，法院认为由于版权人试图利用版权来控制版权以外领域的竞争，这与鼓励竞争的公共政策不相符，因此版权滥用原则可以被 Reynolds 用来作为一个有效的抗辩来阻止 Lasercomb America，Inc. 对其提出的版权侵权主张。不过，当 Lasercomb America，Inc. 停止滥用行为时，其仍然可以对 Reynolds 提起诉讼。❷ 与专利案件中权利滥用的标准愈来愈多与垄断分析相联系的做法不同，在 Lasercomb 案件以及最近法院审理的涉及版权滥用的案件中，法院更多地以公共政策作为版权滥用的标准。❸ 版权滥用原则不仅可以用来规制不合理的搭售行为，在规制许可人通过拆封合同或者类似合同规避信息产品责任、合理使用制度及版权客体限制的行为方面，更能发挥其强大的威力。在版权许可领域，与其他规制手段相比，版权滥用原则的适用具有灵活、节省财力资源等优点，另外版权滥用原则的适用并没有排斥合理使用抗辩的适用，相反其还可以与合理使用抗辩一起为被许可人利益的保护提供重要的屏障。❹ 在 Assessment Techs. of Wis.，LLC 诉

❶　911 F. 2d 970 (4ᵗʰ cir. 1990).

❷　911 F. 2d 970，979 (4ᵗʰ cir. 1990).

❸　EKSTRAND VICTORIA SMITH. Protecting the Public Policy Rationale of Copyright：Reconsidering Copyright Misuse [J]. Comm. L. & Pol'y，2006，11：565 - 587.

❹　HARTZOG NEAL. Gaining Momentum：A Review of Recent Developments Surrounding the Expansion of the Copyright Misuse Doctrine and Analysis of the Doctrine in Its Current Form [J]. Mich. Telecomm. Tech. L. Rev.，2004，10：402 - 404.

WIREdata，Inc.（350 F. 3d 640，7th Cir. 2003）、Video Pipeline，Inc. 诉 Buena Vista Home Entm't，Inc.（342 F. 3d 191，3d Cir. 2003）、Practice Mgmt. Info. Corp. 诉 Am. Med. Ass'n（121 F. 3d 516，9th Cir. 1997）等案件中，法院明确地采用了版权滥用原则。❶ 但是，当版权滥用原则在司法实践中被逐步采用的同时，它也遭到了一些学者的批评。实践中，在涉及版权限制与许可合同关系的案件中，一些法官也不支持被许可人提出的版权滥用抗辩请求，而是维持了许可合同的效力。例如，针对包含有限制反向工程条款的拆封合同，一些学者主张应维持该合同的效力，除非反向工程对于获得软件的兼容性是绝对必要的，但是即使如此也不需要版权滥用抗辩，因为合理使用制度本身已足够可以解决这些问题，而且从专利权滥用原则借鉴而来的版权滥用原则具有内在的缺陷，把其放入版权法中是非常不恰当的。❷ 另外，更多的批评意见集中在版权滥用原则所采取的标准以及实施效果方面。持这些批评意见的人认为，公共政策概念太含糊，在适用时易过渡主观化。❸ 值得注意的是，批评者所提出的这些问题在适用版权滥用原则过程中确实存在。为解决这些问题，从而使版权滥用原则在实践中得到更多的支持，一些学者提出了针对性的改进建议。例如 Kathryn Judge 认为，作为判断版权滥用标准的公共政策应当包括两部分，即自由竞争和第一修正案。在行使版

❶ KNIGHT JENNIFER R. Copyright Misuse v. Freedom of Contract：And the Winner Is［J］. Tenn. L. Rev. ，2006，73：p. 238，note 11.

❷ ANDREWS JEFFREY A. Reversing Copyright Misuse：Enforcing Contractual Prohibitions on Software Reverse Engineering［J］. Hous. L. Rev. ，2004，41：979，1015.

❸ HARTZOG NEAL. Gaining Momentum：A Review of Recent Developments Surrounding the Expansion of the Copyright Misuse Doctrine and Analysis of the Doctrine in Its Current Form［J］. Mich. Telecomm. Tech. L. Rev. ，2004，10：404-405.

权时，无论是违反自由竞争公共政策或者是违反第一修正案都构成版权滥用。不过，由于反垄断法的存在，自由竞争的公共政策界限相对较为清晰，而对第一修正案中所包含的公共政策界限在实践中经常会发生分歧。Kathryn Judge 认为，第一修正案中所包含的公共政策应当体现为版权法中的合理使用制度及"思想—表达"二分法的理念，因此，如果许可合同中出现与这些制度或理念不相符内容的，应当视为违反公共政策的版权滥用行为。❶为了避免版权滥用原则在适用时的随意性，同时也为了增加版权滥用原则适用的可操作性，美国学者 Loren 主张在涉及版权许可的案件中适用"可反驳的滥用推定"（rebuttable presumption of misuse）标准，即只要许可人试图通过许可合同限制那些通常已被视为合理使用行为的，则许可人的行为即被推定为版权滥用行为。为反驳版权滥用的假设，许可人需要证明合同中的这些限制不会导致版权法试图通过合理使用制度等手段所确保的外部性的减少，如果不能有效反驳的话，则法院会最终支持被许可人的版权滥用抗辩。❷应当说，上述学者所提出的这些主张具有很强的针对性和可操作性，这对于版权滥用原则的完善将具有极大的借鉴意义。随着版权滥用原则的进一步完善，其将会在司法实践中得到更加普遍的应用，从而为规制版权许可过程中的不当行为提供一个强有力的手段，这不仅对英美国家如此，对我国也是一样。笔者认为，虽然现有的判例主要针对通过许可合同规避合理使用的情形，

---

❶　JUDGE KATHRYN. Rethinking Copyright Misuse [J]. Stan. L. Rev. , 2004, 57: 903 - 905.

❷　LOREN LYDIA PALLAS. Slaying the Leather-Winged Demons in the Night: Reforming Copyright Owner Contracting with Clickwrap Misuse [J]. Ohio N. U. L. Rev. , 2004, 30: 501.

但是版权滥用原则并不应当局限于此，作为版权滥用原则基础的公平政策也不应当仅拘泥于自由竞争以及言论自由，法定的信息产品责任背后同样有相应公共政策的支撑，因此通过许可合同规避信息产品责任的行为同样可能构成版权滥用，这样，针对规避信息产品责任、合理使用制度以及版权客体限制的许可合同，版权滥用原则都可以作为一个规制手段在司法实践中加以运用。

（3）版权滥用原则在我国版权实践中的运用

通过拆封合同或者类似合同规避信息产品责任、合理使用制度及版权客体限制的行为在我国版权许可实践中也大量存在，因此如何有效地规制这些行为也是我国版权理论实践中急需解决的问题。笔者认为，就如同国外的情形一样，由于拆封合同或者类似合同的特殊性，在对待这类合同的效力方面，我们不能引用合同法和消费者权益保护法的规定来加以简单地处理。另外，由于信息产品流动的跨国界特点，在涉及作为信息产品流动手段的拆封合同或者类似合同问题上，我们也需要与国外目前较为普遍的做法保持一致。上述原因的存在决定了在对待拆封合同或者类似合同方面，我们应当充分借鉴国外的版权滥用原则。

我国现行《著作权法》没有明确规定版权滥用原则，但是该法第4条规定了"著作权人行使著作权，不得违反宪法和法律，不得损害公共利益。国家对作品的出版、传播依法进行监督管理。"笔者认为这条规定可以作为版权滥用原则的依据。另外，《民法通则》第7条规定了"民事活动应当尊重社会公德，不得损害社会公共利益，破坏国家经济计划，扰乱社会经济秩序"，❶

---

❶ 有学者认为这条内容是我国现行民法中关于权利滥用禁止原则的基本规定。参见：陈华彬. 物权法 [M]. 北京：法律出版社，2004：197 - 198.

这同样可以作为版权滥用原则的依据。由于版权滥用原则的适用在国外尚处在争议之中，因此司法实践中针对规避合理使用等的行为不要轻易地视为版权滥用。笔者认为，在现有阶段，"可反驳的滥用推定"更为可取。另外，由于对规避信息产品责任的许可合同能否适用版权滥用原则的问题在国外司法实践中尚很少涉及，因此在适用版权滥用原则时应仅先局限于规避合理使用的行为，特别是针对通过拆封许可合同方式禁止对作品进行反向工程及批评的行为。同时，我们还要密切关注国外的最新立法动态和司法实践，以便及时地加以借鉴。

三、专有授权许可公示制度的构建

随着知识经济时代的来临，知识产权交易已变得非常活跃，相对于传统的有形商品贸易而言，包括版权在内的知识产权贸易的重要性已不言而喻，知识产权贸易已经成为推动一个国家经济发展的重要力量。知识产权贸易的繁荣需要有一个自由、安全与高效的市场与之相配套，而这些都需要相应的制度支撑。近几年来，我国的版权交易得到了快速的发展，但同时也暴露出了一些问题，其中版权交易安全问题显得尤为突出，集中表现在实践中出现的版权重复交易现象，曾经出现了类似歌曲《老鼠爱大米》版权纠纷在内的诸多案例。由于版权的重复交易破坏了版权交易的安全性，因此如何从法律层面建立有效的激励机制以减少这种现象的发生已显得非常迫切。事实上，权利重复交易问题不仅出现在版权实践中，在有形商品贸易领域也存在着"一物二卖"、"一物多卖"等类似的问题，因此传统民法中用来解决权利重复交易问题的相应机制对于版权而言将具有重大的参考价值。当然，由于作品与有形商品毕竟是性质不同的两类权利客体，因此，在借鉴传统民法中的相应机制时，除了要进行理论上的充分论证外，还要经过实践的充分检验。另外，相对于我国的版权法而言，国外的一些版权理论和立法已经非常成熟，因此这些理论和立法同样可以为我国的版权实践所借鉴。从法律的层面而言，交易市场安全性的维持与公示制度密切相关，公示制度在安全交易市场的维持方面起到了非常关键的作用，这不仅适用于有形商品市场，也适用于版权交易。在版权交易安全方面，版权公示制度的建立和完善将至关重要，换句话讲，缺少了有效公示制度的版权市场很难获得足够的安全性。接下来笔者将以专有授权许可为对象，结合传统民法以及国外版权法中的公示理论与公示制度，从交易安全的视角来探讨我国版权法中公示制度的建立与完善。

（一）专有授权许可公示制度构建的必要性

按照德国法学家耶林的观点，权利就是法律所承认和保护的利益。❶ 权利是法律为主体所划定的范围，权利主体以外的其他人不得随意侵入这个范围，权利范围的明确、权利界限之间的清晰是保持社会和谐的基本条件。在传统民法理论中，人们往往根据权利效力范围的不同把权利分为绝对权和相对权。物权、人格权、无体财产权等权利"赋予了权利人可以对抗所有他人的一定法益，从而每一个他人就此负有义务，要允许权利人享有这种法益，还要不侵犯这种法益。我们称这种权利为绝对权。"❷ 债权等是与绝对权相对应的相对权，它是指"只针对某个特定的人的权

---

❶ 参见：张文显. 法哲学范畴研究［M］. 北京：中国政法大学出版社，2001：285.

❷ 卡尔·拉伦茨. 德国民法通论（上册）［M］. 王晓晔，等，译. 北京：法律出版社，2003：300.

利，这个特定的人负有义务或者受到某种特定的约束"。**❶** 无论是绝对权还是相对权都要受到他人的尊重，但是他人对权利的尊重是以知晓权利的主体、权利的内容为前提的，换言之，权利要有确定的能够为他人知晓的外观或表征，从而他人不至因为权利主体、权利内容的模糊不清而造成对权利的侵犯，或者出于可能侵权的担心而不敢进行任何活动。尽管绝对权和相对权都要求权利外观或者表征的存在，但两者所要求的程度和范围是不同的。对于债权等相对权而言，债务人以外的"第三人完全有可能侵害债权人的法律地位，受领债务人的给付而引起债务人解除其所负义务的后果"**❷**，为了使债务人以外的第三人知晓债权的存在，债权人往往持有债权证书或者能够表明债权存在的证券，但相对于第三人而言，债权人关心更多的是债务人债务的履行，因而债权等相对权对权利的外观或表征的要求相对较弱。**❸** 与债权等相对权相比，物权、无体财产权等绝对权的实现需要权利主体以外第三人不作为义务的遵守，因此这些权利对于外观或者表征的要求更为强烈。权利的外观或者表征是一种客观存在的事实，它具有将抽象利益实在化的功能，它向人们公开展示了权利主体的享有者、权利的具体内容。当权利发生变动时，同样需要具备一种能够为第三人知晓的客观事实，以便第三人能够将针对原有权利的不作为义务转变为针对变动后权利的不作为义务，权利的外观或表征要求在物权法中通过较为完善的公示制度表

---

❶❷　卡尔·拉伦茨. 德国民法通论（上册）［M］. 王晓晔，等，译. 北京：法律出版社，2003：300.

　　❸　参见：叶金强. 公信力的法律构造［M］. 北京：北京大学出版社，2004：3-4.

现了出来。● 物权的公示将物权存在及变动的事实通过一定的方式向公众展示了出来，从而一定程度上避免了公众由于不知上述事实的存在而对权利可能造成的侵犯，另外权利的确定也为权利交易的安全进行奠定了基础。同物权一样，版权也属于绝对权的范畴，如果版权的存在以及版权的变动事实缺少相应的公示，则第三人无从知晓，这对于版权的保护以及版权交易的进行无疑是不利的。在版权转让以及版权专有授权许可情形下，尽管受让人和被许可人所获得的权利性质仍然不同，即前者属于版权的范畴，后者属于债权的范畴，但是专有被许可人所获得的许可使用权已经不同于非专有许可情况下被许可人所获得的许可使用权，因为与后者相比，前者已经呈现出了可以对抗第三人的绝对权的特征，这非常类似于传统民法中的"租赁权物权化"现象。专有许可使用权的上述特征注定了版权的专有许可需要进行相应的公示，以使权利人以外的第三人能够知晓该权利的发生。版权专有许可公示制度建立的价值可以从减少信息搜寻成本、提高交易效率以及避免重复交易、确保交易安全等方面体现出来。

1. 减少版权信息搜寻成本、提高版权交易效率的价值

在古典经济学模型中，市场是在假设的信息充分情况下进行的，但是这种假设在当代经济学理论中被认为几乎是很难存在的。按照当代经济学的解释，市场中往往存在着信息不充分、不对称的情形，信息的不对称可以被划分为事前的信息不对称和事

● 外观、表征及公示等概念存在着密切的联系，在一些著作中，三个概念被交替使用。但从适用的范围看，权利的外观、权利的表征往往是从权利的静态意义上而言的，而权利的公示的对象既可能包括静态意义上的权利，也可能包括动态意义上的权利变动。在物权法理论与实践中，使用更多的是公示概念，在本书中笔者主要采用公示概念。有关表征与公示概念的关系可参见：叶金强. 公信力的法律构造 [M]. 北京：北京大学出版社，2004：8（注释 3）.

后的信息不对称，事前（ex ante）的信息不对称是指交易或者行为之前存在的一方知道，而另一方不知道的信息，事后（ex post）的信息不对称是指交易或行为之后存在的私人信息。事前的信息不对称可能会导致经济学中所称的"逆向选择"行为及市场失灵现象，而事后的信息不对称可能会导致经济学中所称的"道德风险"现象。❶ 在市场环境下，交易主体之间信息的不对称可能会导致不公平结果的发生，因此为了追求对自身有利的交易结果，当事人会设法收集有关对方当事人信息，而信息的收集是需要付出时间成本或金钱成本的，高额的成本支出会对交易效率造成不利影响，所以如何从制度层面去设计可以降低信息收集成本的机制就显得非常重要。在版权专有许可交易过程中，被许可人迫切需要了解有关版权人版权的信息，包括同样内容的版权此前是否被转让过或被专有许可过的信息，如果缺少与版权转让或版权专有许可相关的公示信息，准备与版权人签订专有许可合同的当事人将会支出大量的有关上述信息的收集成本，这无疑会降低版权专有许可交易的效率；相反，如果建立有关版权转让和版权专有许可的公示制度，被许可人出于对公示效力的信任就不再需要花费过多的成本去收集上述信息而只要凭借有关公示信息就可以与版权人进行交易，结果版权交易的效率就会大大提高。

2. 避免版权重复交易、确保版权交易安全的价值

"虽然对安全的需要会因个人发展到成熟阶段而相应减少，但是这种需要在他的整个一生中总会以某种形式伴随着他。我们业已指出，人要求在生命、肢体、财产和自由方面得到保护。此

---

❶ 张维迎. 信息、信任与法律［M］. 北京：生活·读书·新知三联出版社，2003：76-78.

外，人似乎还有一种归属的需要，而这种需要实是安全感的一种伴随物。"❶ 在市场环境下，如果交易的结果得不到法律的保护，即交易的结果随时面临着被追夺走的风险时，人们的交易积极性就会大大降低甚至会避免交易。作为版权保护客体的作品具有非物质性和公共产品的特点，人们很难像有体物那样从自然的外观去判断有关作品的权利状况，当版权人将相应的版权转让或者专有许可给他人之后，如果缺乏相应的公示手段，交易人以外的其他人是很难知晓上述权利变动事实的。出于自身利益最大化的考虑，版权人在上述情况下可能会将同样内容的版权再次转让或者专有许可给他人，这样就会造成多个具有相同内容的版权转让或者版权专有许可相互冲突情形的发生，由此将会对版权交易的安全性造成极大的破坏。与缺少相应公示的情形相反，在版权公示制度的激励下，最先的版权受让人或者专有被许可人可以基于公示制度获得相应的保护，以避免权利被追夺的危险，而后面的善意第三人也由于出于对公示的信赖从而避免再与版权人进行相同内容的版权交易，正是从这个意义上，我们可以说版权公示制度是避免版权进行重复交易、确保版权交易安全的重要机制，而交易安全秩序的建立将会消除交易当事人担心风险的心理障碍，从而进一步促进交易效率的提高，效率与安全的价值理念在版权公示制度中得到了鲜明的体现。

（二）专有授权许可公示的方式

"关于法律行为（或法律关系）公示的方法，种类十分众多"❷，

---

❶ E. 博登海默. 法理学：法律哲学与法律方法［M］. 邓正来，译. 北京：中国政法大学出版社，1999：294.

❷ 谢哲胜. 物权的公示—兼评台湾"民法"物权编相关修正条文［J］. 月旦民商法，第2期。

在物权法中，"不动产以登记和登记的变更作为权利享有与变更的公示方法，动产物权以占有作为权利享有的公示方法，以占有的移转即交付作为其变更的公示方法。"❶ 在其他法律领域，"关于物权以外的法律关系（法律行为）公示，可以有仪式、登记、公证和公告等不同方式。"❷ 版权专有许可使用权的享有或者产生采取什么样的公示方式取决于版权自身的特点以及采取该公示方式需要付出的成本。版权专有许可使用权的公示既不能完全照搬其他法律关系的公示方式，也没有必要另辟蹊径地寻找实践中没有出现过的公示方式，版权公示方式的选择需要理论上的充分论证。接下来笔者将对实践中可供选择的几种主要公示方式进行分析，在此基础上找出最为理想的公示方式。

1. 占有（交付）

通说认为，占有是指占有人对于物的事实上的控制和支配。❸ 近代民法中的占有制度为罗马法占有（Possessio）与日尔曼法占有（Gewere）制度的混合，它具有保护占有、表彰本权及取得本权等机能，通过这些机能的发挥，社会和平秩序及交易安全等得到了维护。❹ 作品是精神劳动的结果，精神劳动成果的特征在托马斯．杰斐逊那里得到了非常形象的说明。在他看来，思想等思考力的东西在未公开之前可以由某个人独自拥有（posses），可是一旦被公开，它也就成为其他人可以拥有的对象。它们可以在人们之间互相传播，从而为人们带来道义上的相互指导，为改善人

---

❶ 梁慧星，陈华彬. 物权法［M］. 北京：法律出版社，2003：75.

❷ 谢哲胜. 物权的公示——兼评台湾"民法"物权编相关修正条文［J］. 月旦民商法，第 2 期.

❸ 梁慧星，陈华彬. 物权法［M］. 北京：法律出版社，2003：372.

❹ 参见：谢在全. 民法物权论（下册）［M］. 北京：中国政法大学出版社，1999：938－940.

们的生存条件提供帮助，这些特点同火光和空气非常相似，因为它们通常都是不能被某个人独自拥有的。❶ 杰斐逊对精神劳动成果特征的描述在当代经济学理论中可以被概括为非物质性及非专有性。作品、发明等精神劳动成果不同于日常生活中所接触到的有体物，它们并不具备天然的可以为人们所感知的形体。就有体物财产权而言，由于其客体可以被人们所感知，因此往往可以借助客体本身的物理界限来确定权利的界限，而对于版权、专利权等权利而言，由于其客体的非物质化特点，因此必须借助于其他的机制。具体到版权而言，以下几个方面都可以被看做是设定权利界限的尝试：一是版权法中的作品固定要求，即只有通过物质载体固定的作品才受到版权法的保护。二是权利客体范围的界定，即版权只保护作者思想的表达，而抽象的思想本身被排除在了版权的保护范围之外。三是权利种类的限制，即版权只赋予权利人有限的可以从作品中收益的方式，而不是赋予其一项概括化的权利。❷ 上述尝试从一定程度上克服了作品的非物质性所带来的权利范围界定上的困难，但并不能改变作品所具有的非物质化属性。作品的载体并不能代表作品本身，对作品载体的占有并不等于作品的"占有"，作品自身抹不去的"非物质性"注定了作品不能作为占有的对象，从而也就排除了占有作为版权或者版权专有使用权的公示方式。既然作为权利客体的作品不能成为占有的对象，那么作为权利本体的版权或者版权专有使用权能否成为

---

❶ See Letter from Jefferson Thomas to McPherson Isaac, August. 13, 1813 // MITCHELL HENRY C, Jr. The Intellectual Commons: Toward an Ecology of Intellectual Property [M]. Lanham: Lexington Books, 2005: 16 - 17.

❷ GORDON WENDY J. An Inquiry into the Merits of Copyright: The Challenges of Consistency, Consent, and Encouragement Theory [J]. Stan. L. Rev., 1989, 41: 1380 - 1382.

准占有的对象？换句话讲，准占有能否作为上述权利的公示方式？准占有是指对不因物的占有而成立的对财产权的占有。对于版权等无体财产权等能否作为准占有的对象，目前存在两种意见。一种意见认为，版权、商标权、专利权等无体财产权可以准占有的客体。❶另一种意见认为，如果知识产权本身适用于准占有，往往无法发挥准占有制度的法律效力，甚至在实践中会产生种种矛盾和混乱。❷笔者认为，作品的公共产品特点决定了作品可以被不同的人同时利用，在缺少其他公示手段的前提下是很难从使用作品的行为本身推导出权利本体的存在。作品可以被不同的人同时利用的特点也大大削弱了占有保护、善意取得及时效取得等功能的发挥，准占有并不能作为版权或版权专有使用权的理想公示方式。

2. 登记

登记是不动产以及一些特殊类型的动产经常采取的公示方式。由于目前版权法中实行自动保护原则，因此登记公示的提法可能会引起很多理论上的质疑，接下来笔者将围绕登记公示对版权专有许可的适用性问题进行论证并提出自己的看法。

在物权法理论与实践中，权利享有的公示与权利变更的公示之间或者说静态的权利公示与动态的权利公示之间是存在密切联系的，两者之间很少发生分离。就公示方式而言，权利享有的公示方式与权利变动的公示方式也往往是相互对应的，例如动产物权和不动产物权的享有分别以占有和登记为公示方式，相应地，

---

❶ 谢在全. 民法物权论（下册）［M］. 北京：中国政法大学出版社，1999：1032－1033.

❷ 刘家瑞. 论知识产权与占有制度［J］. 法学，2003（10）. 郑成思. 民法草案中知识产权篇（总则）的专家建议稿及说明（上）［J］. 电子知识产权，2003（4）.

动产物权和不动产物权的变更分别以交付（占有的转移）和登记的变更为公示方式。从逻辑上讲，动态意义上的权利变动以静态意义上的权利享有为前提，权利变动的公示与权利享有的公示之间理应存在着内在的一致性，这不仅对物权这样的权利适用，对于同属于绝对权的版权也应当适用，因此在对版权变动公示方式探讨之前，应首先从版权本身的公示方式谈起，相应地，对登记公示方式的分析也应当从版权本身的登记谈起。

传统的大陆法系著作权体系实行权利自动保护原则，即作品自创作完成之时自动受到著作权法保护而不需要履行登记、注册等手续。与上述做法不同，以美国为代表的版权体系国家曾长期坚持有手续的权利取得原则，即作品只有履行登记、注册等手续才能受到成文法的保护，❶ 尽管这些国家为了加入《伯尔尼公约》而纷纷放弃了强制性手续的要求，即版权的取得不以履行特定手续为前提，但是特定手续履行与否仍然会对权利的充分行使产生重要影响。"'无手续原则'的深层次原因在于其深受大陆法系国家著作权理论的影响，认为作品是作者人格的延伸及作者人格的反映，作品中财产利益完全基于创作而产生，因此著作权的获得不需要履行任何手续。"❷ 笔者认为，"无手续原则"尽管更有利于彰显作者的人格价值，但它在版权领域的出现也会带来一些难以克服的问题，其中包括版权的公示问题，因为没有登记、注册的版权将很难为第三人所知，由此可能导致大量的无辜侵权行为

---

❶ 在实行由成文法保护版权的同时，这些国家实践中也存在着不需要履行特定手续的普通法上的版权保护，但是普通法上的版权保护以作品未发表为前提，即作品一旦发表，则普通法上权利即归于消灭，但作品不发表作者就无法通过公开使用作品来获得利益，因此对于作者而言，成文法上的版权意义非常重大。

❷ 吴汉东，等. 知识产权基本问题研究［M］. 北京：中国人民大学出版社，2005：238.

的发生。从另外一个角度而言，尽管版权登记、注册等手续要求为版权人获得权利增加了负担，但它却在一定程度上满足了版权公示的要求，从而可以大大减少上述所提到的侵权行为的发生。此外，从人格价值观的角度去论证"无手续原则"的合理性也会面临着逻辑上的一些困难，因为既然发明和作品一样都可以从人格的角度进行解释，为何版权不需要履行手续而专利权却需要履行申请、审查及注册等手续？当然我们可以从权利的效力角度来对上述问题进行解释，即版权法中实行独创性原则，对于多个作品而言，只要各自是独自创作出来的，即使内容一样也分别受到版权保护，而对于多个内容一样的发明而言，专利权只能属于其中的一个，这就意味着专利权与版权相比具有更大的"排他性"，因此要履行特定的手续，将专利权产生和变动的事实公示出来，以便为公众所知。但以权利"排他性"的强弱不同来解释上述问题并不能令人充分信服，因为虽然比专利权的"排他性"弱一些，但版权的存在同样涉及了除权利人以外的第三人，而缺少公示的绝对性权利对于其自身的保护将是非常不利的。事实上，作为近代版权制度起源的英国，在其颁布的《安娜法令》中明确提出了实行版权登记的主要目的，即通过对版权进行登记使法律意图给予图书作者的财产权利得以确定，从而避免许多无辜侵权行为的发生。❶ 美国于 1790 年制定的《版权法》继承了《安娜法令》中有关登记手续的要求并在其基础上增加了其他手续要求。按照该法的规定，获得成文法上的版权保护需要履行以下几个方

---

❶ 参见：金海军. 知识产权私权论［M］. 北京：中国人民大学出版社，2004：附录 1.

面的手续，包括作品发表、加注版权标记、作品登记及作品交存等。❶ 19 世纪三四十年代，有关登记的问题在英国知识产权实践中引起了争议。在 1838 年由商会主席 Poulett Thomson 提交的有关设计的保护法案中，设计（designs）在政府专门设立的机构中进行登记是其获得保护的前提，但由于白棉布印染商（calico printers）的反对，该法案被两个独立的并最终通过的法案所替代，即《设计版权法》和《设计注册法》。围绕着有关设计的权利保护是否需要在政府机构进行注册的争议为人们提供了揭示注册功能的机会，在争议过程中，争议双方至少对一个方面的问题是达成共识的，即注册充当了"信息源"的功能，从而可以大大避免无辜侵权行为的发生。❷ 上述历史表明了登记、注册等手续在版权公示中的重要性。如果按照《伯尔尼公约》的规定，版权的原始取得不需要履行登记等手续，那么如何解决其公示问题？对此问题，有学者提出了可以将发表作为版权原始取得的公示方法。"对著作权没有行政公告，其公示的方式只有通过对外发表，其公信力通过对外发表得以实现。"❸ 但笔者认为，发表的事实虽然可以从一定程度上对版权进行公示，但发表作为版权的公示方式至少面临着几个方面的问题：一是发表本身的界定问题，即作品在多大程度上公开才属于发表；二是口头发表的固定问题。由于在口头发表情况下作品内容并不固定，因此在发生纠纷时很难确定权利的范围；三是发表只能解决已发表作品的公示问题，而

---

❶ 朱莉·E. 科恩，等. 全球信息化经济中的著作权法 ［M］. 北京：中信出版社，2003：153.

❷ See SHERMAN BRAD，BENTLY LIONEL. The Making of Modern Intellectual Property Law ［M］. Cambridge：Cambridge University Press，1999：67 - 73.

❸ 王晔. 试论公示公信原则与知识产权保护 ［J］. 知识产权，2001 (5).

不解决未发表作品的公示问题。上述问题的存在决定了发表并不能替代登记成为理想的版权原始取得的公示方式。另外，由国家版权局于 1994 年颁布的《作品自愿登记试行办法》和 2002 年颁布的《计算机软件著作权登记办法》分别规定了著作权可以向版权登记机构进行登记，但是这些规定中所提到的登记都是倡导性的，而且登记仅具有初步证据效力，与公示意义上的登记效力还存在着很大的不同。

综上所述，"无手续原则"对原始取得的版权公示性造成了极大的影响。然而，我们禁不住要问，"无手续原则"是否也要对版权变动的公示性产生影响？换句话讲，版权的变更是否也不要履行任何形式上的公示手续？进一步讲，我们能否将版权原始取得的公示与版权变动的公示区别对待，即在版权原始取得场合实行不要求登记的"无手续原则"，而在版权变动领域实行要求登记的"有手续原则"？笔者认为，正如前文所述，在传统物权法领域，物权享有的公示与物权变动的公示往往是相互对应的，如果在版权原始取得和版权变动两个领域实行不同的公示对待则会从一定程度上背离了传统的物权理论。但是如果不这样做，即不在版权变动领域实行登记制度又将对版权交易安全造成很大的不利，因此在这里我们就要面临着艰难选择，即是坚持统一的"无手续原则"，或者是区别对待以维护版权交易的安全？笔者认为，后一种选择更为可取，因为它既不违反《伯尔尼公约》中的无手续原则，也解决了版权交易的安全性问题。正如有学者所指出的，《伯尔尼公约》的规定"不应被扩大解释为著作权的继受取得，特别是通过合同取得也不需要履行任何手续。因为继受取得涉及交易安全、市场秩序，既关乎第三人利益的保护，又关乎公共利益，要求其采取一定的公示形式是合理而必要的。"❶ 笔者认为，版权变动公示方式的选择至少要同时参照以下两个标准，一是公示方式自身的成本支出。公示是为了向权利人以外的人表彰权利的存在，公示的进行肯定要支出一定的成本，但是该成本不能太高，否则将会削弱公示的价值。二是公示的效果，即某种公示方式的进行应达到可以使权利人以外的其他人知晓权利变动事实的目的。在进行公示方式的选择时，公示成本和公示效果应该兼顾，不能只考虑成本而忽略公示的效果，也不能只求公示的效果而不考虑公示的成本。在计算机技术和网络技术非常发达的今天，登记基本上可以同时满足以上两个标准，因此可以作为理想的版权变动公示方式。以登记作为版权变动公示方式在许多国家的版权立法中已经得到体现，包括那些实行"无手续原则"国家的版权法，例如《日本著作权法》❷ 明确规定了著作权的转移或处分的限制应当进行登记，否则不能对抗第三人。《日本著作权法》中也规定了著作权人可以在其享有的专有复制权上设定出版权，但应当进行登记，否则不能对抗第三人。就我国而言，尽管现有《著作权法》未从公示意义上规定登记制度，但相关法律对作为著作权变动方式之一的著作权质权提出了登记要求。❸ 根据《著作权法》及《物权法》的规定，以著作权中的财产权作为

---

❶　张玉敏. 建立著作权登记制度，促进版权产业发展——从《老鼠爱大米》的著作权纠纷说起［J］. 中国版权，2006（2）.

❷　《日本著作法》也规定了著作权本身可以进行登记，并规定登记具有推定登记人为著作权人的权利推定效力，但该法中的登记要求也属于倡导性的而不是强制性的，即不登记并不影响著作权的效力，从这个意义上讲《日本著作权法》仍未彻底解决著作权本身的公示性问题。

❸　不过，2012 年 7 月国家版权局公布的《著作权法》（修改草案第二稿）第 56条已在这方面进行了回应。根据该规定，与著作权人订立专有许可合同或者转让合同的，可以向国务院著作权行政管理部门设立的专门登记机构登记。

质权标的应当进行登记，质权自登记公告之日起生效。

（三）专有授权许可公示的效力

就物权而言，公示效力可分为公示要件主义和公示对抗主义，两者具有不同的历史渊源，各自的采纳"绝非某种单纯因素作用的结果，而是当时各国特有的经济、文化与社会背景所使然"❶，版权专有许可以及与之相关的版权转让是采取公示要件效力，抑或采取公示对抗效力❷需要结合版权自身的特点进行具体分析。

1. 公示要件主义

所谓公示要件主义是指未经公示，当事人之间根本不发生物权变动之效果。物权变动之效果系于公示形式之采纳，故又称形式主义、交付原则和实质主义。❸ 根据公示要件主义，当事人之间的合意并不能产生物权变动的效果，动产物权的变动除了要有当事人之间的合意外，还要有交付的行为；不动产物权的变动除了要有当事人之间合意外，还要有变更登记的行为。公示要件主义在我国现行法中也有所体现，例如我国《民法通则》第72条规定："按照合同或者其他合法方式取得财产的，财产所有权从财产交付起转移，法律另有规定或者当事人另有约定的除外。"就功能而言看，公示要件主义极大地保证了物权交易的安全性，但

---

❶　梁慧星，陈华彬. 物权法［M］. 北京：法律出版社，2003：76 - 77.

❷　我国现行的《作品自愿登记试行办法》规定了通过版权专有许可合同所获得的版权专有使用权可以进行登记，但登记的效力主要局限于证据方面；《计算机软件保护条例》以及《计算机软件登记办法》也规定了软件著作权专有许可合同、软件著作权转让合同可以进行登记，但这些登记效力主要在政策扶植方面，即国家对登记的软件进行重点保护；《国家版权局关于对出版外国图书进行合同登记的通知》也规定了出版合同应当进行登记，但该登记要求主要是出于行政管理的需要。上述登记与物权法中的公示效力存在着很大的差距。

❸　参见：孙鹏. 物权公示论——以物权变动为中心［M］. 北京：法律出版社，2004：13.

这种物权变动原则能否被"移植"到版权领域，即版权的变动效果除了当事人之间的合意外，还需要履行特定的公示形式要求。

版权专有授权许可及与之相关的版权转让等版权变动是否采取公示要件主义需要结合版权自身的特点、版权法所奉行的基本理念及现有立法例等方面进行论证。由于占有及作为占有转移的交付不能作为版权的公示方式，因此讨论公示要件主义对版权的适用是针对登记公示而言。在版权变动场合，除了当事人之间的合意外，是否还需要履行一定的登记手续才能发生版权变动的效果？笔者认为，对于作者而言，版权赋予了其一系列专有权利，但是如果这些专有性权利不进行利用对于作者而言也不会有太大的意义，而在社会分工日益发达的条件下由作者本人对作品进行利用的情况并不是非常普遍。相反，作者经常会把其享有的权利通过许可或转让的方式授权他人利用，从而获得相应的经济回报，即版权的原始取得与版权的交易是紧密相伴的。虽然"无手续原则"使版权的原始取得变得简单，但如果对紧密相伴的版权交易进行强制性的登记要求，则会大大降低"无手续原则"对于作者的价值。从现有的立法例看，在物权变动领域实行公示要件主义的德国，由于其《著作权法》总体上不允许著作权的转让，因此不存在版权转让和版权质押方面的公示制度，对于版权许可（包括专有许可和非专有许可），该法也没有强制规定履行登记手续的要求，我国台湾地区在 1998 年修订的"著作权法"中也废除了此前法律中存在的版权转让及版权专有许可的登记制度，因此更不可能在版权变动领域实行所谓的公示要件主义。❶ 总之，

---

❶ 事实上，即使 1998 年之前，在版权专有许可等方面实行的也不是公示要件主义，而是公示对抗主义。参见：谢铭洋. 智慧财产权之基础理论 [M]. 台湾：翰庐图书出版有限公司，2004：57.

公示要件主义的版权变动模式在现有立法实践中很少被采纳。不过，就我国现有的立法而言，尽管《著作权法》对版权专有许可和版权转让等版权变动没有公示方面的要求，但《著作权法》及《物权法》却规定，如果以著作权中的财产权作为质权的标的需要进行登记，否则质权设立不生效，也即在版权质权的设立方面采取了公示要件主义的原则。如何评价上述规定？是否有必要在其他版权变动方面也实行类似的规定以保证版权公示制度的统一性？对于上述规定，有些学者认为"我国著作权法对著作权的转让尚未规定需将登记作为生效要件，而担保法强行要求著作权质押合同一定要登记，否则无效，明显是与著作权法的立法精神相违背的。"❶ 笔者认为，《担保法》及《物权法》是将商标专用权、专利权和著作权放在一起进行规定的，就本质而言，三者同属于知识产权的范畴，但在权利的取得、权利的转让方面，著作权与商标专用权和专利权是存在着根本的不同。就权利的原始取得而言，商标专用权和专利权的原始取得要履行登记或注册等手续，而著作权实行自动取得的原则。就权利的转让而言，《商标法》和《专利法》分别规定了强制性的手续要求，即商标权和专利权的转让只有在履行了强制性手续后才发生效力。由于《商标法》和《专利法》在权利的原始取得、权利的转让等方面都规定了强制性的程序要求，因此在质权设定方面也规定强制性手续的要求就达到了保持商标权和专利权公示原则统一性的要求。但是如果把商标权和专利权的要求也一并适用于版权质权的设定就显得非常不妥，因为版权与商标权、专利权相比尽管存在着共同的地方，但它毕竟与后两者之间还存在着诸多差异性。即使为了保护

---

❶ 张耕，唐弦. 我国著作权质押制度探析［J］. 西南政法大学学报，2003（3）.

现有制度的稳定性而在版权质权的设定方面仍采取公示要件主义原则，我们也不应将其扩大适用到版权专有许可和版权转让领域，相反我们应该采取目前许多国家所采取的版权变动原则——公示对抗主义。

2. 公示对抗主义

（1）公示对抗主义的合理性考察

公示对抗主义，是指法定的公示方法仅仅是物权变动的对抗要件，而非物权变动法律效果的发生要件。在公示对抗主义下，只要当事人形成物权变动的意思表示，即发生物权变动的法律效果，只不过在具备公示手段前，物权变动的事实不能对抗第三人，因此公示对抗主义又被称为意思主义、合意原则。❶ 公示对抗主义被法国和日本的民法所采纳，从而形成了与公示要件主义相对应的物权变动原则。在立法上，公示对抗主义并非大陆法系国家的传统，在英美等法系国家也源远流长。❷ 在英美等国家，"公示与其说是构成特定转让的一部分内容，不如说是一种用以使转让发生效力以对抗第三人的补充"，"物的关系只能对抗受公示而知情的人"，"登记并不构成买受人财产权利的基础，它的惟一作用是揭示有关这一财产所发生的处分"。❸ 公示对抗主义的物权变动原则在我国现有立法实践中也有所体现，这主要针对船舶、航空器及车辆等特殊动产而言。公示对抗主义的物权变动原则能否扩大适用到版权领域，即版权人和受让人或专有被许可人

---

❶ 参见：孙鹏. 物权公示论——以物权变动为中心［M］. 北京：法律出版社，2004：3.

❷ 孙鹏. 物权公示论——以物权变动为中心［M］. 北京：法律出版社，2004：5.

❸ 彼德·哈伊. 美国法律概论［M］. 北京：北京大学出版社，1997：88. 转引自孙鹏. 物权公示论——以物权变动为中心［M］. 北京：法律出版社，2004：11.

只要达成有效的合意即可发生权利变动的效果，公示仅仅是权利变动事实得以对抗第三人的条件？答案是肯定的。公示对抗主义的版权变动原则不仅存在着理论上的合理性，而且已被不少国家的版权实践所采纳。接下来笔者将分别从理论与实践的层面对公示对抗主义的版权变动原则的合理性进行论证。

从理论层面而言，由于公示对抗主义对于权利的变动并没有强制性的公示要求，权利变动的效力仅取决于当事人之间的意思表示，因而有利于自由价值目标的实现和交易效率的提高，而这些从很大程度上契合了版权法中所奉行的权利自动取得的理念。正如笔者在前面部分所陈述的那样，版权的原始取得与版权的交易往往伴随在一起，由于版权的原始取得实行自动取得原则，如果对与之相应的版权交易实行强制性的公示要求，就会大大降低自动取得原则对于作者的价值。与公示要件主义不同，公示对抗主义对于版权的转让和版权的专有许可等交易活动的公示要求只是倡导性的而非强制性的，而且上述倡导也主要是针对专有被许可人或受让人而言的，即在公示对抗主义情形下，版权变动不进行公示主要是对被许可人或受让人利益造成不利影响，因而采取公示对抗主义对于作者自由、便捷地获得版权、利用版权的理念不会造成太大的负面影响。但是我们也不得不承认，在充分保障交易安全方面，公示要件主义具有公示对抗主义不可比拟的优势，因为如果当事人不进行公示，善意的第三人由于不知晓权利变动的事实可能会与版权人进行重复的交易，从而出现实践中所谓的"一女二嫁"现象，但这决不能成为我们抛弃公示对抗主义而选择公示要件主义的原因。进一步讲，尽管在版权交易安全的维护方面公示对抗主义比公示要件主义逊色一些，但公示对抗主义也并非完全置交易安全的价值目标于不顾，因为公示对抗主义仍然倡导版权变动进行公示，即权利变动的事实如果不进行公示就不会产生对抗第三人的效力，因此出于自身利益的考虑，当事人尤其被许可人或受让人会积极促使公示活动的进行，从而使当事人以外的第三人知晓权利变动的事实，避免进行重复交易，这就从很大程度上维持了版权交易的安全性。

公示对抗主义的版权变动原则已被许多国家的版权立法所采纳。❶ 例如《日本著作权法》第 77 条规定，著作权的转移以及著作权质权的设定等著作权变更行为应当进行登记，否则不能对抗第三人。对于版权专有许可使用权的设定，该法虽然没有从总体上规定公示要求，但对于从性质上可被视为版权专有许可范畴的出版权的设定❷，该法规定了公示的要求。根据该法第 88 条的规定，出版权的设定、转移等行为应当进行登记，否则不能对抗第三人。在《美国版权法》中，版权的转移包括版权的让与、抵押、专有许可等行为。根据该法第 205 条的规定，与版权转移有关的文件可以在版权局进行备案（类似于登记）。在发生转移协议相互冲突（类似于"一女多嫁"）的情形下，如果首先签署的转移协议在美国国内生效后一个月之内或者在美国国外生效后的两个月之内按照规定的程序要求进行了备案，或者在后一转移协议以同样的程序要求备案之前的时间内进行了备案的话，以首先签署生效的转移协议为准，否则的话以后来签署的转移协议为准，假如该转移协议以同样的方式首先进行了备案，并且支付了有价值的对价或者根据支付使用费的承诺已经善意接受，且未注

---

❶ 国家版权局于 2012 年 7 月公布的《著作权法》（修改草案第二稿）第 56 条中也有"经登记的专有许可合同和转让合同，可以对抗第三人"的内容。

❷ 从《日本著作权法》第 76 条的规定可以看出，出版权产生于著作权人所进行的复制权专有授权许可。

意到前一转移协议。❶ 上述规定实质上对包括版权专有许可在内的版权变动的公示赋予了对抗的效力，即版权专有许可、版权让与及版权抵押等版权变动应当进行登记，否则不能对抗其他的具有同样内容的版权专有许可、版权让与及版权抵押。❷ 登记对抗主义的版权变动原则也被《加拿大版权法》所采纳。根据《加拿大版权法》第57条第3款的规定，任何版权转让或授予版权利益的许可（专有许可）❸ 如果不按照规定的方式进行登记则对于随后的版权受让人或者被许可人无效，如果该受让人或者被许可人已经支出了有价值的对价而且实际上并不知道先前转让或者许可行为已经发生。

（2）公示对抗中"第三人范围"的确定

公示对抗主义的版权变动原则意味着在相互冲突的版权专有许可或者版权转让之间，按照规定要求先进行公示的被许可人或者受让人将取得具有对抗效力的专有许可权或者版权。❹ 另外，笔者认为，在第三人范围的确定上，我们应该参照美国和加拿大

---

❶　参见：孙新强，于改之，译. 美国版权法 [M]. 北京：中国人民大学出版社，2002：45.

❷　根据《美国版权法》第205条（e）款的规定，在版权转移协议备案之前，包括专有许可在内的版权转移行为甚至不能对抗善意的非专有许可人。

❸　根据《加拿大版权法》第13条第7款的规定，授予版权利益的许可主要指版权专有许可。

❹　对于相互冲突的专有许可或者转让都未进行登记的情形，现有的版权立法很少加以规定。在物权法领域也存在着类似问题，日本通说认为"取得物权的买受人都可以其物权对抗买受人之外的世间所有人，但是，买受人相互之间不能对其相对人主张自己的物权"（孙鹏. 物权公示论——以物权变动为中心 [M]. 北京：法律出版社，2004：260.），这些主张笔者认为可以在版权法领域加以借鉴。此外，根据2012年7月开始实施的《最高人民法院关于审理买卖合同纠纷案件适用法律问题的解释》第9条的规定，出卖人就同一普通动产订立多重买卖合同，在买卖合同均有效并且买受人均未受领的情况下，分别依照价款的支付先后顺序、合同成立的先后顺序确定买受人动产交付请求权的优先性。

等国家在实践中所采取的做法，将其局限在善意的第三人范围之内，即仅仅指那些已经支付了有价值对价而且主观上不知道先前已有版权专有许可或版权转让等行为发生的人。进一步讲，在两个具有相同内容的专有许可或者转让发生冲突时，即使后一个专有许可或者转让先于前一个专有许可或者转让进行登记，但如果该登记是在明知（前一专有许可或者转让）的情况下进行的，则先发生的许可或者转让仍可对抗后一许可或转让。将第三人限制在善意第三人范围之内的做法在 2000 年由美国纽约南区联邦地方法院审理的 Vapac Music Publishing, Inc. 诉 Tuff 'N' Rumble Management 等❶案件中得到了法官的明确认可。在该案中，Andre Williams（本案其中一个被告）和另外两个人一起创作了一首名为 "Shake a Tail Feather" 的音乐作品，并于 1963 年将该音乐作品的版权转移给了 Vapac Music Publishing Company（Vapac Music Publishing, Inc. 前身）。在 1998 年，Andre Williams 作为上述音乐版权的唯一续展人又将其版权利益的一半转移给了 "Tuff City"（本案主要被告），"Tuff City" 随即在版权局对版权转让进行了备案。随后，Vapac Music Publishing, Inc. 即对 Tuff 'N' Rumble Management、d/b/a Tuff City Records（"Tuff City"）、Andre Williams 等被告提起了侵权诉讼。在本案审理过程中，被告主张由于 1998 年所签订的版权转让首先按照版权法的规定进行了备案，因此在效力上应当优于此前所进行的版权转移。对于这些被告所提出的这些主张，主审法官 John G. Koeltl 认为，《美国版权法》第 205 条所提到的 "未注意到前一转让协议" 要求中的 "注意" 一词应当被扩大解释为包括

---

❶　2000 U. S. Dist. LEXIS 10027.

"调查注意"（inquiry notice）情形，即一个正常的理性人根据已经注意到的事实将会做出进一步的调查，并会最终发现已有同样内容版权转让发生。在本案中，"Tuff City"基于续展证书上标明的事实（Vapac Music 为原始版权人，Williams 只是三个作者之一）足可以通过进一步的调查发现已经存在版权转移的情况，因此不能适用《美国版权法》第 205 条的抗辩，也就是说其并不属于善意的第三人，因此被告不能以先备案为理由对抗先前进行的版权转移。

第五章

版权许可制度模式论
（二）：法定许可制度

一、法定许可、强制许可与授权许可之间的内在联系

根据私法自治原则，权利的命运掌握在权利人的手中，即权利人拥有是否行使权利以及如何行使权利的自由。私法自治原则也同样贯穿于版权制度中，并通过自愿转让或者授权许可等自由交易制度体现了出来。交易自由的版权理念是版权制度赖以存在和发展的基础之一，它不仅贯穿于近代版权制度中，在现代版权制度中也不例外。尽管随着经济和社会的发展，版权制度已经历了重大调整，但是自由交易的理念仍然占据着版权法中的主导地位。在现代版权实践中，建立在自愿、有偿基础之上的版权转让或者版权许可仍然是版权人以外的主体商业性地或者大规模地利用享有版权保护的作品的主要形式，无偿地利用享有版权保护的作品情形只限于合理使用等特定情形。但是，"在现代法中，私法自治或者契约自由虽仍然是民法基本原则，但已不再是从前的状况，私法自治或者契约自由受到多方面的限制"，❶ 这种情形也反映到了现代版权法中，表现为法定许可制度和强制许可制度在实践中的出现。基于效率、公共政策理由而出现的法定许可制度、强制许可制度具有一个显著的特征即非自愿性，这在一定程度上背离了交易自由的版权理念，也正因为如此，法定许可制度和强制许可制度往往被归入版权限制制度的范畴。虽然从权利来源看，法定许可、强制许可与授权许可存在着很大的不同，但是一个不可否认的事实是，法定许可和强制许可在促进版权有偿流转方面发挥着和授权许可基本同样的功能，并和授权许可一起成

---

❶ 梁慧星．从近代民法到现代民法——20 世纪民法回顾［J］．中外法学，1997（2）．

为实现作品流通、促进文化繁荣的重要途径。法定许可、强制许可与授权许可之间存在着内在的联系，主要表现在三个方面：首先，从法律性质上看，授权许可属于法律行为，法定许可、授权许可属于准法律行为，虽然他们无严格意义上的意思表示，但又有向相对人表意之行为，表现为承认他人版权存在、使用作品及支付报酬等行为。法定许可和授权许可中的"授权"意思虽然由法律直接规定或者特定机构做出，但具体付费的数额、方式、时间仍需"意定"，表意能够产生与授权许可类似的法律效力。❶ 其次，从适用范围看，法定许可、强制许可与授权许可之间既相互排斥又相互补充。一方面，就"权利束"中某个具体权利（仅限使用权）的流转而言，法定许可、强制许可的存在排除了适用授权许可的可能性。法定许可、强制许可所涵盖的具体权利愈多，可适用授权许可的具体权利就愈少。另一方面，由于法定许可和强制许可往往只涵盖"权利束"中权利的一部分而不是全部，因此"权利束"中没有被法定许可或者强制许可所涵盖的部分仍然可以通过授权许可的方式进行交易。最后，法定许可、强制许可与授权许可之间存在着相互转化的趋势。随着传播技术的发展，版权人对作品使用的控制变得愈来愈难，同时在实践中也不断涌现出众多专门从事作品传播的个人或组织，在这种情况下原来通过授权许可方式获得的权利类型也开始采取法定许可或者强制许可的方式获得（如美国版权实践中的录制权）。❷ 与此相反，当那

---

❶ 吴汉东．著作权合理使用制度研究［M］．北京：中国政法大学出版社，2005：154－155，158．

❷ 在1909年之前的美国版权实践中，唱片公司制作录音制品要获得（非戏剧）音乐作品版权人的同意，1909年，美国国会对版权法进行了修改，规定在（非戏剧）音乐作品的录制品已经发行的情况下，其他唱片公司可以不经音乐作品版权人的同意而重新对这些（非戏剧）音乐作品录制唱片。

些设立法定许可或者强制许可时的社会环境已发生变化，以致其实施已变得没有效率时，原来通过法定许可或者强制许可获得的权利类型又会重新恢复到通过授权许可的方式获得（如我国版权实践中的表演权）。❶ 这些内在的联系决定了至少应当从理论上把三者作为一个有机整体来对待，而不能进行有意的割裂，即把授权许可放在权利利用部分，而把法定许可、强制许可作为权利限制部分。强制许可与授权许可功能上的相似性甚至已经得到了德国版权立法者的认可，这体现在立法者对待唱片制作强制许可的态度变化上：在 2003 年《德国版权法》修订之前，有关唱片制作强制许可的规定是规定在版权限制一节内容中的，而随着 2003 年《德国版权法》的修订，这项规定已被放入了权利转移一节内容中，这就意味着唱片制作的强制许可已被赋予了与授权许可一样的法律功能。❷ 法定许可、强制许可与授权许可不但具有功能上的相似性，更为重要的是，在作品传播技术突飞猛进从而对现有的授权许可制度不断造成挑战的情形下，法定许可和强制许可已成为回应这些挑战、弥补授权许可制度不足的重要措施，因此深入研究法定许可和强制许可制度已变得非常迫切。

二、产权规则与责任规则理论：法定许可制度的经济学分析

法定许可（statutory license）是指使用者在利用他人已经发表的作品时，可以不经版权人同意，但应当向其支付报酬，并尊重版权人享有的其他权利制度。一般认为，法定许可和强制许可

---

❶　见《德国著作权法》第 42a 条第 1 款。

❷　西尔克·凡·莱温斯基. 专有权的强制性集体管理——与国际版权和欧盟版权法相一致的案例研究［J］. 刘跃伟，译. 版权公报，2004（1）.

设定的目的是使人们能够适当地获得使用作品的机会。❶ 法定许可所具有的这项功能可以从经济学中得到充分的论证，而在诸多经济学理论中，法和经济学理论中的产权规则与责任规则理论为我们提供了一个很好的分析工具。

（一）产权规则与责任规则理论背景

作品的创作需要很大的智力劳动投入，作为智力劳动成果的作品具有明显的公共产品属性，即作品的创作会产生一定的正外部性。如果作者不能从作品的创作中获得足够的回报，那么就会带来作品创作激励不足的问题，因此如何设计出一个有效的机制来解决包括作品创作在内的外部性问题已成为经济学所面临的一道难题，而在诸多方案中，法和经济学理论为人们提供了一个影响非常深远的市场化解决方案。针对福利经济学所提出的通过税收来解决外部性问题的方案，❷ 作为法和经济学理论重要开拓者之一的科斯在 1960 年所发表的《社会成本问题》的文章中提出了反对意见。在科斯看来，外部性问题的产生可以归结于多个主体的共同存在，即在只存在一个主体的情况下是不会产生外部性问题的。科斯认为，在交易成本为零的情况下，税收是没有必要的，换句话讲，在这种情况下，即使没有国家的干预，私人之间的磋商仍然可以达到有效率的结果。❸ 但是在科斯看来，没有交易成本的世界往往是假想的情形，因为现实世界中充满了各种各

---

❶　吴汉东，等. 知识产权基本问题研究［M］. 北京：中国人民大学出版社，2005：314-415.

❷　该方案由福利经济学代表人物庇估（Pigou）提出。

❸　BEBCHUK LUCIAN ARYE. Property Rights and Liability Rules：The Ex Ante View of the Cathedral, Discussion Paper No. 347［EB/OL］. ［2012-10-04］. http：//www. law. harvard. edu/faculty/bebchuk/pdfs/2001. Bebchuk. Property-Rights. pdf.

样的交易成本，在这种情况下，哪一方被赋予权利或者说产权如何界定将对效率产生直接的影响，但是对于如何分配权利或者界定产权，以及如何保护权利或者产权的问题，科斯并没有给出一个非常明确的答案，❶ 而在 Guido Calabresi 和 A. Douglas Melamed 所建立的理论模型中给这个艰难的问题一个清晰的答案。

1972 年在《哈佛法学评论》上发表的一篇有关产权规则、责任规则及不可让渡性的经典性文章中，❷ Guido Calabresi 及 A. Douglas Melamed 两位作者首先给出了权利设定的基本标准，即效率、分配正义及其他正义理由，紧接着对权利设定后所采取的权利保护办法进行了详细论述。在 Guido Calabresi 和 A. Douglas Melamed 所建立的理论模型中，权利既可以采取产权规则（property rule）的保护办法，也可以采取责任规则（liability rule）的保护办法。"一个权利在受产权规则保护，即希望从权利持有人那里获得权利的人必须通过自愿交易的方式并且以权利持有人同意的价格购买"，"这是一类涉及国家进行最少干预的权利：一旦初始的权利被确定，国家就不会再试图决定其价值"，如果出现了这样的情形，即"在支付了一个客观决定的权利价值后，任何人都可以随时损害最初设定的权利，那么这项权利就在受责任规则的保护。这个客观决定的权利价值可能等于权利最初持有人在自愿卖的情况下所要的价格"，"责任规则涉及了

---

❶ NICITA ANTOMIO, RIZZOLLI MATTEO. Much Ado About the Cathedral: Property Rules and Liability Rules When Rights Are Incomplete [EB/OL]. [2012 -10 - 04]. http://www3. unisi. it/lawandeconomics/simple/022_Nicita_Rizzolli. pdf.

❷ See CALABRESI GUIDO, MELAMED A DOUGLAS. Property Rules, Liability Rules and Inalienability: One View of the Cathedral [J]. Harv. L. Rev., 1972, 85: 1089.

到一个附加的国家干预阶段：权利不仅仅受到保护，而且权利的转让或者损害可以以一定的价值进行，只是这个价值不是由当事人自己而是由国家的某个机构决定的。"❶ 在 Guido Calabresi 和 A. Douglas Melamed 两位作者看来，财产权大部分情况下是通过产权规则的方式来保护的，不过当"通过私人磋商确定权利价值的成本太高，以致于即使权利转让会使所有当事人获得收益，这样的转让也不会发生。相反，如果有一个集体估价可被利用，那么有利的交易很快就会发生。"❷ 也就是说，效率是采取责任规则的主要原因，Guido Calabresi 和 A. Douglas Melamed 给出了一个涉及土地征用权（eminent domain）的例子来说明这个问题：在出于公众利益征用土地的情况下，由于拥有土地权利的人太多，同时由于信息不对称可能导致逆向选择行为的出现，针对这些权利采取产权规则的保护方式或者自愿交易的转让方式显然是没有效率的，而采取责任规则的保护方式或者集体估价的交易方式显然可以避免这些问题。另外，Guido Calabresi 和 A. Douglas Melamed 也认为，效率并不是舍弃产权规则而采取责任规则的唯一原因，正如产权设定经常会基于分配正义的原因而做出决定一样，选择责任规则通常是因为它有利于将效率和分配正义的结果统一起来，而这在产权规则下将很难实现。❸ Guido Calabresi 和

---

❶ CALABRESI GUIDO, MELAMED A DOUGLAS. Property Rules, Liability Rules and Inalienability：One View of the Cathedral [J]. Harv. L. Rev. , 1972, 85：1092.

❷ CALABRESI GUIDO, MELAMED A DOUGLAS. Property Rules, Liability Rules and Inalienability：One View of the Cathedral [J]. Harv. L. Rev. , 1972, 85：1106.

❸ CALABRESI GUIDO, MELAMED A DOUGLAS. Property Rules, Liability Rules and Inalienability：One View of the Cathedral [J]. Harv. L. Rev. , 1972, 85：1106－1110.

A. Douglas Melamed 所提出的理论框架进一步丰富了法和经济学理论的内容，为人们合理地去解释包括土地征用在内的现实问题提供了一个强有力的武器，同样，它在知识产权领域也有广阔的适用空间，从而为人们去分析法定许可、强制许可等问题提供强有力的理论支撑。

（二）产权规则与责任规则理论在版权领域的具体应用

法定许可制度可以置于产权规则和责任规则的理论框架中进行分析，实际上已经有不少学者进行过这方面的尝试。❶ 在经济学中，生产和消费是两个重要的概念，它们可以用来同时分析有体物和无体物问题。作品的创作过程也是投入各种要素的生产过程，非物质化的作品并不像有体物那样具有天然的排他性，版权法的出现解决了由于作品的公共产品属性所带来的作品创作激励不足问题，但却影响了人们对于作品的"消费"需求，❷ 因为在没有版权保护的情况下，作品的供给价格非常低，甚至接近为零，但是随着版权保护的出现，作品的供给价格将会大大提高，这就会大大抑制人们的作品"消费"需求。作品的低"消费"需求与鼓励作品创作、繁荣文化的社会目标相冲突，因为这些目标的实现需要的是一个较高的作品"消费"需求。不过，由于版权法合理使用制度的出现以及版权期限受到限制的缘故，这些冲突从一定程度上得到了缓解。对于基于个人目的或者非商业性目的"消费"仍处于版权保护期的作品的人或者组织而言，消费价格

---

❶　See MERGES ROBERT P. Contracting into Liability Rules: Intellectual Property Rights and Collective Rights Organizations [J]. Calif. L. Rev., 1996, 84: 1293.

❷　这里使用"消费"需求概念是为了与经济学中使用的概念保持一致，在本书中，"消费"作品与使用作品具有相同的含义，同时为了行文的方便，书中会交替使用"消费"作品和使用作品两个概念。

几乎为零，而对于上述目的以外的人或者组织而言，"消费"这些作品时需要支付一定的"消费"价格，换言之，"消费"价格使这些个人或者组织只能通过有偿而不是免费的方式才能获得"消费"作品的机会，即通过授权许可、法定许可或者强制许可等方式有偿地去"消费"作品，而在这三者之间究竟该选择哪种方式可以借助于产权规则与责任规则的理论分析来加以确定。

对于某些已经发表的作品而言，如果作品使用人与版权人之间进行交易的成本（包括信息搜寻成本、缔约成本、监督成本及执行成本）非常低，那么对这些作品相对应的版权就应当采取产权规则的保护方式，即使用者必须通过自愿交易的形式以版权人所同意的价格获得使用这些作品的权利（合理使用等特殊情形除外），这就是通常所采用的版权授权许可方式。产权规则下的授权许可方式同时实现了版权人和作品使用人的自由意志，满足了两者的不同利益需求，与帕累托效率目标基本上保持了一致，因此仍然是现代版权实践中有效获得作品使用权利的主要方式之一。但是，随着现代传播技术的发展，获得作品更加容易，使用作品的人数也在迅速增加，这无疑会增加版权人控制作品使用的成本。此外，现代传播技术的发展催生了一些专门从事作品传播的个人和机构，如表演者、录音录像制作者及广播组织等，他们所使用的作品往往涉及多个版权人，在这种情况下如果还要采取产权规则下的授权许可方式，交易的最终完成将不得不支出大量的交易成本，换句话讲，潜在的过高交易成本将会大大增加交易失败的机会。交易失败的大量出现不但减少了版权人获取经济回报的机会，而且会使作品的传播受阻，这显然不利于文化繁荣目标的实现。既然产权规则的版权保护模式不能解决由于传播技术发展所带来的作品使用控制成本以及版权交易成本增加的难题，那么就必须寻找另外一个能够解决这些难题的版权保护模式，而责任规则下的法定许可模式恰好是这样一个合适的候选对象。由于法定许可模式消除了版权人和作品使用人之间谈判的要求，这就大大减少了上述所涉及的一系列成本。另外，由于理想的通过"集体估价"方式所确定的法定许可报酬基本上接近授权许可下版权人可能要求的报酬数额，因此法定许可的适用对版权人的经济利益也不会带来太大的负面影响。更为重要的是，法定许可的适用有利于作品的广泛传播，从而实现了责任规则所追求的除效率以外的其他正义目标。

三、扩张与收缩：法定许可制度适用范围的调适

法定许可制度在包括我国在内的世界上众多国家的版权法中均有规定。传统的法定许可范围主要涉及表演权、录制权、广播权、汇编权等权项。❶ 法定许可制度的出现是与广播、录制等传播技术密切地联系在一起的，从某种意义上说是这些技术催生了法定许可制度的产生。当一项新的传播技术出现时，法定许可制度通常会做出相应的调适，从而在传播技术和法定许可之间形成了紧密的互动关系："传播技术－法定许可－新的传播技术－新的法定许可"。数字化技术和网络技术的出现对作品传播效应的影响是以往的传播技术无法比拟的。面对着数字化技术和网络技术，法定许可制度的适用范围又该进行怎样的调适？是扩大法定许可制度的适用范围从而减少授权许可制度的适用空间？或者是缩小法定许可制度的适用范围从而拓展授权许可制度的适用空

---

❶ 胡开忠．知识产权法比较研究［M］．北京：中国人民公安大学出版社，2004：161－162．

间？对于这些问题，我们很难去轻易地做出回答，因为法定许可制度适用范围的调适将会对整个版权制度产生深远的影响。就从当前情况看，理论和实践中对法定许可制度适用范围的调适出现了两种截然不同的做法，接下来笔者将首先对这两种做法进行详细的评介，在此基础上，将结合我国的具体情况提出自己的看法。

（一）法定许可制度适用范围的扩张

面对着数字化技术和网络技术的迅速发展，理论界和实务界中开始出现这样的声音，即扩张现有的法定许可制度，从而使其在数字化和网络环境中同样适用。授权许可、法定许可及强制许可是可供人们选择的有偿使用作品的三种主要方式，对于版权"权利束"中的某些具体权利而言，法定许可或者强制许可范围的扩张也就意味着授权许可适用范围的缩小。法定许可制度适用范围的扩张主张涉及四种新的传播技术对作品利用的影响，即P2P技术、数字声音取样技术、在线广播技术以及数字图书馆技术。接下来笔者将围绕这四项技术依次进行论述。

1. P2P技术与法定许可制度的适用

P2P（peer to peer）技术，又称"点对点"技术，其一个重要特点是改变互联网以大网站为中心的状态，实现计算机用户之间的直接连接和文件交换。P2P技术的主要表现形式为软件，包括现在正日益为人们所熟悉和采用的即时通信软件如 eMule（电驴）、Thunder（迅雷）、KuGoo（酷狗）等软件等是这些技术的代表。❶ P2P技术在推动作品的广泛传播方面是已有的其他技术如广播技术、录音录像等技术无法比拟的，这无疑非常契合促进

---

❶ ［EB/OL］. ［2012-08-09］. http：//baike. baidu. com/view/3280. htm♯6.

作品传播和繁荣社会文化的版权制度宗旨，但它的出现和广泛应用也使版权人控制作品的努力更加困难。换言之，网络环境下针对作品的"搭便车"行为将更加容易。作品在未经版权人同意的情况下通过 P2P 方式在互联网上大量传播无疑会对作者、表演者及唱片公司的经济利益带来很大的不利影响。面对这种情况，版权人开始果断地拿起法律武器来捍卫自己的权利，这其中最具有代表性的当属 1999 年至 2001 年发生在美国的 Napster 案件。在该案中，Napster 是一种基于 P2P 技术的软件程序名称，它于1998 年由美国波士顿大学名为范宁的大学生编写完成。Napster程序能够搜索音乐文件并提供检索，把所有的音乐文件地址存放在一个集中的服务器中，这样使用者就能够方便地过滤成千上百的地址而找到自己需要的 MP3 文件。1999 年 5 月，范宁和帕克又共同创办了文件共享社区网站—Napster，该网站吸引了大批的音乐迷，在最高峰时有 8 000 万的注册用户。❶ 从 1999 年 12 月份开始，美国唱片业协会（RIAA）及美国音乐出版协会（NMPA）开始陆续向美国联邦法院提起诉讼，称 Napster 向网民提供 MP3 文件共享软件的行为已触犯了版权法，因此请求法院做出禁止 Napster 继续提供服务的禁令并相应地给予原告一定的经济赔偿。2001 年 2 月，美国第九巡回法院做出了二审判决，进一步确认了一审法院在合理使用、帮助版权侵权（contributory copyright infringement）以及替代版权侵权（vicarious copyright infringement）等问题上所做出的认定，即认定 Napster 用户的行为已构成直接侵权，而 Napster 自身也构成了帮助侵权和和替代

---

❶　[EB/OL]．[2012 - 08 - 09]．http：//it. sohu. com/20040928/n222280230. shtml．

侵权。另外，二审法院还拒绝了被告所提出的适用强制许可的建议，并维持了此前已由一审法院做出的诉前禁令。❶ Napser 案件在互联网界特别是其他 P2P 服务提供者中引起了极大反响。在随后的 Grokster、Streamcast 以及 Kazaa 等案件中，唱片业等版权持有者在其针对 P2P 软件提供者所提起的侵权诉讼中开始受阻，因为在这些案件中，法官认为"网站提供这些非中心化的文件分享系统与提供录像机并没有多大的区别，因此不应当对其顾客的侵权行为承担责任"。❷ 这些判决结果显然弱化了 Napster 判决的确定性，使 P2P 技术与版权法之间的关系更加扑朔迷离，同时"由于各大音像公司在对 P2P 经营者的诉讼中由胜转败，在不放弃向最高法院上诉的同时，他们的矛头也转向了最终用户"。❸

有效地协调 P2P 技术和版权法之间的冲突已经成为理论和实践中所面临的一道难题，过多地强调产权规则保护模式或者说只能通过授权许可方式获得作品权利的做法不但会阻碍像 P2P 这样的信息传播技术的推广和应用，而且会抑制作品的广泛传播，甚至会触及到 P2P 客户的隐私权保护问题；另一方面，漠视版权人利益的做法又会使人们在很大程度产生对版权法功能的怀疑。面对着这种困境，以 Natanel 为代表的学者提出了扩大补偿金（levy）制度的适用范围，即通过对提供 P2P 软件的网络服务提

---

❶ 239 F. 3d 1004，1019 - 1025，1029（9th cir. 2001）.

❷ LIEBOWITZ S J. Alternative Copyright System: The Problem with a Compulsory License ［EB/OL］.［2012 - 08 - 09］. http: //www. serci. org/2003/liebowitz2. pdf.

❸ 郑小鸿：《著作权补偿金制度在网络时代的发展趋势》，载张平主编《网络法律评论》第 6 卷，法律出版社 2005 年版，第 31 页。

供商、空白 CDs 等用来传播和下载作品的工具征收补偿金，然后再将征收来的补偿金在版权人中间进行分配，从而达到有效地协调版权保护和作品传播的关系。❶ 补偿金制度与法定许可或者强制许可有着千丝万缕的联系，在某种意义上它是某些法定许可或者强制许可的配套措施，❷ 因为"它通过权利人放弃难以实现的许可使用授权，转而以实现获取报酬为主，使用者无需费时费力寻求授权，但以支付一定的费用作为使用作品的代价，给权利人以补偿"。❸ 事实上，从 20 世纪 60 年代开始，为解决复印技术和录制技术所导致的大量私人复制对版权人利益造成的不利影响，德国、加拿大等国家即开始实行补偿金制度，美国也从 1992 年开始针对数字录音机器和数字录音用媒介采取这项制度，即通过对这些对象征收录制版税的办法来补偿版权人的经济损失。❹ 值得

---

❶ LIEBOWITZ S J. Alternative Copyright System：The Problem with a Compulsory License［EB/OL］.［2012 - 08 - 09］. http：//www. serci. org/2003/liebowitz2. pdf.

❷ 参见：郑小鸿：《著作权补偿金制度在网络时代的发展趋势》，载张平主编《网络法律评论》第 6 卷，法律出版社 2005 年版，第 18 页。在这里需要说明的是，在一些学者的论述中，对补偿金制度的介绍是在"强制许可"（compulsory license）的框架中进行的，但实质上这些文章中所提到的"强制许可"的内容与我们通常所说的"法定许可"（statutory license）更接近，另外，传统《美国版权法》使用的是"强制许可"（compulsory license）表述，但是在新增加的有关卫星二次传播（1988）、网络播放音乐和录音作品（1995）等内容中也开始适用"法定许可"（statutory license）的表述，但不少学者仍然会以"强制许可"的名义来论述这些新增加的内容，因此在美国版权法理论和立法实践中，强制许可与法定许可之间的界限并不是非常清晰。在本书中，对于引自美国学者所撰写的有关"强制许可"的文章，如果与本书所提到"法定许可"在内容、功能及理论背景方面非常接近的话，笔者将在"法定许可"部分直接予以引用说明或证明某些问题，相应地也会将原文中所采用的"强制许可"表述以"法定许可"表述来代替。

❸❹ 张平、张韬略：《数字环境下版权授权方式研究》，载张平主编《网络法律评论》第 6 卷，北京大学出版社 2005 年版，第 8 页。

注意的是，2003 年 1 月 13 日，德国版权集体管理机构仲裁机构裁定个人电脑生产企业、进口商、销售商应以每台电脑 12 欧元的标准向文字及图片作者、集体管理组织支付补偿金（Getrateabgabe），从而解决由于电脑的普及而对版权人利益造成的损失。❶ 补偿金制度或者法定许可制度的实行无疑挤压了 P2P 环境下授权许可方式适用的空间，使版权人控制作品的能力大大降低。❷ 补偿金制度面临的一个难题是如何协调与技术保护措施之间的关系，以及 P2P 技术的无国界性与补偿金实施地域的有限性的冲突，因为如果只有部分国家实行补偿金制度，将那些没有技术保护措施的作品上载到互联网上的话，就为那些不实行补偿金制度的国家或地区的盗版行为提供了方便。在我国台湾地区，相关部门也否决了 P2P 经营者和一些学者所提出的通过对 P2P 服务提供者征收补偿金的办法来代替授权许可的建议。❸ 由于 P2P 软件和版权法的关系的复杂性，目前围绕着 P2P 技术的补偿金制度方案还很难较快地被付诸实施。但是，它的提出已充分表明：至少人们已从理论上开始考虑扩张补偿金制度或者法定许可的适用范围来应对日益突出的 P2P 技术和版权问题。❹

---

❶　高行乐. 德国版权集体管理组织浅析及对我国建议 [EB/OL]. [2012 - 08 - 09]. http://munich. mofcom. gov. cn/aarticle/ztdy/200512/20051201130908. html（中国驻慕尼黑总领馆经商室网站）.

❷　239 F. 3d 1004，1019 - 1025，1029（9th cir. 2001）.

❸　参见：郑小鸿. 著作权补偿金制度在网络时代的发展趋势 [M]. 网络法律评论第 6 卷. 北京：法律出版社，2005：38.

❹　在一些国家的实践中，这种理论上的主张甚至已开始受到官方机构的垂青。例如在 2006 年秋天，来自瑞典执政党和反对党的政治家公开支持通过这种方案来解决未经授权的互联网文件分享问题。See RESS MANON. Compulsory licensing for copyright，IIPA "recommendations" regarding Compulsory Licenses [EB/OL]. [2012 - 08 - 09]. http://www. cptech. org/blogs/cl4copyright/index. html.

2. 数字声音取样（digital sound sampling）技术与法定许可制度的适用

数字声音取样技术是将模拟声音信号❶转化为数字信号的过程，即将模拟声音信号进行分割并将每一个分割处上的振幅值转换成数字的过程。与模拟声音信号相比，数字声音信号更容易储存和编辑，因此这项技术已经成为录制业中所采用的主流技术。❷数字声音取样技术目前在音乐制作过程中已经被普遍采用。在这个过程中，制作者有选择地提取现有的众多音乐中的内容并将其组合在一起从而形成新的音乐，如今几乎每一首流行音乐中都至少包含一个被取样的声音。❸数字声音取样技术的出现和普及为人们利用现有音乐创造出其他具有独特风格的音乐提供了方便，换言之，数字声音取样技术的出现为人们提供了新的艺术创作工具。但是，数字声音取样技术的出现也对音乐版权保护提出了挑战，因为在利用数字声音取样技术制作音乐的过程通常会利用众多的现有音乐内容，包括音乐中的词曲及词曲的表演等，而这些内容通常是受到版权保护的，即通过数字声音取样制作音乐存在

---

❶　模拟声音信号是将声波转换为实际的电压，由信号导线传送或储存在磁盘装置中。

❷　[EB/OL].［2012 - 08 - 09］. http：//baike. baidu. com/view/32189. htm. 数字化的声音信号质量很大程度上取决于取样频率即每秒中所取样的次数。数字声音取样在我们日常生活中也会经常接触到，如电脑多媒体设备即是通过波形声音设备（平常所说的声卡）将麦克风的输入或其他声音输入转换为数字取样，并将其储存到内存或者储存到以. wav 为扩展名的磁盘文件中，再通过波形声音设备将波形转换回模拟声音，并通过 PC 扩音器来播放。

❸　BARONI MICHAEL L. Pirate's Palette：The Dilemmas of Digital Sound Sampling and a Proposed Compulsory License Solution［J］. U. Miami Ent. & Sports L. Rev. ，1993，11：71.

着版权盗版的可能。❶ 因此，如何"在满足对（作为艺术创作工具）取样的需求与未经授权的盗版行为之间达成平衡已变得非常迫切"。❷ 针对数字声音取样技术与版权的关系，在以往的实践中出现了两种解决方案：一是采取授权许可的模式，即将那些未经音乐版权人同意的取样行为都视为版权侵权（合理使用除外）。例如在 1991 年由美国纽约南区地方法院审理的 Grand Upright Music 诉 Warner Bros. Records 案件中❸，法院判决被告在其专辑中故意使用原告歌曲中三个词语和其所录制作品（master recording）中一部分内容的行为已构成侵权，因此对原告提供了禁令救济，不过对于取样所涉及的合理使用、滑稽模仿以及非实质性使用等问题，法院并没有给出明确的意见。此案对那些利用数字取样技术的艺术家而言影响将是非常深远的，因为这将意味着为了避免侵权他们不得不花费大量的时间和金钱去获得版权人的授权。二是适用版权法中的合理使用制度，即如果创作者在制作取样作品的过程中往往只抽取现有音乐作品中的极少一部分内容，并且在此基础上增添了许多新鲜元素的话，那么创作者的行为不应当构成侵权。例如，在 Newton 诉 Diamond 案件中，❹ 被告是一名长笛吹奏者和作曲者，其创作了一首名为"Choir"的音

---

❶ 音乐表演在我国是作为邻接权的保护对象，而在美国等国家是被作为录音作品（sound recording）而受到版权保护的，另外《美国版权法》中针对录音作品的保护范围非常宽泛，它几乎涵盖我国版权法中的表演权和录音录像制作者权的主要内容。在本书中有关音乐版权的表述方面，笔者将不作邻接权和版权的区分，而是统一采用版权的表述。

❷ BARONI MICHAEL L. Pirate's Palette: The Dilemmas of Digital Sound Sampling and a Proposed Compulsory License Solution [J]. U. Miami Ent. & Sports L. Rev., 1993, 11: 66.

❸ 780 F. Supp. 182 ((SDNY 1991).

❹ 204 F. Supp. 2d 1244 (C. D. Cal. 2002).

乐作品，被告是一个乐队，其于 1992 年从 ECM 唱片公司那里获得了对原告"Choir"表演（录音作品）进行取样的许可。根据这些许可，被告从"Choir"中抽取了大致 6 秒中长的三个曲调（notes）并使其在新创作的作品中反复出现（loop）。原告认为被告的取样行为已构成演绎性地使用（derivative use）其创作的音乐作品，因此应当事先获得授权许可。由于被告事先并未获得授权许可，因此其行为已构成了版权侵权。法院认为：原告作品中仅仅 6 秒长的内容不应当受到版权保护，即使受到版权保护，被告的使用也是最低限度（de minimis）的使用，因为无论从质的方面或量的方面，被告的行为都不会对"Choir"产生太大影响。❶ 法院最后做出了驳回原告诉讼请求的判决，该判决在随后的上诉审程序中得到了确认。Newton 案判决对于从事数字声音取样的艺术家来说应当是一个利好的消息，但事实情况并非如此，因为它只涉及了最低限度的取样使用。更为关键的是，它仅仅针对词曲本身的取样而不包括对词曲表演（录音作品）的取样。"在当前的实践中，如果音乐作品中被取样的部分能够被一般听众识别出来的话，使用人必须获得被取样作品版权人的授权许可，无论该使用是否是最低限度的使用"，❷ 而授权许可中许可人所提出的过高的许可使用费以及为获得授权许可所要支出的高额交易费用无疑大大减少了通过取样进行艺术创作的机会。面对着这种情况，以 Josh Norek 为代表的学者提出了法定许可的解决方案。在该方案中，取样被分为四类：质的非实质性取样、3 秒

---

❶　204 F. Supp. 2d 1244，1260（C. D. Cal. 2002）.

❷　NOREK JOSH. "You Can't Sing without the Bling"：The Toll of Excessive Sample License Fees on Creativity in Hip-Hop Music and the Need for a Compulsory Sound Recording Sample License System ［J］. UCLA Ent. L. Rev.，2004，11：89.

钟或者以下并且只出现 1 次的质的实质性取样、3 秒钟或者以下并且在作品中反复出现的质的实质性取样、3 秒钟以上的质的实质性取样。第一类取样是指在音乐旋律或者表演表现形式有限的情况下，取样音乐中只使用现有音乐的极少一部分内容以致既便熟悉现有音乐的人也很难轻易地识别出来，这类取样应当归入最低限度的合理使用范畴，因此不需要获得版权人的授权许可。除了第一类取样外，在后面三类取样中，熟悉现有音乐的人很容易识别出来，但由于在第二类取样中，现有音乐中 3 秒钟长（或者更短）的内容只在取样音乐中出现一次，因此也不需要获得授权。对于第四类情形，由于使用现有作品中的内容太多，因此仍然应当采取授权许可的方式。对于第三类情形，使用人在取样时不需要经过版权人的同意，但应当向其支付法定数额的使用费。❶ 不可否认的是，这项制度设计具有很大的吸引力，对于取样艺术家和现有音乐作品版权人而言，它可以实现双赢的结果，因为现有音乐作品中听众已熟悉的旋律或者歌词出现在取样音乐中既可以使取样音乐很快地被推广出去，又进一步扩大而非缩小了现有音乐的传播范围。此外，由于对取样条件进行严格限制的缘故，现有音乐作品版权人对其作品的控制能力以及作品的经济回报能力也不会因此受到很大的影响。❷ 不过这类制度从提出的那一刻开始就遭到了一些人的反对，因为他们认为如果从事取样的人可

---

❶　NOREK JOSH. "You Can't Sing without the Bling"：The Toll of Excessive Sample License Fees on Creativity in Hip-Hop Music and the Need for a Compulsory Sound Recording Sample License System [J]. UCLA Ent. L. Rev. , 2004, 11：91 - 93.

❷　NOREK JOSH. "You Can't Sing without the Bling"：The Toll of Excessive Sample License Fees on Creativity in Hip-Hop Music and the Need for a Compulsory Sound Recording Sample License System [J]. UCLA Ent. L. Rev. , 2004, 11：94 - 100.

以不经版权人同意而使用其作品的话，就会使其对作品的控制力大大降低，此外，取样作品的出现也会大大降低现有音乐作品的价值。另外，对于专门从事取样作品创作的人而言，其所保存的取样库中的作品来源也很难追踪。❶ 尽管遭到质疑甚至反对，利用法定许可制度来解决数字声音取样与版权法冲突的呼声正在愈来愈高，但它究竟能否在司法实践中被普遍采用甚至出现在版权法中还需要一段时间的检验。

3. 在线广播（online broadcast）技术与法定许可制度的适用

随着互联网的普及，在传统的从事 AM/FM 节目播放的广播电台基础上出现了专门从事在线广播的机构（online broadcaster），俗称"网播"（webcasters）。另外，为了与在线广播相竞争，传统的广播电台也开始将所播放的节目在互联网上进行同步播放（web simulcasts）。与传统的广播相比，在线广播在收听质量、收听范围等方面具有巨大的优势，因此一经出现即受到了很大的欢迎，目前在网络中已非常普及。在线广播在为听众带来诸多方便的同时，也对已有的版权制度带来了挑战，因为在线广播节目中经常要使用现有的享有版权保护的作品以及作品的表演，这就会产生以下两个问题，即版权人所享有的广播权是否可以延伸到互联网环境下？如果可以延伸的话，那么网络广播权是采取产权规则下的授权许可模式或者是采取责任规则下的法定许可（或强制许可）模式？在线广播出现前，广播权的取得往往是通过法定许可

---

❶　BARONI MICHAEL L. Pirate's Palette: The Dilemmas of Digital Sound Sampling and a Proposed Compulsory License Solution [J]. U. Miami Ent. & Sports L. Rev., 1993，11：101－102.

或者一揽子授权许可方式❶来完成的，特别是在法定许可模式下，广播电台使用版权人已经发表的作品并不需要经过其同意而只需要向其支付法定的报酬即可，从而避免了就每一件所使用的作品与版权人进行磋商所产生的高额交易成本问题。针对传统广播的法定许可模式能否加以扩张从而将在线广播也涵盖进去？答案是肯定的，因为美国的立法实践已经做出了这方面的尝试。在1995年之前的《美国版权法》中，针对录音作品（由音乐、语言或其他声音的固定而产生的作品）的版权中并不包括表演权，因此广播电台在通过广播传播录音作品时并不需要经录音作品版权人的同意，也不需要向其支付报酬，然而这种情况在1995年发生了改变，因为在这一年，美国通过了《录音作品数字表演权法》（DPRA），该法针对录音作品设立了一项新的权利即通过数字音频传播方式进行公开表演的权利。值得注意的是，在为录音作品设置数字表演权的同时，该法也规定了针对这项权利的法定许可制度。❷在《录音作品数字表演权法》之后，美国又于1998年推出了《新千年数字版权法》（DMCA），进一步明确了录音作品数字表演权专门针对在线广播服务，❸并扩大了《录音作品数字表演权法》中所规定的法定许可适用范围。❹根据这两部法律，除非例外情况存在，如果在线广播机构通过非互动式（noninteractive）

---

❶ 《美国版权法》中并没有明确的广播权概念，类似的权利保护是通过表演权来实现的。对于广播电台而言，如果未经事先同意而在广播中出现音乐作品（词曲）的表演，则其行为即侵犯了音乐作品（词曲）版权人的权利，因此广播电台往往通过ASCAP等机构获得各类音乐作品表演权的一揽子许可。

❷ 该法原文中使用的是"statutory license"而非"compulsory license"的表述。

❸ BARRETT JARED. Podcasting Pop Songs?: Licensing Concerns with Podcasts that contain Mainstream music [J]. Shidler J. L. Com. & Tech. , 2006，3：21.

❹ 有关录音作品数字表演权法定许可的内容目前已集中规定在《美国版权法》第114条（d）（2）。

服务方式（即用户在收听时间、收听内容等方面不能做出任意的
选择）向用户❶提供录音作品的不需要与其版权人进行磋商，而
只需要向版权局提交一个初步通知并将固定数额的版权使用费交
给美国唱片业协会（RIAA）即可。❷ 此外，根据规定，在线广播
机构在适用法定许可时还必须遵守其他条件，包括不得提前公布
节目安排的要求、所使用的录音作品数量上的要求、存档节目长
度上的要求、节目重复播放方面的要求等，另外，如果技术许可
的话，在线广播机构还必须采取措施来阻挡用户试图下载或复制
歌曲的企图。❸ 在《录音作品数字表演权法》和《新千年数字版
权法》之后，美国版权局在 2000 年 12 月又做出裁决，认为同步
提供在线广播的传统广播电台（主要提供 AM/FM 广播服务）不
能享有《美国版权法》114 条（d）（1）（A）下的豁免权利（即
使用录音作品不需要经版权人许可，也不需要支付报酬），这就
意味着这类广播机构也要通过法定许可方式获得对录音作品进行
使用的权利。❹ 美国的上述做法将会对世界上其他国家的版权法
产生示范效应。可以相信的是，随着网络广播的普及，将会有愈

---

❶ 《录音作品数字表演权法》中的法定许可只针对在线广播机构向定购
（subscription）用户（注册并付费收听用户），《新千年数字版权法》将法定许可的适
用范围扩大了非定购（nonsubscription）用户（没有注册也不需要付费收听用户）。

❷ PHELPS MARTHA F. Complying with Requirements for a Statutory License
in Sound Recordings under the Digital Millennium Copyright Act of 1998 [J]. B. B. J.，
2001，45：20.

❸ 17 USCS § 114 (d) (2).

❹ 65 Fed. Reg. 77292‐02，December 11，2000. 另外，"播客"（podcast）是与
网络广播非常相似的一种传播方式。"播客"与已有的"博客"不同，因为后者通常
只提供文字内容，而前者通常提供的是声讯类节目。由于"播客"能够随时提供下载
服务，因此不符合《美国版权法》中有关网络广播法定许可的要求。See BARRETT
JARED. Podcasting Pop Songs?：Licensing Concerns with Podcasts that contain
Mainstream music [J]. Shidler J. L. Com. & Tech.，2006，3：28‐35.

来愈多的国家考虑将适用传统广播的法定许可制度扩张适用到网络广播中。

4. 数字图书馆技术与法定许可制度的适用

"据估计，从人类开始写书以来，1亿册图书已经被出版，其中超过一半的图书可以在世界各地的图书馆中找到"。❶ 如此庞大数量的图书在储存、搜索等方面将为人们带来很大的难题，而数字图书馆技术的出现在很大程度上解决了这些难题。通过对现有图书进行数字化扫描、编码和分类，再借助于专用的图书检索和阅读软件，人们对图书的利用将更加方便。另外，随着网络的普及，人们对于图书的获取也更加迅捷，甚至足不出户就可以获得想要阅读的图书。由于存在着上述诸多优点，各种类型的数字图书馆正如雨后春笋一般大量地涌现出来，它们中间既包括以盈利为主要目的数字图书馆，也包括以教学、研究和文化普及为主要内容的高校数字图书馆、科研机构数字图书馆和公共数字图书馆（如国家数字图书馆）。与P2P技术、数字声音取样技术及在线广播技术一样，数字图书馆的出现在为人们获取信息提供极大便利的同时，也绕不开与版权的协调问题。由于传统图书馆以促进知识传播为主要宗旨，并且是在非盈利性基础上运行的，因此版权法给予了其特殊的待遇，如规定其可以基于陈列或保存版本的需要而少量复制馆藏图书等。尽管如此，由于受图书检索技术、复制成本以及时空条件（须要在开放时间到图书馆借阅并且要按时返还）等方面的限制，这类图书馆的存在对于版权人的利益并不会造成太大的影响，图书馆和版权人之间的利益格局也相对稳

❶ SHAMOS MICHAEL I. Machines as Readers: A Solutions to the Copyright Problem [J]. J Zhejiang Univ SCI., 2005 (6A): 1179.

定。但是，随着数字图书馆的出现，这样的利益格局将发生巨大的改变。数字图书馆的出现使得版权人对于图书传播的控制变得更加困难，这无形中会触动包括作者、出版社在内的多方经济利益。也正因为如此，版权人开始以保护复制权、信息网络传播权为理由反对任何未经其同意而对其图书进行数字化扫描和互联网传播的行为。这无疑会成为数字图书馆建设和运行中的一个障碍，❶ 因此如何跨越这个障碍并且同时满足版权人的经济利益需求已成为数字图书馆建设和发展中的一个关键。针对版权人所享有的复制权和信息网络传播权，实践中已提出了以下几种解决方案：一是将享有合理使用特权的主体范围扩大到数字图书馆，即创设复制权和信息网络传播权的例外，对于扫描图书和通过网络传播图书的行为不作为侵权行为对待。但这种方案一经提出即遭到版权人的极力反对，因此在实践中很难被普遍采用。二是通过公共借阅权（public lending rights）制度来协调与信息网络传播权的冲突。作为版权人所享有的一项权利，公共借阅权从 20 世纪 70 年代开始被德国、英国、瑞典、荷兰及澳大利亚等国家普遍采用，它规定图书馆在出借享有版权保护的图书时，应向作者支付借阅版税，从而很大程度地缓解了由于图书出借而对版权人经济利益带来的不利影响。❷ 通过公共借阅权制度来协调与信息网络传播权冲突的方案在实践中也很难实施，因为在传统图书馆环境下，一本图书一次只能由一个人整本借阅，版权人所获得的

---

❶　当然，数字图书馆可以利用已经进入公有领域的图书以及版权人已放弃版权的图书，但这只能是数字图书馆内容的一部分，因为一个能够广泛吸引读者的数字图书馆需要为读者提供尽量大的选择空间而不能把那些享有版权保护的图书排除在外。

❷　胡开忠．知识产权法比较研究［M］．北京：中国人民公安大学出版社，2004：165．

借阅版税往往根据被收藏图书的数量来计算，因此该项权利实行起来相对容易，然而在数字环境下，图书可以被诸多人同时"借阅"（浏览、使用或下载），而且许多人只是"借阅"一本图书的一页内容，❶ 在这种情况下，即使按比例（浏览、使用或下载部分占整本图书内容的比例）向版权人支付补偿，补偿数额也将非常低。❷ 三是主张为编制数字化索引目的而对图书进行扫描的行为不视为侵权行为，在此前提下可以充分利用版权法中"思想—表达"的二分法原理，通过计算机系统来处理已被扫描的图书并从中提取不受版权法保护的概念、事实和思想等，然而再通过计算机系统将这些内容将进行合成化处理，并最终产生出与原有图书作品不同的合成作品（synthetic works）。由于被扫描图书作品版权人不能对这些合成作品主张版权，因此可以借助特定的软件将其自动翻译成多种语言并且不受限制地在互联网上自由传播。❸由 SHAMOS 所提出的这项方案给人耳目一新的感觉，但它也存在着下述几个方面的问题：首先，它主张为了编制数字化索引可以不经图书版权人同意而对图书进行扫描，但事实上这是很难做到的，因为实践中很难区分扫描行为是否是基于编写索引的目的；其次，就科学类图书而言，人们对其中的概念、事实和思想可能更感兴趣，因此它的实施似乎能满足人们的需求，但是，对于文学、艺术类图书而言，情况就大不一样了，因为对这类图书

---

❶ 当然，在传统图书馆中，某本图书的借阅者也可能只阅读其中一页内容，但即便如此读者也必须借阅整本图书，不过在数字环境中情形就大不相同，读者可以只"借阅"一页内容。

❷ SHAMOS MICHAEL I. Machines as Readers：A Solutions to the Copyright Problem [J]. J Zhejiang Univ SCI. ，2005（6A）：1182 - 1183.

❸ SHAMOS MICHAEL I. Machines as Readers：A Solutions to the Copyright Problem [J]. J Zhejiang Univ SCI. ，2005（6A）：1185 - 1187.

人们最感兴趣的往往是表达本身，而非存在于其中的概念、事实和思想等；最后，现有的计算机系统能否像人类那样深刻地"领会"图书中的思想尚值得怀疑。总而言之，技术以及传播内容两方面的局限性注定了这项方案具有理想化的色彩，它的实施并不能解决目前日益突出的版权保护与图书数字化之间的冲突问题。

与上述三种方案相比，第四种方案即扩大现有法定许可制度的适用范围从而涵盖数字图书馆环境下对图书进行扫描和网络传播的行为是一项比较现实、也更有可能被各方所接受的方案。❶根据这项方案，在对现有图书进行数字化扫描和通过网络进行传播时，不须要事先就每一本图书取得版权人的授权许可，而只需要向版权人支付一定的报酬即可，因此它的采用在很大程度上克服了授权许可模式所带来的高额交易成本问题。此外，与第一种方案相比，法定许可模式的采用并没有使版权人的经济利益受到很大的损失，因此它更有可能被版权人接受。不过，由于法定许可的采用会使版权人对作品的控制能力下降，因此这种可能性能否最终转化为现实即能否被各国普遍接受尚需要理论上的进一步论证和实践中的进一步检验。

（二）法定许可制度适用范围的收缩及法定许可的替代方案

作为回应技术发展、旨在减少交易成本和促进作品传播而做出的制度安排，法定许可制度的合理性一直受到一些人的质疑。面对着数字技术和网络技术环境下所出现的愈来愈多的扩张法定许可制度适用范围的呼声，有学者提出要遏制法定许可制度适用

---

❶　参见：管文革，秦柯，张怀涛. 数字图书馆版权问题协调模式探讨［J］. 图书馆论坛，2002（2）. 藏洪涛. 著作权许可使用制度的经济分析［J］. 河北经贸大学学报，2006（3）.

范围日益扩张的趋势，逐步收缩现有法定许可制度的适用范围，并提出以版权集体管理制度来替代法定许可制度来解决网络或数字环境中出现的诸多与版权保护有关的问题。

1. 主张收缩的理由

限制或者收缩法定许可制度适用范围的主张主要基于下述四个方面的理由：一是法定许可的采用降低了版权人对其作品的控制能力。版权制度的一个功能是赋予作者对其作品的控制，但由于法定许可制度的广泛采用，版权人所享有的这些权利正面临着逐步"社会化"的倾向，正像 Barbara Ringer 所预测的那样，我们已经进入了一个技术突飞猛进的时代，"版权愈来愈多地不是作者所享有的专有性权利，而更多的是一个制度，在这个制度中作者虽然能够保证获得经济补偿，却被剥夺了对作品使用的控制。❶ 二是法定许可的实施在降低交易成本的同时也会带来其他成本的上升。有学者指出，虽然法定许可制度具有降低版权交易成本的重要功能，但其实施在降低交易成本的同时却可能带来其他成本的上升，比如为了在立法中做出对自己有利的法定许可制度安排，愈来愈多的利益团体将会支付大量的成本对立法施加影响，从而在很大程度上抵消了法定许可实施所带来的交易成本的降低。❷ 三是法定许可模式下所确定的版权使用费率缺少足够的弹性或者偏离市场的真正价值。在由立法者确定版权使用费率的情况下，其最终确定的标准既有可能过高从而引起使用人的不

❶ HYMAN MIDGE M. The Socialization of Copyright: The Increased Use of Compulsory License [J]. Cardozo Arts & Ent. L. J., 1985, 4: n27, n37.

❷ See MERGES ROBERT P. Contracting into Liability Rules: Intellectual Property Rights and Collective Rights Organizations [J]. Calif. L. Rev., 1996, 84: 1296.

满，也有可能过低以致于招致版权人的不满，但由于法律的刚性属性注定这些使用费率不能随意调整。此外，采取由法官确定版权使用费的方法虽然可以从一定程度上克服了上述弹性问题但又会伴随产生使用费确定方面的随意性问题。❶ 四是与法定许可制度紧密相连的补偿金制度的实行会对包括 P2P 软件、MP3 播放器、CD 光碟或刻录机、录音录像设备或者空白载体等作品传播工具的正常市场带来许多不利影响，因为对这些对象征收补偿金必将使其价格上升，而且由于这些对象都是一些需求弹性相对低的产品，因此补偿金制度的实行可能会降低对这些产品的需求。另外，上述产品并非都是用来传播享有版权保护的作品，或者这些设备所传播的内容中只有少部分受到版权的保护，因此不加区分地对所有这些设备征收补偿金的行为对销售者及产品购买者而言显然是很不公平的。❷ 由于法定许可制度的广泛采用会带来上述诸多方面的问题，实践中一些学者在充分论证的基础上提出了法定许可制度的替代方案，以解决网路环境下日益突出的版权保护难题。

2. 法定许可制度的替代方案

一些学者认为，降低交易成本、促进作品传播是立法赋予法定许可制度的主要功能，但这些功能并非法定许可制度所独有的，因为在实践中存在着既可执行这些功能又能够有效避免上述

---

❶　HYMAN MIDGE M. The Socialization of Copyright：The Increased Use of Compulsory License [J]. Cardozo Arts & Ent. L. J.，1985，4：112；ROOKS JASON S. Constitutionality of Judicially-Imposed Compulsory License in Copyright Infringement Cases [J]. J. Intell. Prop. L.，1995，3：271 - 272.

❷　LIEBOWITZ S J. Alternative Copyright System ：The Problem with a Compulsory License [EB/OL]. [2012 - 08 - 09]. http：//www. serci. org/2003/ liebowitz2. pdf.

问题产生的办法，这即是通过版权集体管理组织（Collective Rights organizations，"CROs"）来完成的版权集体管理制度。版权集体管理组织是代表版权人集中行使权利的机构，其较早可以追溯到法国著名戏剧家博马舍（《费家罗的婚礼》的作者）于1777年所创立的法国戏剧作者和作曲者协会（SACD）。从20世纪20年代开始，各种类型的版权集体管理组织相继成立，其管理的作品范围从最初的文学、音乐等领域逐步扩大到美术、摄影、电影、多媒体等领域，管理的权项也从传统的表演权、复制权扩大到广播权、出租权以及信息网络传播权等。❶ 版权集体管理制度自产生以来一直实行着以版权人自愿为基础的运作机制，即版权人通过转让合同、信托合同或者委托代理合同等方式自愿地将其拥有的某些权利授权给集体管理组织代为行使，再由集体管理组织授权给使用者组织或者使用者个人使用。❷ 不过，从70年代开始，在欧洲一些国家或地区的版权实践中开始出现了两种具有非自愿特点的版权集体管理制度，即"扩张性集体管理"制度和"强制性集体管理"制度。前者是指涉及特定种类作品的集体管理机构和某些使用者组织之间所订立的集体许可协议可以延伸到不是由集体管理机构代其行使权利的同类作品权利人。后者是指版权人所享有的公开表演权、卫星广播权以及有限电视传播权等权利或者特定权利的报酬请求权只能通过版权集体管理组织行使。❸ 由于在"强制性集体管理"制度下，版权集体管理组织

---

❶ 版权集体管理起源 ［EB/OL］. ［2012 - 08 - 09］. http：//www.cavca.org/news_show.php? un＝zcfg&id＝200&tn＝法律法规.

❷ 杨德兴. 论著作权集体管理组织的性质 ［J］. 重庆工商大学学报：社会科学版，2003（5）.

❸ 西尔克·凡·莱温斯基. 载《专有权的强制性集体管理——与国际版权法和欧盟版权法相一致的案例研究 ［J］. 刘跃伟，译. 版权公报，2004（1）.

不仅可以行使其成员的权利，而且还可以行使非成员的权利，从而呈现出了明显的强制性特征，因此"强制性集体管理"制度通常被一些学者视为强制许可的一种形式，并遭到了他们的坚决抵制。❶ 与"强制性集体管理"制度相比，"扩张性集体管理"制度所体现出来的强制性程度相对弱一些。此外，由于在该制度下，"没有被集体管理机构代表的权利人任何时候可以选择拒绝集体协议对其作品的延伸，可以由作者本人或集体管理机构行使其权利"，❷ 所以在一些学者看来，"扩张性集体管理"制度比"强制性集体管理"制度更可取，❸ 尽管如此，在适用范围上，目前它仍然不具备"自愿性集体管理"制度那样的广泛性，仅仅在北欧一些国家的版权法和欧盟的一些指令（如《欧盟委员会关于协调卫星广播和有线传播适用版权和邻接权某些方面的第 93/83/EEC 号指令》第 3 条第 2 款中有关地面广播权和卫星广播权的规定）中出现。❹

法定许可制度的替代方案主要指集体管理制度类型中的"自愿性集体管理"制度。以 Merges 教授为代表的学者认为，集体管理制度比法定许可制度更可取，并提出了以下几个方面的理由：首先，集体管理制度与法定许可制度一样也具有降低交易成本的功能，因为集体管理组织制定和颁布了授权许可的一般规

---

❶❸　C. 保罗·斯伯吉翁. 许可还是限制？在线教育使用：保留版权人专有权的替代办法 [J]. 郑向荣，译. 版权公报，2003（2）.

❷❹　西尔克·凡·莱温斯基. 专有权的强制性集体管理—与国际版权法和欧盟版权法相一致的案例研究 [J]. 刘跃伟，译. 版权公报，2004（1）. 值得注意的是，2012 年 7 月公布的《著作权法》（修改草案二）中也有类似的集体管理制度，适用范围仅局限于广播电台、电视台播放已经发表的文字、音乐、美术或者摄影作品以及自助点歌经营者通过自助点歌系统向公众传播已经发表的音乐或者视听作品两种情形，但并没有著作权人通过事先声明排除被集体管理的内容规定。

则，这些规则具备了授权许可合同条款的功能并可以在实践中被反复采用，因此消除或者实质性地降低了讨价还价的必要性。其次，集体管理制度具有更大的灵活性，因为集体管理组织可以针对不同的权利确定不同的授权许可规则以及针对市场变化及时地对许可使用费做出调整。最后，由于许可规则由代表权利人利益的集体管理组织制定，因此可以有效避免法定许可制度下所出现的各方为了自身利益而极力游说立法者现象的出现。❶ 值得注意的是，Merges 教授并没有完全割裂集体管理制度与法定许可制度之间的内在联系，因为在他看来，以"产权规则"为基础的集体管理制度在某种程度上也呈现出"责任规则"所具有的"集体估价"特征，只不过这种"集体估价"不是通过立法者而是通过代表权利人利益的集体组织做出的，因此集体管理组织可以被称作"私人责任规则组织"，集体管理制度是对现有"责任规则理论"的运用和完善。❷ Merges 等学者的这些主张在实践中得到了一些人的积极相应。例如，有人认为，以"自愿性集体管理"制度而非法定许可制度来解决 P2P 技术所导致的音乐版权问题具有诸多方面的好处，包括不需要对现有的版权法进行修改，能够最小程度地降低政府的干预等，特别是它能够有效地避免法定许可模式下所出现的国际合作难题，因为目前几乎全球所有的音乐产业收入都被相对少数的几个国家所获取，因此只要在这些少数国家实行集体管理制度即可达到目的，而没有必要要求所有的国家都实

---

❶ MERGES ROBERT P. Contracting into Liability Rules: Intellectual Property Rights and Collective Rights Organizations [J]. Calif. L. Rev., 1996, 84: 1293 - 1300.

❷ MERGES ROBERT P. Contracting into Liability Rules: Intellectual Property Rights and Collective Rights Organizations [J]. Calif. L. Rev., 1996, 84: 1303.

行这项制度。❶ 另外，欧盟版权实践中也出现了一系列旨在建立以版权集体管理制度为基础的多国版权授权体系的尝试，以此来解决由网络技术所导致的诸多版权难题。传统的版权集体管理组织权限由于受到作品目录范围和领土范围的限制，即某个国家的某家版权集体管理机构只能就其管理范围或国外版权集体管理机构委托范围内的作品在本国领土范围内的使用发放许可证，因此很难解决音乐作品在互联网上超国界使用的问题。出于解决这些问题的目的，国际唱片业协会于 2000 年 11 向欧盟委员会提交了一份申请，请求对一个旨在建立多国许可授权制度的相互协议授予反垄断的豁免权。经过两次对协议文本进行修改，欧盟委员会最终同意了这份申请。根据这个协议，在互联网上同时播放音乐的欧洲广播电台和电视台可以向已经加入相互协议的欧洲经济区内的任何一家集体管理机构取得多国授权许可（涉及了所有集体管理机构管理的作品目录范围内的作品在协议成员国的使用），以代替从前分别向每个国家版权集体管理机构获得授权许可的做法，这样就大大降低了网络环境下获得版权授权的成本，同时也有效地促进了集体管理机构之间的相互竞争。❷

　　"自愿性集体管理"制度能否最终替代法定许可制度从而成为网络环境中版权授权的理想方式？笔者认为，"自愿性集体管理"制度能否成为理想的法定许可制度的替代方案首先取决于其能否克服自身所面临的一些问题，包括成员的广泛性问题、管理

---

❶　Electronic Frontier Foundation. "Let the Music Play" White Paper：A Better Way Forward：Voluntary Collective Licensing of Music File Sharing ［EB/OL］. ［2012－08－09］. http：//w2. eff. org/share/collective_lic_wp. pdf.

❷　《欧盟委员会批准电视台和广播电台在互联网上播放音乐的一站式许可协议》，载《版权公报》2003 年第 1 期；露西·吉博. 欧洲版权和邻接权使用的跨国许可授权何时开始？［J］. 刘板盛，译. 版权公报，2005 （2）.

机构之间的相互协调问题、与竞争法的协调问题、管理机构运行的效率问题、制度运行的透明化问题等。不过，由于受技术条件和制度性质（自愿性）的局限，所有这些问题的克服在当前只能是一个理想，因此在网路环境下以集体管理制度来完全替代法定许可制度的做法是非常不现实的。尽管如此，我们也不能全盘否定该项方案所具有的价值，特别是当法定许可制度无力解决相关问题的情况下，部分地尝试适用"自愿性集体管理许可"制度也是一个不错的选择。事实上，"自愿性集体管理"制度和法定许可制度之间在实践中并非完全排斥的，相反，两者之间可以相互配合。换言之，"自愿性集体管理"制度在适用法定许可制度的场合也可以充分发挥作用，即版权人可以在自愿基础上将其权利授权给集体管理机构代为行使，基于法定许可使用作品的人直接向该机构而非版权人支付法定的报酬从而使交易成本大大降低。

（三）我国应当采取的对策

我国现行《著作权法》分别规定了使用已发表作品或录音录像制品等编写教课书、报刊转载或刊登已刊登作品、使用已合法录制为录音制品的音乐作品制作录音制品、广播电台、电视台播放已发表作品以及已经出版的录音制品等法定许可情形。❶ 为了回应网络技术带来的挑战，2006 年 5 月，国务院通过了《信息网络传播权保护条例》，并做出了关于实施远程教育和扶助贫困的两项法定许可。❷ 此外，最高人民法院曾在 2004 年 1 月 2 日重新

---

❶ 具体内容分别见我国现行《著作权法》第 23 条、第 33 条、第 40 条、第 43 条、第 44 条。

❷ 具体内容分别见《信息网络传播权保护条例》第 8 条、第 9 条。

公布的《关于审理涉及计算机网络著作权纠纷案件适用法律若干问题的解释》中规定了通过网络转载、摘编已在报刊上刊登或者在网络上传播的作品的法定许可，❶ 但由于争议较大，这项规定在 2006 年 12 月被废除。❷ 从上述规定的法定许可情形看，除了关于广播电台、电视台播放已发表作品的法定许可情形以及关于实施远程教育的法定许可情形外，其他几种法定许可都属于有条件的法定许可，因为在这五种情形中，法律都规定了版权人可以通过事先声明或者其他类似形式来排除对其作品（或者录音录像、广播、电视）等内容的使用，这与国际上通行的法定许可使用存在着较大的区别。❸

面对着 P2P 技术、在线广播技术、数字声音取样技术以及数字图书馆技术在我国实践中的出现及广泛普及，我们应该做出什么样的选择？是扩张现有法定许可制度的适用范围，将其延伸到网络环境或者数字环境中，还在现有版权法保持不变的基础采取包括集体管理制度在内的其他更加有效的措施？笔者认为，解决上述问题应当从以下几个方面入手：首先，密切关注其他国家或地区版权实践中对类似问题所持有的态度。由于目前 P2P 技术所涉及的版权侵权问题以及补偿金制度安排等方面在实践中还很难找出一致的解决办法，因此在这个问题上我们也要谨慎对待而不能匆忙地做出选择。其次，在保持现有制度相对稳定的基础上，有限度地扩张而不是收缩法定许可制度的适用范围。例如，针对

---

❶ 具体内容见 2004 年 1 月 2 号由最高人民法院重新公布的《最高人民法院关于审理涉及计算机网络著作权纠纷案件适用法律若干问题的解释》第 3 条。

❷ 见《最高人民法院关于修改〈最高人民法院关于审理涉及计算机网络著作权纠纷案件适用法律若干问题的解释〉的决定（二）》。

❸ 参见：胡开忠. 知识产权法比较研究［M］. 北京：中国人民公安大学出版社，2004：165.

广播电台的法定许可制度可以扩张适用于那些专门从事在线广播的组织或者通过互联网进行同步广播的传统广播电台。❶ 再次，要尽快完善我国的版权集体管理制度，以解决包括数字图书馆等在内的版权问题。正如上文所述，版权集体管理制度不但可以有效地配合授权许可制度的实施，而且在一定情形中还是解决网路环境中版权问题的一种有效途径。就目前情况看，我国的版权集体管理制度还存在着诸多不足，表现为版权集体管理制度所涵盖的领域过于狭窄、代表的广泛性不够、缺少有效的争端解决机制等，因此需要尽快地对其加以完善，以缓冲作品传播与版权保护之间的紧张关系。例如，可以借助完善的并具有广泛代表性的文字作品著作权集体管理机制来缓解数字图书馆建设中所面临的版权问题。具体而言，由代表图书版权人的文字作品著作权集体管理机构向代表图书馆的CALIS❷管理中心或者类似机构进行版权授权许可，从而实现版权人和图书馆之间的双赢。

---

❶ 笔者不赞成《著作权法》（修改草案二）中收缩法定许可制度适用范围、仅将其局限于编写教科书和报刊转载（刊登）的做法。

❷ CALIS 是中国高等教育文献保障系统（China Academic Library & Information System）的英文简称，是经国务院批准的我国高等教育"211 工程""九五""十五"总体规划中三个公共服务体系之一。CALIS 的宗旨是建设以中国高等教育数字图书馆为核心的教育文献联合保障体系，实现信息资源共建、共知、共享。从1998 年开始建设以来，CALIS 管理中心引进和共建了一系列国内外文献数据库，包括大量的二次文献库和全文数据库，迄今为止参加 CALIS 项目建设和获取 CALIS 服务的成员馆已超过 500 家［EB/OL］．［2012－08－12］．http：//www．calis．edu．cn/calisnew/calis_index．asp？fid＝1&class＝1.

第六章

版权许可制度模式论
（三）：强制许可制度

一、产生与发展：强制许可制度的历史追溯

强制许可（compulsory license）制度是授权许可制度和法定许可制度以外的另一种许可制度模式。它是指在特定条件下，他人通过履行申请、通知、备案、交存或者其他程序获得的对已经发表的并享有版权保护的作品进行非专有性使用的权利。根据获得方式的不同，❶ 强制许可制度分为三种类型：通过履行通知、备案等法定程序获得的强制许可，通过向主管机关申请获得的强制许可以及通过司法程序获得的强制许可，其中通过向主管机关申请获得的强制许可是实践中采用最为普遍的一种强制许可制度。但无论是通过哪种方式获得的强制许可都具有两个共同的特征，分别表现为都是针对已经发表的作品以及使用人都需要向版权人支付报酬，换言之，强制许可是在尊重版权人精神权利基础上的一种版权有偿许可方式，而不是对版权人权利的无偿剥夺。

第一种类型的强制许可制度是指录音制品制作者、非商业性广播组织等专门从事作品传播的机构按照规定向版权人发出作品使用意向通知、向版权管理机构交存财务报表等法定手续后即可以使用作品，而不再需要获得版权人的授权，但应当按照法定的标准或者与版权人达成的使用费协议向版权人支付报酬。❷ 这类

---

❶　另外根据使用领域的不同，强制许可也可分为三种主要类型，即关于印刷品的强制许可、关于录音录像的强制许可以及关于无线广播的强制许可。见联合国教科文组织．版权基本知识［M］．北京：中国对外翻译出版公司，1984：36.

❷　在这里需要强调的是，这类强制许可与我们通常所提到的并且在本书中所使用的法定许可概念在内容、功能、理论背景等方面非常接近，在美国版权立法中强制许可（compulsory license）与法定许可（statutory license）甚至经常互相替换，但笔者认为，两者之间仍然存在着一些不同，最明显的不同是在通常所讲的法定许可中，使用者并不需要履行法定的手续。另外，在这类强制许可中，版权人经常仍保留着与作品使用者就使用报酬进行谈判的权利，而在通常所讲的法定许可中，使用报酬标准通常是由主管机关直接确定的。见联合国教科文组织．版权基本知识［M］．北京：中国对外翻译出版公司，1984：36.

强制许可制度较早出现在美国，并在现行的《美国版权法》中有着较系统的规定。在美国，这类强制许可制度可以追溯到 1908 年的 White-Smith 诉 Apollo 案件。❶ 在该案中，美国最高法院裁定钢琴唱片以及所有其他录音制品并非被其录制的音乐作品的复制品，因此录音制品或者其他音乐作品机械复制品的制作者不需要向版权人支付报酬。但是，最高法院的这一判决很快被美国国会以立法的形式推翻。1909 年通过的《版权法》一方面确认了录音制品或者其他音乐作品机械复制品的制作受版权保护的约束；另一方面又规定了针对录音制品的强制许可制度以阻止唱片业中出现音乐垄断，❷ 因为按照该项制度，使用者只要支付合理价格就可以自由利用已被公开发行的录音制品上的音乐作品来进行新的音乐录制。❸ "这项强制许可制度的设立在提供音乐作品的充分保护与避免巨大的音乐垄断之间达到了一个平衡"，❹ 为国会此后解决其他类似问题提供了一个重要参考。从 20 世纪 60 年代开始，有线系统在美国逐步普及。有线系统通常以转播本地电视台或其他地方电视台的节目为主要内容，前者使收看到的本地节目质量得以提高，后者打破了原有的节目地域范围限制，使本地观众可以同时看到其他地方所播放的电视节目。有线系统的出现使该系统的经营者以及观众大大受益，但也对电视节目提供者以及本地

---

❶　209 U. S. 1 (1908).

❷　作为当时的一家唱片公司，Aeolian 一直试图囤积录制权和出版权以获得对整个行业的垄断。ROOKS JASON S. Constitutionality of Judicially-Imposed Compulsory License in Copyright Infringement Cases [J]. J. Intell. Prop. L., 1995, 3: 267.

❸　BOTEIN MICHAEL, SAMUELS EDWARD. Compulsory Licenses in Peer-to-Peer File Sharing: A Workable Solution? [J]. S. Ill. U. L. J., 2005, 30: 71.

❹　ROOKS JASON S. Constitutionality of Judicially-Imposed Compulsory License in Copyright Infringement Cases [J]. J. Intell. Prop. L., 1995, 3: 267.

电视台的利益造成了许多不利影响，因为在这之前，电视节目在不同地区播放时间是不同的，其提供者可以通过多次授权来获得回报，本地电视台也可以从广告收入中提取利润。有线系统转播的出现无疑打破了这种格局，也由此导致了广播电视机构（节目版权人）与有线电视系统经营者之间冲突关系的出现。在Fortnightly Corp. 诉 United Artists，Inc.（392 U. S. 390，1968）以及 Teleprompter Corp. 诉 Columbia Broadcasting Sys.，Inc.（415 U. S. 394，1974）两起诉有线系统经营者的侵权案件中，由于担心会窒息当时正在兴起的有线电视产业，美国最高法院都认为有线电视系统对节目的使用从本质上是"被动的"，因此并不需要承担责任。广播电视机构在诉讼中的接连失利促使其将目光转向其他救济，这就是版权法中针对录音制品制作的强制许可制度。在广播电视机构的努力游说下，美国国会在 1976 年《版权法》中规定了针对有线系统的强制许可，即有线系统经营者在依据《版权法》所确定的标准向版权人支付使用费的基础上，可以携带本地或其他地方的广播电视信号。❶除了关于录音制品和有线系统强制许可制度外，在美国 1976 年《版权法》中还规定了关于钱币自动点唱机（jukeboxes）以及非商业性广播的强制许可制度，该强制许可制度具有以下几个特征：首先，强制许可制度主要针对正在兴起的技术，包括录音技术、播放技术、有线传播技术以及广播技术等。其次，强制许可的获得通常伴随着法定的通知、备案及交存等手续的履行，这与其他一些国家所规定的由当事人向特定机关或组织提出申请并由后者审查授予强制许可的制

---

❶　BOTEIN MICHAEL，SAMUELS EDWARD. Compulsory Licenses in Peer-to-Peer File Sharing: A Workable Solution? [J]. S. Ill. U. L. J. , 2005，30：76.

度安排存在着很大的不同。再次，使用费的计算标准、征收及分配办法通常由法律事先确定并向社会公布，版权使用费法官❶可以根据情况对其进行适当的调整。最后，虽然法律事先确定使用费的计算标准、征收及分配办法，但并不因此剥夺当事人就使用费进行自愿协商的机会，而且《版权法》往往规定，当事人之间有关使用费的协议在效力上优先于法律的规定，只有当事人之间没有协议或者协议不成的情况下才适用法律的规定。

第二类强制许可制度即通过向主管机关申请而获得强制许可在国内不少学者的著述、诸多国家的立法实践以及相关国际公约中均有表述。它是指在特定条件下，由版权主管机关根据情况将对已发表作品进行特殊使用的权利授予申请获得此项权利的人的制度。❷ 这类强制许可制度在《日本著作权法》中有着详细的表述。《日本著作权法》第 67 条、68 条、69 条分别就著作权人不明时的作品使用、作品的广播使用以及制作唱片等情形做出了强制许可的规定。根据这些规定，当著作权人下落不明或者因其他理由不能与其取得联系（第 67 条）时，或者就作品使用向著作权人提出申请但未达成协议或者不能协商时（第 68 条、第 69 条），可以向文化厅长官提出申请，经文化厅长官裁决同意使用并向著作权人支付文化厅长官规定的相当于经常使用费数额的补偿金后，就可对作品进行使用。为了保证裁决的公平和透明，《日本著作权法》还在第 70 条至第 74 条就裁决的程序、标准以及

---

❶　美国 1976 年《版权法》中设立了相对稳定的版权使用费仲裁法庭（Copyright Royalty Tribunal）制度，该制度 1993 年被具有临时性的版权使用费仲裁专家组（copyright arbitrations panels）制度所替代，2004 年，版权使用费仲裁专家组制度又被版权使用费法官（Copyright Royalty Judge）制度所替代。

❷　参见：吴汉东. 著作权合理使用制度研究［M］. 北京：中国政法大学出版社，2005：157－158.

补偿金的数额、补偿金的异议、补偿金的寄存等事项做出了详细规定。从上述内容可以看出，通过向主管机关申请所获得的强制许可类型具有以下两个突出的特征：首先，强制许可的获得必须向主管机关提出申请并由其审查授予。其次，向主管机关提出申请并由其审查授予获得强制许可的前提是希望获得作品使用权利的人无法与版权人取得联系，或者无法与版权人达成协议。《日本著作权法》中所规定的这种强制许可类型也出现在了相关的国际公约中，具体表现为 1971 年在巴黎同时修订的《伯尔尼公约》附件以及《世界版权公约》第 5 条中有关翻译权和复制权的强制许可规定。这些有关翻译权和复制权的强制许可安排是发达国家迫于发展中国家的压力而做出的对发展中国家的优惠待遇，而在这之前，发展中国家出于发展本国教育的目的一直呼吁能够以较低成本获得对其他国家尤其是发达国家的教材和其他资料的使用权。❶ 根据《伯尔尼公约》附件以及《世界版权公约》第 5 条的相关规定，两公约的发展中国家成员可以在交存批准书的同时或以后分别向世界知识产权组织和联合国教科文组织递交希望享受优惠待遇的申明。在此基础上，发展中国家的任何人都可以向主管当局申请颁发非专有的、不可转让的强制许可证。当然，申请授予翻译权和复制权的强制许可需要满足许多条件，包括在国外已经发表或出版的某种作品在某段时间内不能在本国范围内提供、不能与版权人取得联系或达成授权协议、使用范围仅限于本国范围以及使用目的限于教学、研究等，最为重要的一个条件是，使用者需要向版权人支付合理的报酬。《伯尔尼公约》和

---

❶ 联合国教科文组织．版权基本知识［M］．北京：中国对外翻译出版公司，1984：68 - 70．

《世界版权公约》中对发展中成员国所提供的这些关于强制许可的优惠措施在一些国家的立法中也得到体现。例如埃及《知识产权法典》第 170 条规定了有关针对翻译权和复制权的强制许可。不过，由于两公约对强制许可的实施具有严格的要求，发展中国家通过强制许可方式来利用发达国家的作品并不是一件非常容易的事。发展中国家立法中所确立的强制许可制度在发达国家所施加的压力面前不得不经常被修改甚至废除。例如，国际知识产权联盟（IIPA）在 2007 年 2 月出台的有关强制许可的报告中指责埃及《知识产权法典》中有关版权强制许可的制度安排是与国际法背道而驰的。另外，印度尼西亚已废除了不符合《伯尔尼公约》要求的翻译权和复制权强制许可制度，菲律宾也已废除了与公约要求不符的强制许可制度。❶ 严格的条件限制以及发达国家的不断施压实际上已在不同程度上架空了《伯尔尼公约》以及《世界版权公约》中所谓的"优惠待遇"，因而，发展中国家愈来愈表示出对这种现状的不满。为此，《知识接触条约》（Access to Knowledge Treaty，简称 A2K）草案第 3—12 条指出需要制定一个新的有关版权强制许可的议定书，使发展中国家能够以更加简易的程序、更加低廉的成本获得与教育、科学、技术和文化有关的资料。另外，该公约草案还建议适当扩大作品的范围和作品使用的范围，包括在互联网上和远程教育中发行和传播的作品，以及允许把获得强制许可的复制品出口到其他对同一作品授予强制

---

❶ RESS MANON. Compulsory licensing for copyright，IIPA "recommendations" regarding Compulsory Licenses［EB/OL］．［2012－08－09］．http：//www. cptech. org/blogs/cl4copyright/index. html.

许可的发展中国家。❶ 可以预料的是，在不久的将来，发达国家和发展中国家围绕着强制许可制度的问题将会掀起新一轮的博弈。

与前两类强制许可不同，第三类强制许可即通过司法程序获得的强制许可经常出现在有关垄断或者不正当竞争案件的审理过程中。具体而言，如果法院认为版权人拒绝向有关个人或者组织进行版权授权许可的行为已触犯反垄断法或者反不正当竞争法时，可以强制地要求版权人授权许可上述个人或者组织对其作品进行使用。与通过司法程序获得专利强制许可不同，通过司法程序获得版权强制许可的做法在早期的版权实践中出现的频率非常低，但是从 20 世纪 90 年代开始，有关版权强制许可的判决开始在实践中频繁出现。例如，1995 年，比利时法院针对两家版权集体管理协会拒绝授权两家有线发行商通过有线形式在比利时传播来自 German Cable SATI 的节目的行为做出了强制许可的判决，以支持这两家有线发行商。❷ 几乎与此同时，欧共体两级法院也在 Magill 案件中做出了类似的判决。另外，在 1997 年由美国联邦第九巡回法院审理的 Image Technical Services，Inc. 诉 Eastman Kodak Co.（ 125 F. 3d 1195）案件中，法院判决 Kodak 把知识产权作为其所从事的反竞争行为的面具，因此强制性地要

---

❶ Treaty on Access Knowledge (Draft 9 May 2005) [EB/OL]. [2012 - 08 - 12]. http：//www. cptech. org/a2k/a2k_treaty_may9. pdf. 《知识接触条约》是"知识接触运动"（Access to Knowledge Movement）的重要成果，其主要"关注与版权法以及影响知识传播的规章，最终目的是把知识置入一个可以理解的社会需要和政策平台中，即对知识商品的接触。"参见：Overview on A2K [EB/OL]. [2012 - 08 - 12]. http：//www. cptech. org/a2k/.

❷ CORREA CARLOS M. Intellectual Property Rights and the Use of Compulsory Licenses：Options for Developing Countries [EB/OL]. [2012 - 08 - 12]. http：//www. netamericas. net/researchpapers/documents/ccorrea/ccorrea3. doc.

求 Kodak 将其软件和零部件许可给 ISOs 使用。❶ 值得注意的是，虽然《伯尔尼公约》、《世界版权公约》等国际公约中对这类强制许可没有明确地加以确认，但在《与贸易有关的知识产权协定》第 31 条有关专利权强制许可的规定中，第（k）项实质上已确认了通过司法程序授予专利权强制许可的可能性，❷ 这些规定对版权来说是否具有借鉴作用还有待于进一步的确认。

版权强制许可类型的选择、适用范围的调整与某个国家或地区的经济水平、文化政策及科学技术条件密切相关。另外，上述三种类型的强制许可并不是相互排斥的，因为在实践中有些国家同时采取其中两类甚至三类强制许可。例如，在美国的版权实践中，既有通过立法所确定的第一类强制许可，也有通过司法程序授予的强制许可。但无论选择什么样的强制许可类型、确定多大程度的强制许可适用范围都终将意味着版权人决定其权利命运的自主性受到了不同程度的削弱，因此版权强制许可的出现难免会遭到一些人的质疑、责难甚至抵制，这也意味着版权强制许可制度选择和确定的过程将是一个不同利益相互博弈的过程。

二、效率与公平：强制许可制度的存废之争

正如上文所述，版权强制许可制度选择和确定的过程是不同

---

❶ PARRISH CATHERINE. Unilateral Refusals to License Software：Limitations on the Right to Exclude and the Need for Compulsory Licensing［J］. Brooklyn L. Rev. , 2002, 68：572.

❷ 第 31 条（k）项规定，如果有关（强制许可）使用是经司法或者行政程序业已确定为反竞争行为的救济方才允许的（强制许可）使用，则成员无义务适用（b）项（强制许可授予的条件）及（f）项（关于强制许可使用范围）所确定的条件。参见：郑成思著：《WTO 知识产权协议逐条讲解》，中国方正出版社 2001 年版，第 206－207 页。

利益博弈的过程，在这个过程中既有作品使用者的赞成之声，也有版权人的反对之音。对该项制度持有不同姿态的背后是两种价值观（原则）之间的冲突，即效率和公平之间的冲突。事实上，有关效率和公平二者关系的问题一直是社会科学理论以及现实生活中所面临的一道难题，"效率原则随时面对着它的对立面——平等原则，因为效率原则本身并没有规定达到高效率的平衡点时的分配是否公平或平等"，❶ 有关版权强制许可的争议只不过是这一经常现象在版权领域的具体化而已。深入地审视争议双方围绕着版权强制许可制度而提出的不同主张对我们加深对该项制度的认识进而理性地做出自己的选择将具有重要的理论意义和实践价值。

　　支持版权强制许可制度的人认为，版权强制许可制度的存在具有正当的理由，因为它是被实践证明了的能够实现社会效率的制度安排。"效率原则本是经济学中的一个重要原则。它要求获得尽可能多的收益，即以最小的投入取得最大的产出。"❷效率的一般含义是指全部资源配置上的效率，无论是自然资源，如土地、矿藏、水源、森林等自然要素，或者是人文资源，如产权、投资、信赖、政策、机会、信息等。❸ 效率标准在实践中并不统一，包括社会福利最大化标准、帕累托标准（包括帕累托改进或最优标准）、潜在帕累托标准（卡尔多—希克斯标准）、财富最大化标准及社会协调标准等。❹ 在这些标准中，帕累托标准或者潜在的帕累托标准所使用的频率相对较高。"一种状态是帕累托最

---

❶❷　顾肃. 自由主义基本理念 [M]. 北京：中央编译出版社，2003：46.

❸　张文显. 法哲学范畴研究 [M]. 北京：中国政法大学出版社，2001：213.

❹　LAWSON GARY. Efficiency and Individualism [J]. Duke L. J.，1992，42：78 -97.

优的，如果不存在另一种可选择的状态，使得没有使任何人的处境变坏，而至少使其中一个人的处境变得更好。如果一种变革没有使任何人的处境变得更坏，而至少使其中一个的处境变得更好，这种变革就被称为一个'帕累托改进'。"❶ 帕累托改进标准在实践中经常面对着难以实现的情况，因为现实中并非只有交易当事人存在。事实上除了交易当事人之外还有其他众多人存在，而后者中的一些人可能是自私的、主张平等的，在这种情况下，交易进行难免会对其造成福利上的损害。在不可能出现帕累托改进的情况下，帕累托最优效率标准也会失去意义，因为帕累托最优意味着不存在着帕累托改进的可能，因此在这种情况下，所有的状态都是帕累托最优的。❷ "为了对现实的变革提供一个更加可行的标准，英国经济学家卡尔多（Kaldor）和希克斯（Hicks）提出了这样的'潜在的'帕累托效率标准：如果一种变革中受益者所得可以补偿受损者所失而有余，这种变革就是一个潜在的帕累托改进（补偿并不一定实际发生：如果补偿实际发生，这个变革就是一个现实的帕累托改进）。"❸ 在支持版权强制许可制度的人看来，版权强制许可制度的存在是符合帕累托标准或者潜在帕累托标准的，因为通过该制度，使用作品的人会从中收益，其处境也会因此变得更好。同时，强制许可的存在也会避免垄断现象的出现，从而促使作品得到广泛传播，整个社会因此受益。对于版权人而言，由于强制许可仍属于有偿许可的范畴，所以其利益并没有受到损失。退一步讲，即使在强制许可制度下支付给版权人

---

❶❸ 张维迎. 信息、信任与法律 [M]. 上海：生活．读书．新知三联书店，2003：71.

❷ LAWSON GARY. Efficiency and Individualism [J]. Duke L. J.，1992，42：88 -92.

的报酬低于其希望获得的数额因而使其遭受损失的情况下，强制许可制度的存在也仍然是有效率的，因为上述受益者的受益所得在补偿损失者的损失后仍然有余。此外，强制许可制度还是减少交易成本、克服市场失灵的有效工具，它的实施使信息资源（作品）得到了更加有效的配置。❶

与上述主张不同，一些人认为，版权强制许可制度的存在违背了平等的价值理念，因此应当予以废除。在这些人看来，强制许可制度的存在是对版权的不当干预，这与不动产领域的"征用"（taking）没有多大的区别。此外，他们还认为强制许可制度是一种无效的、极大地挫伤人们创作积极性的制度安排，因为在这种制度下，使用者只支付给版权人很低的报酬，该报酬并不能反映该版权的真正市场价值。❷ 对于对方所提出的强制许可制度具有实现社会效率功能的主张，主张废除版权强制许可制度的人进行了有力的回击。他们认为，随着计算机技术、网络技术及其他技术的出现，寻找版权人的成本、与版权人进行谈判的成本以及监督执行合同的成本等交易成本将大大降低，在这种情况下，建立在自愿基础上的授权许可制度的实行也完全可以实现有效配置资源的目标。❸ 此外，版权强制许可制度的运行本身也会对效率造成影响，因为它同样需要一套繁琐的手续，如通知、备案、

---

❶ See BACH SCOTT L. Music Recording, Publishing, and Compulsory Licenses: Toward a Consistent Copyright Law [J]. Hofstra L. Rev., 1986, 14: 385 - 394; ROOKS JASON S. Constitutionality of Judicially-Imposed Compulsory.

❷ PARRISH CATHERINE. Unilateral Refusals to License Software: Limitations on the Right to Exclude and the Need for Compulsory Licensing [J]. Brooklyn L. Rev., 2002, 68: 584.

❸ See ROOKS JASON S. Constitutionality of Judicially-Imposed Compulsory License in Copyright Infringement Cases [J]. J. Intell. Prop. L., 1995, 3: 270.

交存、申请及司法裁决等。❶ 对于第三种类型的强制许可即通过司法程序获得的强制许可，反对者认为，与通过履行通知、备案等法定程序获得强制许可相比，这种强制许可的实施对法官提出了很高的要求，即法官必须了解每个行业的情况，能够对每项版权价值做出适当的评估，而事实上这是很难做到的，在这种情况下授予强制许可很可能导致对版权人不公平现象的出现，同时该强制许可的授予也非常随意，缺少可预测性。❷ 针对《伯尔尼公约》和《世界版权公约》中有关版权强制许可的规定，美国等国家也总是以违背公平为理由主张对其进行限制甚至予以完全废除。❸ 废除版权强制许可制度的主张在实践中也得到了积极的回应。例如，对于第一类强制许可，1961 年美国版权登记官（Register of Copyrights）曾建议予以废除，但"由于来自唱片业的极力反对，这项建议被淹没在了抗议的海洋中。"❹ 对于第二类强制许可，即发展中国家使用发达国家作品的强制许可，菲律宾已经废除了其法律中有关使用教科书的强制许可规定。❺ 对于第

---

❶ BOTEIN MICHAEL, SAMUELS EDWARD. Compulsory Licenses in Peer-to-Peer File Sharing：A Workable Solution? [J] S. Ill. U. L. J. , 2005, 30：80.

❷ See MERGES ROBERT P. Contracting into Liability Rules：Intellectual Property Rights and Collective Rights Organizations [J]. Calif. L. Rev. , 1996, 84：1317；Rooks Jason S. Constitutionality of Judicially-Imposed Compulsory License in Copyright Infringement Cases [J]. J. Intell. Prop. L. , 1995, 3.

❸ RESS MANON. Compulsory licensing for copyright, IIPA "recommendations" regarding Compulsory Licenses [EB/OL]. [2012 - 08 - 09]. http：//www. cptech. org/blogs/cl4copyright/index. html.

❹ ROOKS JASON S. Constitutionality of Judicially-Imposed Compulsory License in Copyright Infringement Cases [J]. J. Intell. Prop. L. , 1995, 3：n81.

❺ RESS MANON. Compulsory licensing for copyright, IIPA "recommendations" regarding Compulsory Licenses [EB/OL]. [2012 - 08 - 09]. http：//www. cptech. org/blogs/cl4copyright/index. html.

三种类型的强制许可，美国联邦巡回法院在 2000 年审理的有关 Xerox 拒绝进行版权授权的案件中（203 F. 3d 1322）认定 Xerox 的行为是合法的，并没有触犯反垄断法，因此拒绝针对 Xerox 的行为做出强制许可的判决。❶

　　针对上述废除版权强制许可制度的理由，主张保存版权强制许可制度的人从两个方面进行了回应。首先，他们对反对者所提出的一些主张从理论上进行驳斥。针对反对者所提出的强制许可是对版权人版权不当干预的主张，他们提出，版权、专利权等知识产权不同于其他财产权，因为它们仅仅是出于促进科学和实用技术进步等公共政策的考虑而做出的制度安排，因此"它不能享有与不动产所有权一样的特权，因此强制许可构成'征用'的哲学论断不能成立。"❷ 对于通过司法程序所获得的强制许可，他们认为，立法和司法都可以授予强制许可，前者尽管具有统一性及可预见性，但是不灵活、不能考虑到不同地区在价格上的差异。与此相反，后者虽然在可预见方面要比前者弱些，但它能够考虑具体的行业条件并能够在报酬的确定方面做出灵活的处理，这样的灵活性特别契合软件市场的动态品性，达到了在版权人和公众之间达成适当平衡的效果。❸ 其次，他们也从实践层面积极完善现有的强制许可制度，以减少反对者的批评。例如在美国，围绕

❶ PARRISH CATHERINE. Unilateral Refusals to License Software：Limitations on the Right to Exclude and the Need for Compulsory Licensing ［J］. Brooklyn L. Rev. , 2002, 68：584.

❷ PARRISH CATHERINE. Unilateral Refusals to License Software：Limitations on the Right to Exclude and the Need for Compulsory Licensing ［J］. Brooklyn L. Rev. , 2002, 68：570 – 572.

❸ PARRISH CATHERINE. Unilateral Refusals to License Software：Limitations on the Right to Exclude and the Need for Compulsory Licensing ［J］. Brooklyn L. Rev. , 2002, 68：583.

着强制许可制度中版权使用费的确定问题一直是主张废除强制许可制度的人攻击的焦点。为缓解这种情况，在有关强制许可的立法中也开始出现通过自愿协商确定使用费的情况，调整版权使用费的主体也从当初相对稳定的版权使用费仲裁法庭发展到了后来的临时性的版权使用费仲裁专家组以及现在的版权使用费法官。

可以确信的是，根植于效率与公平两种价值冲突的版权强制许可制度的存费之争还将继续下去。我国版权法中尚无版权强制许可的规定，司法实践中也几乎没有出现有关版权强制许可的判决，因此我们不须要在保存或废除版权强制许可制度之间作做出选择。然而，在审视这场争论时，一系列问题会产生，即我们该如何看待双方所提出的主张？它留给我们什么样的启示？对于版权强制许可制度应该是接纳或者是拒绝？接下来笔者将围绕着这些问题做进一步的论述。

三、接纳或拒绝：强制许可制度的理性选择

笔者认为，无论是以效率原则为理由来为版权强制许可制度辩护，还是以公平原则为借口主张废除版权强制许可制度，都不可能达到完全令人信服的地步。效率原则在理论上的光芒并不能掩盖其在实践中的暗淡，表现为在版权强制许可制度下，如何具体量化使用者的受益以及版权人的损失？换一句话讲，使用者支付给版权人的报酬如何才能反映版权的真正价值？同样，公平原则的采用在维护版权人利益的同时却没有考虑到权利滥用可能产生对他人、对社会的不公平的结果，特别是在版权人企图利用版权垄断市场的情况下。版权强制许可制度产生于特定的历史背景之中，与授权许可制度、法定许可制度一起组成了完整的版权许可制度体系。版权强制许可制度在理论和实践中所暴露出的问题

不应当成为对制度予以废除的借口，降低交易成本、扩大作品传播的功能不应当成为置版权人反对于不顾从而丧失制度不断完善和发展的机会的理由。一项不断完善和不断发展的版权强制许可制度应当成为时代发展的主流，我们也只有接纳这项制度才能涌入到这个主流中。

从现实情况看，有学者已开始针对实践中出现的具体案件探讨版权强制许可的适用问题。❶ 如果我们在实践中做出了接纳版权强制许可制度的选择，紧接着就会产生一个问题，即该如何接纳这项制度？笔者认为，上述第一种类型的版权强制许可制度所具有的功能在我国可以通过完善的法定许可制度得到更好的实现，因此没有必要再通过版权法加以规定。第三种类型的强制许可制度即通过司法程序所获得的版权强制许可制度与反垄断问题密切相关，随着《反垄断法》的实施，可以考虑在司法实践中逐步予以接纳。就当前情况而言，在版权法中引入第二种类型的版权强制许可制度即通过向主管机关申请而获得强制许可是最为现实的选择。如前文所述，第二种类型的强制许可制度包括类似于《日本著作权法》中所规定的强制许可制度和《伯尔尼公约》和《世界版权公约》中所涉及的有关"优惠待遇"强制许可的规定。对于前者，可以在适当借鉴《日本著作权法》以及我国《专利法》中有关专利权强制许可制度的基础上，在版权法中就版权强制许可的申请条件、申请程序、报酬标准的设定、报酬的支付及

---

❶　见陈杰．ETS 诉新东方侵权案评析［J］．人民司法，2005（5）．（美国）教育考试服务中心（ETS）诉新东方学校未经同意复制、销售享有著作权的 TOEFL 试题案件于 2004 年 12 月 27 日由北京市高级人民法院做出终审判决，认定新东方学校侵犯了（美国）教育考试服务中心 TOEFL 考试试题的著作权。见北京市高级人民法院（2003）高民终字第 1393 号判决书。

强制许可的撤销等事项做出详细的规定。对于后者，由于我国已经加入两公约，因此在履行了公约所规定的通知声明要求后可享受公约中所规定的"优惠待遇"，但仅仅有这些还不够，还应当按照两公约的要求在版权法中就申请授予使用外国作品强制许可的条件、范围及程序等事项进行全面的规定，以便使人们能够普遍了解和享受到这些"优惠待遇"。

第七章

版权许可合同实践中的法律适用

版权授权许可合同❶是介于版权法与合同法之间的一项法律制度，其订立及履行需要同时借助于版权法与合同法的相关制度。一方面，鉴于版权的特殊性，合同法中对版权许可通常不进行专门规定，在世界各国的合同法中几乎很难看到有关版权许可合同的规定；另一方面，版权许可仍属于民商事交易的范畴，因此版权法没有必要留出大量的篇幅对版权许可合同的内容进行规范，而仅需要对其进行原则性的规定。实现版权法与合同法的良性对接，准确、有效地处理版权许可合同中的法律问题应当是立法者、法律实践者希望看到的情形。但遗憾的是，由于学科之间隔阂及立法方面的原因，大量的与版权许可合同相关的问题在实践中出现了无从适用法律、盲目适用法律的尴尬局面：或者不考虑版权的特殊性而僵化地寻找合同法的解决，或者撇开合同法于不顾而仅从版权法的简单规定中去找寻答案。此外，相对于不少国家和地区的版权制度，我国著作权法中关于版权许可合同的规定要粗疏许多，这对于问题的解决带来了更大的难度。尽管存在着前面所述原因，但版权法不可能也没有必要将所有的与版权许可合同相关的法律问题都加以规定，不过可以将最常见的困扰版权许可合同实践的法律问题通过法律、法规进行明确。接下来，笔者针对常见的与版权许可合同相关的问题进行梳理，厘清法律适用上的困惑，以期对版权许可实践有所裨益。

一、继受取得与合作作品情形下的版权许可

谁能够在多大权限范围内对外许可版权是版权许可合同订

---

❶　本章针对版权"授权"许可合同实践的法律适用问题进行论述，出于行文方便，本章标题及下文中均省略"授权"一词的限定。

立、履行及责任认定中的一个重要内容，而这些都会涉及对版权许可主体范围的界定。实践中，最为普遍的许可方为版权所有人。版权所有人身份的取得包括原始取得和继受取得两种方式，前者指基于作品创作以及法律的直接规定而取得，后者指通过转让、继承、遗赠、赠与等方式从原始版权人❶处获得著作财产权中包括处分、使用和收益等权能在内的若干或全部权项。版权原始取得人将其享有的著作财产权许可给他人，一般不会引起太多大的纠纷，但对于继受取得人对外许可版权的情形，发生纠纷的频率会更高，所涉及的法律问题也要复杂得多。另外，在一个人进行作品创作并原始取得版权的情况下，对外许可所涉及的争议相对较少，而对于合作作品作者的对外版权许可，问题要棘手得多。接下来，笔者将分别对继受取得与合作作品情形下所涉及的相关版权许可问题进行论述。

（一）继受取得

在继受取得中，有关权利的分布大致可以进行以下归类：一是继受人在版权有效期内获得了覆盖版权所有地域范围、涵盖所有权项及权能的版权，❷ 原始版权人只保留了版权中的人身权部分。二是继受人在版权有效期内获得覆盖版权所有地域范围、但仅涵盖部分权项及权能的版权，对于整体版权而言，继受人与原始版权人形成了"按份共有"的关系，且这种份额可以通过各自获得和保留的权项及权能体现出来。三是继受人获得了涵盖所有

---

❶ 连续的版权转让都属于继受取得的范畴，后续发生的继受取得与首次发生的继受取得所涉及的许可问题大致相当，如无特别说明，本书中所探讨的版权继受取得仅限于首次发生的继受取得，即从原始版权人处继受版权的情形。

❷ 由于版权中的人身性权利（精神性权利）不能被许可，因此节中如没有特别指明，"版权许可"中所指代的"版权"均指版权中的财产权。关于版权中人身权的不可许可性的论证参见：本书第一章中的相关论述。

（或部分）权项及权能的版权，且地域范围不受限制，但仅在版权有效期的某个时间段内转移这些权利。对于被暂时转移的版权而言，原始版权人仍然保留对其内容的"期待权"，约定的转移期限一旦经过，被转移的权利即重新回归到其手中。四是继受人在版权有效期内获得了涵盖所有（或部分）权项及权能的版权，但仅仅限于某个或某些国家或地区。对于被转移的权利而言，继受人与原始版权人同样构成了类似"按份共有"的关系，且份额可以通过各自拥有的版权的"地域"进行"量化"。上述第一种情形不妨称之为版权的概括移转，而后三种情形可归入版权部分移转的范畴。

1. 概括移转

在没有任何限制情况下将版权移转给继受人时，就版权中的财产权而言，继受人实际上已经取代了原始版权人的地位而成为了真正的版权人。由于获得了没有设定任何限制的版权财产权，继受人基于私法自治原则自然能够将其获得的权利再许可给他人使用。问题是，在版权概括移转给继受人后，原始版权人再对外许可的效力该如何认定？由于所有财产权已经移转给继受人，原始版权人再进行包括许可在内的法律行为当属无权处分，所订立的许可合同归为无效，继受人可以侵权为诉由向原始版权人主张相关权利。不过，在被许可人善意且支付了合理许可对价的情况下，继受人能否向被许可人主张侵权责任？换句话讲，传统民法中的善意取得制度能否类推适用这种情形下的许可使用权？事实上，由于版权中的人身权特别是署名权不能被移转，版权中的财产权无论辗转到何人手中，作者身份与作品始终结合在一起，又由于版权转移不需要进行强制登记，第三人很难判断原始版权人已经不是真正的版权所有人。传统善意取得制度中所体现的保护善意第三人利益、维护交易安全的价值考量在版权领域同样存在，而且随着知识经济时代的来临以及文化产品交易的日益频繁，这种价值考量的重要性似乎更加突出。然而，传统的善意取得制度毕竟是为了保护动产的交易安全而设，❶ 其合理性离不开"占有"表征（外观）、"权利推定"等内在的逻辑关联性。"占有，谓对于物有事实上管领之力。法律对于占有，赋予以各种之法律的效力。"❷ 包括作品、商标、发明创造在内的知识产品显然不能划入可以管领的物之范畴，版权许可使用权也不能当作动产来对待，因此不能直接照搬关于善意取得制度的有关规定。不过，包括版权、商标权、专利权在内的不因物之占有而成立权利，能否成为准占有的对象？按照史尚宽先生的论述，准占有的标的包括著作权、专利权、商标等无体财产权。知识产权名义人授权他人行使权利而取得对价时，即可判断知识产权准占有的成立。关于占有物使用收益之规定，原则上可以准用著作权、专利权、商标等无体财产权。❸

我国《物权法》中没有规定准占有制度。早在《物权法》出台之前，就有学者撰文指出我国物权立法中应当否定准占有制度，理由包括现代法律对权利的保护手段已经较为完善，需要借助占有的力量来保护权利事实行使者的要求已经不复存在，对知识产权适用准占有不但对保护真正权利人毫无益处，甚至可能把不应当保护的权利事实行使者纳入保护的范围。❹ 笔者认为，哪

---

❶　参见：史尚宽. 物权总论［M］. 北京：中国政法大学出版社，2000：559，567. 现代民法中不少已将善意取得制度适用的对象扩大到了不动产，我国《物权法》即采取了这种做法。

❷　史尚宽. 物权总论［M］. 北京：中国政法大学出版社，2000：525.

❸　史尚宽. 物权总论［M］. 北京：中国政法大学出版社，2000：606，607.

❹　杨佳红. 我国物权立法应否定准占有制度［J］. 现代法学，2006（3）.

些权利事实行使者应当保护，哪些不应当保护本身就很难区分，权利事实行使者也并非都是恶意。实践中，版权事实行使者的情形也非常复杂，大致包括以下三种情形：一是在他人作品上署上自己名字而使人误认其为真正的权利人，进而许可、转让版权；二是版权概括移转后，保留署名权的原始版权人仍然以权利所有者身份许可、转让版权；三是误认为自己是版权人并且对外许可、转让版权，如特殊职务作品中的作者。❶ 如果说可以把前两种归类为恶意准占有进而没有保护的必要，而对于第三种可以列入善意准占有的情形完全不保护，则对版权事实行使者显然不公平，对于版权交易的推进及版权交易安全的维护也明显不利。因此，对于准占有制度，我们不应断然拒绝，至少对处理版权、专利权及商标等知识产权的许可仍然有参考适用的空间。具体到版权而言，版权恶意准占有人对外许可版权（版权概括移转后，保留署名权的原始版权人仍然以权利所有者身份许可即属于这种典型情形）按照侵权行为处理，善意准占有人对在善意存续期间对外许可版权所获得的对价即孳息不存在向真正权利人返还的义务。无论版权准占有人恶意或善意，在其对外进行许可时，善意的被许可人都不需要就善意存续期间的版权利用承担损害赔偿责任，但在善意存续期间终止后（即被许可人已经知悉许可人无许可权），被许可人的许可使用权即告终止。

2. 部分移转

与版权的概括移转不同，版权的部分转移或者为权项的部分

---

❶ 我国《著作权法》对职务作品区分为一般职务作品与特殊职务作品，对于前者，著作权归作者享有；对于后者，署名权以外的其他著作权归单位享有。但两者的区分非常模糊，实践中引起诸多纠纷，在法院判决之前，作者完全可以内心确信自己是版权的享有者。

移转，或者转让期限受到限制，或者转让地域受到限制。版权中包括大量的财产权权项，在权项部分转移情形中，受让人与原始版权人在各自享有的权利范围内，有权对外设定许可。然而，任何一权项都包括丰富的权能，如复制权中涵盖了印刷、复印、拓印、录音、录像、翻录、翻拍等作品利用方式，版权转让合同需予以明确，否则在受让人与原始版权人之间可能会发生权利归属的纠纷，进而会影响到各自对外版权许可的设定。通常情况下，版权转让的期限都不会受到限制，但也不排除期限受到限制的版权转让存在。在期限受到限制的版权转让中，在限定的期限内，受让人可以权利人的身份对外设定许可，原始版权人不能再设定许可，否则构成无权处分，受让人可向其主张侵权或违约责任。在转让期限终止后，由于被暂时移转的权利又回归到原始版权人手中，原来的受让人不能再对外设定许可，否则需要向原始版权人承担侵权责任。需注意的是，在有期限地移转版权时，受让人可能又对外向第三人设定许可，而且没有任何期限的限制，这种情况如何处理？笔者认为，受让人只能在受让期限内设定许可，超出受让期限而设定的许可无效。善意的第三人在受让期限终止后，除非再与原始版权人订立许可合同，否则不能再继续利用作品，但不需要就善意期间内的作品利用向原始版权人承担损害赔偿责任。对于地域受到限制的版权移转，受让人与原始版权人在合同约定的各自版权地域范围内，有权对外设定许可，超出地域范围所设定的版权许可属于无权处分情形，善意第三人也无需就善意期间内的使用承担损害赔偿责任。此外，关于地域的限制，或者为一个国家或地区内的不同地方，或者为不同的国家或地区，原始版权人与受让人应当在合同中就争议解决方式、管辖地及准据法的适用等内容予以明确，以便于纠纷的解决。

（二）合作作品

合作作品属于作品的一种特殊形态，在合作作品上，合作者之间形成了对版权的共有关系，其中任一作者对版权的行使都可能对其他作者利益产生影响。为此，立法通常会对合作作品的版权处分进行适度的限制。然而，合作作品该如何界定？合作作品与演绎作品、集体作品、汇编作品等作品类型该如何区别？合作者的版权处分有哪些限制？接下来，笔者将从合作作品的界定及合作作品作者的处分权等两个方面进行探讨。

1. 合作作品的界定

（1）关于合作作品界定的比较法考察

合作作品的界定没有统一的标准，在不同国家或地区的著作权制度中有着不同的表述。例如，《日本著作权法》将合作作品界定为"两个以上合作创作、并且每个人创作的部分无法分开单独使用的作品"，对于作品中各个部分可以分割使用的情况按照编辑作品而非合作作品对待。❶《俄罗斯联邦民法典》（著作权部分）规定："以共同创造性的劳动创作作品的公民确认为合作作者，而不管该作品是否构成为不可分割的整体或者由具有独立意义的各部分所组成"。❷《韩国著作权法》将合作作品界定为"两人以上共同创作并且各自创作部分不能分离使用的作品"。❸《英

---

❶　条文内容见李扬，译．《日本著作权法》第 1 条第 1 款及译者注［M］//《十二国著作权法》翻译组．十二国著作权法，北京：清华大学出版社，2011：363.

❷　条文内容见焦广田译．《俄罗斯联邦民法典》（著作权部分）第 1258 条［M］//《十二国著作权法》翻译组．十二国著作权法，北京：清华大学出版社，2011：432.

❸　条文内容见金玄卿，梅锋，译．《韩国著作权法》第 2 条［M］//《十二国著作权法》翻译组．十二国著作权法，北京：清华大学出版社，2011：510.《英

国著作权法》则将合作作品界定为"两人及两人以上作者创作的并且各作者之间对作品的贡献不容易区分",并明确将电影作品和广播视为合作作品。❶《德国著作权法》规定了"当多人共同创作一部作品时,个人不能就各自的创作部分进行单独利用的,他们就是该作品的合作作者"。❷ 我国台湾地区"著作权法"规定:"两人以上共同完成之著作,其个人之创作,不能分离利用者,为共同著作"。❸《美国版权法》将合作作品界定为"两位或两位以上作者所完成的、旨在将其各自创作部分融合成统一整体中不可分割或相互依存部分的作品"。❹ 从上述规定看,多数国家或地区都将作品利用上的"不可分割性"或类似含义作为合作作品的特征及必备条件,而俄罗斯和美国著作权法在限定合作作品各组成部分关系时,也分别将"具有独立意义"和"相互依存"涵盖了进去。此外,在对合作作品进行界定时,多数国家或地区仅采取了客观标准即作品各组成部分之间的关系,只有《美国版权法》明确采纳了客观与主观相结合的双重标准,即除了客观上存在着作品组成部分之间相互不可分割或相互依存的效果外,合作作者主观上还需要有希望达到此效果的意图。另外,虽然仅仅从条文内容看,《德国著作权法》采纳了客观标准,但德国学者雷炳德认为,作品的共同创作是以某种合作为前提的,这种合作建立在就共同的任务达成一致以及隶属某个共同思想指引的基础之上,即创作上的合作需要各方参加者达成一致的谅解才能进

---

❶ 条文内容见《英国版权、设计及专利法》第 10 条。
❷ 条文内容见德国著作权法与邻接权[M]//M. 雷炳德.《著作权法》附录三,张恩民,译. 北京:法律出版社,2005:713.
❸ 条文内容见我国台湾地区《著作权法》第 8 条。
❹ 条文内容见《美国版权法》第 101 条。

行。德国司法实践中也存在着这方面的判例。❶

（2）我国现有立法中关于合作作品的界定

我国《著作权法》第 13 条规定："两人以上合作创作的作品，著作权由合作作者共同享有。没有参加创作的人，不能成为合作作者。合作作品可以分割使用的，作者对各自创作的部分可以单独享有著作权，但行使著作权时不得侵犯合作作品整体的著作权。"《著作权法实施条例》第 9 条规定："合作作品不可以分割使用的，其著作权由各合作作者共同享有，通过协商一致行使；不能协商一致，又无正当理由的，任何一方不得阻止他方行使除转让以外的其他权利，但是所得收益应当合理分配给所有合作作者。"2012 年 7 月公布的《著作权法》（修改草案二）第 15 条规定："两人以上合作创作的作品，著作权由合作作者共同享有。没有参加创作的人，不能成为合作作者。合作作品可以分割使用的，作者对各自创作的部分可以单独享有著作权，但行使著作权时不得妨碍合作作品的正常使用。合作作品不可以分割使用的，其著作权由各合作作者共同享有，通过协商一致行使；不能协商一致，又无正当理由的，任何一方不得阻止他方使用或者许可他人使用合作作品，但是所得收益应当合理分配给所有合作作者。他人侵犯合作作品著作权的，任何合作作者可以以自己的名义提起诉讼，但其所获得的赔偿应当合理分配给所有合作作者。"根据上述规定，我国《著作权法》所称的合作作品具有以下特征：① 属于两人以上合作创作的结果。对于创作，根据《著作权法实施条例》的规定，为直接产生作品的智力活动，进行组织工

---

❶　M. 雷炳德 . 著作权法［M］. 张恩民，译 . 北京：法律出版社，2005：186.

作，提供咨询意见、物质条件，或者进行其他辅助工作均不视为创作。这就将实践中存在的"挂名作品"排除在合作作品的范畴之外。② 合作者只限于作者。对于作者，根据我国《著作权法》的规定，只限于自然人以及特定情况下被视为作者的法人或其他组织（后者在理论上又被称为准作者），这就意味着除准作者以外的法人或其他组织是不能拥有合作作品身份的。③ 合作作品除了不可以分割使用的情形外，还包括可以分割使用的情形。

（3）关于合作作品界定的立法完善

在考察其他国家或地区规定的基础上，针对我国现有立法中关于合作作品的界定是否应该修改以及如何修改的问题，需要考虑两个问题：一是除强调创作的"不可以分割使用"外，"可以分割使用"的情形是否予以保留，另外《美国版权法》中由"相互依存"部分所组成的合作作品是否也引入到我国的著作权立法实践中。二是在坚持合作作品界定的客观标准基础上，合作作品界定主观标准的借鉴是否必要和可行？针对第一个问题，笔者认为，著作权立法应坚持世界上多数国家或地区的做法，把合作作品仅限于"不可以分割使用"的情形，"可以分割使用"及"相互依存"不应出现在关于合作作品的界定中。首先，将"可以分割使用"的情形列入合作作品的范畴实际上混淆了合作作品与汇编作品二者的关系。那些由享有著作权的不同作品所组成汇编作品与合作作品相比，在形式上非常相似，但区别也非常明显，因为对于这类汇编作品而言，既存在着组合整体的著作权，也存在着组成要素的著作权，两者彼此独立，而对于合作作品而言，仅存在一个著作权。立法之所以单列合作作品，最主要原因在于各作者的创作劳动如此紧密结合以至于不能依照一般的财产共有制度和汇编作品的规定来处理,❶"唯一可行的办法是将每个作者视为对整体作品享有不可分割利益的共有者"。❷ "可以分割使用"意味着可以对合作者的创作对象进行明确的权益界定,合作者关系的处理完全可以依照一般的财产共有制度或关于汇编作品的规定来处理,以合作作品来规范,既没有必要,也破坏了合作作品的内在逻辑性。其次,"相互依存"本身就是一个非常模糊性的标准。"不可分割"与"相互依存"有何区别?美国著名版权法专家 Nimmer 教授认为,"不可分割"与"相互依存"的区别同"演绎作品"与"集体作品"的区别类似,即假如 B 的创作与 A 的创作结合在一起并由此导致改动 A 的创作时,则可以认为 A 的创作与 B 的创作是"不可分割"的;假如 B 的创作与 A 的创作的结合仅仅形成一个整体并没有由此改变 A 的创作时,则可以认为 A 的创作与 B 的创作是"相互依存"的。❸ 根据 Nimmer 教授的论述,结合《美国版权法》中关于集体作品的界定,"相互依存"与上文所提及的"可以分割使用"无实质的区别,因此没有必要列入合作作品的范畴。关于合作作品构成的主观标准问题,在美国版权制度中最为典型。在美国版权实践中,通常要求合作者共同创作的意图必须在各自创作作品时就存在,如果直到其中

---

❶　这种情形在《德国著作权法》中还可以通过关于"作品的结合"的规定来处理。根据该规定,作品的结合是指两个或者多个可以独立利用的作品在征得各自作者同意的条件下可以结合在一起,但只有在各个组成部分彼此联结在一起的作品具有了单独的利用性并且这种结合不被视为汇编作品的时候,才属于作品的结合。见〔德〕M. 雷炳德:《著作权法》,张恩民译,法律出版社 2005 年版,第 186 页。关于作品的结合的例子如经过许可对已创作的一首诗进行谱曲从而形成了一首歌曲。

❷　NIMMER MELVILLE B, NIMMER DAVID. Nimmer on Copyright〔M〕. LexisNexis,2009:§6.02.

❸　NIMMER MELVILLE B, NIMMER DAVID. Nimmer on Copyright〔M〕. LexisNexis,2009:§6.04.

一个作者的创作完成后，合作者共同创作作品的意图才达成的话，合作作品存在的合理性即丧失。可以通过明示的或者默示的协议来达成的共同创作意图也是区分合作作品与演绎作品、集体作品的主要标准。❶ 笔者认为类似美国版权实践中的"希望达到合作作品效果意图"的主观标准所要实现的意图，实际上已被包含在我国著作权法中有关"合作创作"的表述中。这是因为，合作"是互相配合做某事或共同完成某项任务。"❷ "合作"中包含共同的目的，"合作创作"意味着不同的作者之间有一个共同的目的——通过彼此间协作性的创造性劳动形成一个完整的统一体即作品。实际上，《美国版权法》在对合作作品界定时用了"两位或两位以上作者所完成的"而非"两位或两位以上作者合作所完成的"表述，因此才在后面加入了有关"主观性标准"的表述，可谓说是"合作"一词位移后的替代而已，与其他国家或地区的做法并没有实质上的区别，也正因为如此，我国版权立法中在对合作作品界定时也没有必要再作类似的限制。

综上所述，我国著作权制度中关于合作作品的界定应该采取这样的表述，即"两人以上合作创作的并且不可以分割使用的作品为合作作品，著作权由合作作者共同享有。没有参加创作的人，不能成为合作作者。"

2. 合作作品作者的版权许可

（1）比较法考察

《日本著作权法》规定，合作作品著作权和其他共有的著作

---

❶ NIMMER MELVILLE B, NIMMER DAVID. Nimmer on Copyright［M］. LexisNexis，2009：§§6.03，6.05.

❷ 见中国社会科学院语言研究所词典编辑工作室. 现代汉语词典［M］. 北京：商务印书馆，2007：550.

权，未经其他共有者同意，各共有者不得转让所持份额，或者将所持份额作为质权的标的。共有著作权，未经全体共有者达成合意，不得行使。各共有者无正当理由不得拒绝共有者对共有著作权的行使。合作作品作者可以选定代表人行使著作权，但对代表人代表权的限制不得对抗善意的第三人。❶《意大利著作权法》规定，合作作品中不可分割的各部分价值相等，但是有相反的书面约定加以证明的除外。有关共有的法律规定适用于合作作品。未经全体合作作者同意，不得发表、修改或者以新形式使用已发表的作品，但合作作者无正当理由拒绝同意的，司法机关可以许可被指定者按照指定的条件发表、修改或者使用作品。❷《俄罗斯联邦民法典》（著作权部分）规定："合作作者之间的协议未作另外规定的，合作创作的作品由合作作者共同使用。合作作品构成不可分割之整体的，任何一位合作作者如无充足理由，无权禁止使用该作品。合作作者之间的协议未作另外规定的，合作作品的一部分可以使用而不受其他部分的制约，即具有独立意义的一部分可以由作者自行决定使用……包括在合作作者创作的作品构成一个不可分割整体的情况下，每一位合作作者有权独立采取措施，保护自己的权利"。❸《韩国著作权法》规定："合作作品中，未经全体作者同意，不得行使著作权。各合作作者未经其他作者同

---

　　❶ 条文内容见李扬，译.《日本著作权法》第 64 条、第 65 条［M］//《十二国著作权法》翻译组.十二国著作权法［M］.北京：清华大学出版社，2011：392.

　　❷ 条文内容见费安玲，魏骁，陈汉，译.《意大利著作权法》第 10 条［M］//《十二国著作权法》翻译组.十二国著作权法［M］.北京：清华大学出版社，2011：281.

　　❸ 条文内容见焦广田，译.《俄罗斯联邦民法典》（著作权部分）第 1258 条［M］//《十二国著作权法》翻译组.十二国著作权法［M］.北京：清华大学出版社，2011：432.

意，不得将其所持份额以出让或者抵押方式出让。各合作作者没有正当理由，不得终止已经达成的协议或者故意拒绝同意。如果合作作者之间没有特别约定，利用合作作品产生的收益根据各自贡献程度进行分配。如果各自贡献程度不明确的，则在作者间平均分配。合作作者可以放弃其所持著作财产权份额。一旦放弃或者作者死亡且无继承人时，其份额将在其他合作作者间根据各自所持比例进行分配"。❶《德国著作权法》规定："发表、使用作品的权利归合作作者共同共有；只有合作作者同意时才可以对作品进行修改。合作作者不得违背诚实信用原则而拒绝对作品发表、利用或者修改。对于侵犯共同著作权的行为，任何合作作者都有权行使侵权行为所产生的各项请求权；该人仅仅可以要求其他的合作作者予以配合。当合作作者之间没有作出其他约定时，利用作品取得的收益应当按照各合作作者的创作篇幅进行分配。合作作者可以放弃其在财产权（第 15 条）方面所享有的份额，放弃的意思应当向其他合作作者表示。随着该意思表示的作出，其他合作作者所享有的份额随之增加"。❷ 我国台湾地区"著作权法"规定："共同著作各著作人之应有部分，依共同著作之间之约定定之；无约定者，依各著作人参与创作之程度定之。各著作人参与创作程度不明时，推定为均等。共同著作之著作人抛弃其应有部分者，其应有部分由其他共同著作人依其应有部分之比例分享之。前项规定，于共同著作之著作人死亡无继承人或消灭后无承

---

❶ 条文内容见金玄卿，梅锋，译.《韩国著作权法》第 48 条 [M] //《十二国著作权法》翻译组．十二国著作权法 [M]．北京：清华大学出版社，2011；520.

❷ 条文内容见德国著作权法 [M] //M. 雷炳德.《著作权法》附录三，张恩民，译．北京：法律出版社，2005；713.

受人者，准用之。"❶ 此外，其还对共有著作财产权的行使进行了规定，即："共有之著作财产权，非经著作财产权人全体同意，不得行使之；各著作财产权人非经其他共有著作财产权人之同意，不得以其应有部分让与他人或为他人设定质权。各著作财产权人，无正当理由，不得拒绝同意。"通过上述考察可以看出，关于合作作品的版权利用大致包括以下内容：一是规定了合作作者在合作作品中应享有份额的计算标准，二是是规定了合作作品处分中的协商一致原则，三是确立了合作作品著作权行使中的诚实信用原则。

（2）对我国著作权立法的借鉴

对不可以分割的合作作品的利用，我国《著作权法实施条例》规定："合作作品不可以分割使用的，其著作权由各合作作者共同享有，通过协商一致行使；不能协商一致，又无正当理由的，任何一方不得阻止他方行使除转让以外的其他权利，但是所得收益应当合理分配给所有合作作者。"❷ 与上述国家和地区的内容相比，该规定也体现了合作作品利用中的协商一致和诚实信用原则精神，但仍显不足，主要表现在以下方面：

一是没有对各自应享有份额的确定方法。根据传统民法中对于所有权共有的规定，共有分为按份共有与共同共有。按份共有人按照各自的份额，对共有财产分享权利、分担义务；共同共有人对共有财产享有权利，承担义务。《物权法》第 103 条规定，

---

❶　条文内容见我国台湾地区《著作权法》第 40 条。

❷　《著作权法》（修改草案二）也规定："合作作品不可以分割使用的，其著作权由各合作作者共同享有，通过协商一致行使；不能协商一致，又无正当理由的，任何一方不得阻止他方使用或者许可他人使用，但是所得收益应当合理分配给所有合作作者。"

当共有人对共有的不动产或者动产没有约定为按份共有或者共同共有，或者约定不明确的，除共有人具有家庭关系等外，视为按份共有。虽然著作权具有不同于所有权的特点，但这些规定对于解决合作作品的共有关系仍然具有重要的参考价值，即在没有约定或者约定不明确的情况下，合作作者按份共有合作作品的著作权。对于合作作品作者各自享有的著作权份额，可以参考上述《韩国著作权法》及我国台湾地区"著作权法"的规定，根据各自对作品的贡献程度或创作程度来确定，如果不能确定贡献程度或创作程度，则推定为合作作者均等地享有著作权。在债权债务关系上，也应当参照《物权法》第 102 条的规定，在对外关系上，合作作者享有连带债权、承担连带债务，但法律另有规定或者第三人知道合作作者不具有连带债权债务关系的除外；在内部关系上，除另有约定外，合作作者按照份额享有债权、承担债务。在合作作者放弃其应有的著作权份额或者其应有的著作权份额无人继承或承继的情况下，其他合作作者依其应有部分之比例分享之。

二是没有对存在于合作作品上的著作权利用的具体情形进行细化。对于合作作品的著作权，可以区分为两种情形，即合作者各自应享有份额的部分及存在于合作作品上的整体的著作权，但《著作权法实施条例》所规定的"任何一方不得阻止他方行使除转让以外的其他权利"的表述中对于权利的范围并没有明确界定。针对第一种情况，根据《物权法》第 101 条的规定，按份共有人可以转让其享有的共有财产份额，其他共有人在同等条件下享有优先购买的权利。那么，是否可以参考此规定，允许合作作品作者自由转让其享有的著作权份额，并赋予其他合作作者优先购买的权利？笔者认为，合作创作是合作作品产生的基础，合作作者之所以选择合作而不是单独地去完成作品，是因为相对于后者而言，前者要么更有效地减少创作成本，要么产生具有更高价值的作品。"合作"不仅是合作作品创作中必不可少的要素，也是维系合作作品存在的前提条件。"合作"意味着彼此的信任与默契，如果允许合作作品作者可以自由转让其享有的著作权份额则会打破已有的信任与默契关系，使蕴涵于合作作品制度中的价值目标落空。因此，对于合作作品而言，应当做出与《物权法》不同的规定，即未经其他合作作者同意，各合作作者不得转让其在合作作品著作权中的应有份额。这样做不但照顾到了合作作品自身的特殊性，同时也与上述日本、韩国及我国台湾地区的规定保持一致。❶ 此外，除不得"转让"的情形外，还应参照这些国家和地区的相关做法，未经规定，各合作作者不得以其在合作作品著作权中的应有份额设定质权。针对第二种情况，即存在于合作作品上的整体的著作权如何行使？如果合作作者属于按份共有关系，该如何协调与《物权法》相关规定的关系？根据《物权法》第 97 条规定，"处分共有的不动产或者动产以及对共有的不动产或者动产作重大修缮的，应当经占份额三分之二以上的按份共有人或者全体共同共有人同意，但共有人之间另有约定的除外。"对于合作作品而言，如果存在按份共有关系，在处分时是否需要经占份额三分之二以上的按份共有人同意即可？笔者认为，存在于合作作品上的按份共有不同于一般的财产共有关系，既然未经其他合作作者同意，各合作作者不得转让其在合作作品

---

❶　美国司法实践采取了不同的做法，即允许合作作者在未经其他合作者同意的情况下，可以转让其应有的利益份额。See NIMMER MELVILLE B, NIMMER DAVID. Nimmer on Copyright［M］. LexisNexis, 2009：§ 6. 11.

著作权中的应有份额，基于同样的理由，未经全体共有人同意，任何一方不得转让共有作品著作权，这样做同样考虑到了与上述主要国家和地区著作权制度内容的一致性。根据《著作权法实施条例》，对于合作作品著作权，如果不能协商一致，任何一方无正当理由不得阻止他方行使除转让以外的其他权利。但在理解和适用该条文内容时，不免会产生这样的问题，即为何"行使除转让以外的其他权利"可以不经全体共有人同意？又该如何界定"其他权利"的范围？笔者认为，这样做的主要目的是为了鼓励最大程度地利用合作作品，释放作品中所包涵的价值。其实，对于一般的财产共有也有类似的规定。根据《物权法》第96条规定，"共有人按照约定管理共有的不动产或者动产；没有约定或者约定不明确的，各共有人都有管理的权利和义务。"结合《物权法》第97条关于共有财产处分的规定，第96条规定中所提到的"管理"与《著作权法实施条例》中所提到的"行使"具有基本相同的含义。此外，《著作权法实施条例》中的该规定也同样实现了与上述主要国家和地区的著作权制度的内容保持了一致，对此不再赘述。

司法实践中存在着一个较容易引起争议的问题，即使如何界定上述"其他权利"的范围？笔者认为，既然合作作者不得单独质押其应有的财产份额，那么对于整体的著作权，合作作者未经他方同意也不得质押，因此"其他权利"中不包括质押权。参考前述意大利、俄罗斯及德国著作权法的规定，"其他权利"至少包括发表作品的权利、修改作品的权利、自己使用作品的权利、非专有许可他方使用作品的权利、对著作权进行保护的权利。一个需要解决的问题是，专有许可使用权能否包括在"其他权利"的范围之内？"合作作者可以单方地授予使用作品的非专有许可，因为其他合作作者也可以使用作品或者将类似的许可授予其他使用者，且对合作作者而言，非专有许可被假定为不会造成版权价值的减少"。❶ 在 Nimmer 教授看来，某一个合作作者可以授予"专有许可"，但对其需要从两个方面理解：一方面，许可方不能再向被许可方以外的第三人授予许可，被许可方也获得了以自己名义对侵权方进行诉讼的权利，从这些意义上看，该"专有许可"与通常意义上的专有许可区别不大。另一方面，该"专有许可"并非真正意义上的专有许可，因为其他合作作者同样享有向第三方授予"专有许可"的权利，即该"专有许可"不具备对抗其他合作作者的效力，被许可方需要经过所有合作作者的一致授权才能获得真正意义上的具有广泛对抗效力的专有许可权。❷ 我国司法实践中一些法院的判决也坚持这样的观点。例如在北京京华视线文化传播有限公司（简称京华公司）诉海南周易影视制作有限公司（简称周易公司）著作权许可使用合同纠纷案中，❸ 电视剧《萧十一郎》由被告和友视公司、九洲公司共同出资拍摄，九洲公司持有版权 30％，被告与友视公司持有版权为 70％（其中被告占 55％，友视公司占 15％），2007 年 2 月友视公司又将其持有的版权份额全部转让给了被告。2005 年 5 月，被告和九洲公司签订《协议书》，约定《萧十一郎》的二轮发行（2005 年 5 月 8 日至 2010 年 5 月 7 日）由被告负责。2006 年 4 月 14 日，原告与被告签订《电视节目播放权购买合同书》，约定被告将电视连续剧《萧十一郎》在中国大陆地区的二轮电视播映权（2006 年 5 月

❶ Davis v. Blige, 505 F. 3d 90, 100 (2d cir. 2007).

❷ See NIMMER MELVILLE B, NIMMER DAVID. Nimmer on Copyright [M]. LexisNexis, 2009：§ 6. 10.

❸ 见北京市海淀区人民法院（2006）海民初字第 28047 号民事判决书。

1 日至 2011 年 4 月 30 日）独家授予原告。后原告以被告与其签订合同没有经过友视公司同意、发行权及发行许可证期间不一致、合同期间由于第三方江苏电视台城市频道播出电视剧《萧十一郎》从而在合同中享有的独家二轮发行权没有得到保障等为理由，要求解除与被告的合同、返还已经支付的相关费用并支付违约金。针对被告未经友视公司同意即与原告签订第二轮发行合同，是否导致原告合同目的不能实现从而可以解除合同的问题，法院认为"如果被告未经其他著作权人同意，可以单独授予原告大陆地区的独家二轮播映权，则其他著作权人亦可以单独授予他人相同权利，最终将可能导致原告和他人同时具有大陆地区的独家二轮播映权，原告和他人的合同目的均不能实现"，虽然法院最终做出"友视公司在诉讼中已经将著作权转让给被告，原告并未证明友视公司在将著作权转让给被告前将相同权利授予他人，因此被告在合同中授予原告的权利已经补正，原告以友视公司未授权为由主张其合同目的不能实现并要求解除合同，无事实和法律依据，本院不予支持"的判决。因此，合作作者单独授予专有许可使用权在实践中并没有多大的意义。对著作权进行保护的权利是指对于第三方所实施的著作权侵权行为，任何一个合作作者都可以以自己的名义提起诉讼。需要澄清的问题是，合作作品著作权侵权人与某个（些）合作作者所订立的具有溯及力的许可协议能否作为其行为不构成侵权的抗辩？具体而言，当其中的某个（些）合作作者以第三方著作权侵权为由提起诉讼后，该第三方再与其中的某个（些）合作作者达成具有溯及力的许可协议时，未订立协议的合作作者所提起的诉讼是否意味着败诉的可能？针对与此相关的问题，美国司法实践有着不同的处理。在 Davis v. Blige 案中，纽约南区联邦地方法院一审裁决，具有溯及力的版权转让或非专有版权许可可以消除已经发生的版权侵权。随后，美国第二巡回法院却推翻了该裁决，认为无论版权转让或者非专有版权许可都不能溯及既往地适用，并强调了支持其裁决的两个政策上的原因，即有利于实现合作作品著作权的可预测性、确定性以及不鼓励侵权的需要。❶ 笔者认为，在不存在着法定免责事由的情况下，未经任何合作作者同意而使用其作品即构成侵权，侵权行为发生后所订立的许可协议仅对将来的行为有效力，不能使已发生的侵权转变成合法的行为。

综上所述，在对我国著作权制度进行修订时，关于合作作品的利用建议这样表述："合作作品不可以分割使用的，其著作权由各合作作者共同享有，根据各自对作品的贡献程度或创作程度来确定，如果不能确定贡献程度或创作程度，则推定为合作作者均等地享有著作权。合作作者通过协商一致行使著作权，不能协商一致，又无正当理由的，任何一方不得阻止他方使用或许可他方使用及独自提起侵权诉讼的权利，但是所得收益应当合理分配给所有合作作者。部分合作作者与第三人之间所订立的许可协议仅涉及将来的著作权利用，不具有溯及既往的效力，除非经过其他合作作者的同意。"

二、版权许可的三类特殊对象

作为"权利束"的版权由一系列子权利或权项组成，这些构成了版权许可合同的客体。我国《著作权法》明确了复制权、发行权、出租权、展览权、表演权、信息网络传播权等财产权项。

---

❶ MOBLEY MICHAEL TODD. Davis v. Blige: The Second Circuit's Rejection of Retroactive Copyright Licenses [J]. Berkeley Tech. L. J., 2009, 24: 341, 351 - 354.

根据《著作权法》，上述一些权项还可以作进一步细分，例如复制权可以划分为印刷、复印、拓印、录音、录像、翻录、翻拍等不同表现形式；表演权既包括以公开表演作品形式存在的类型，也包括以各种手段公开播送作品表演形式存在的类型；信息网络传播权包括有线信息网络传播权与无线信息网络传播权形式。在明确列举了上述权项后，《著作权法》还做出了兜底性的规定，即著作权还包括"应当由著作权人享有的其他权利"，但该如何界定"其他权利"的范围呢？又该由谁去界定？进一步讲，当事人能否将法律规定范围之外的新"权项"作为许可合同的客体？此外，以复制权为例，立法在进行权项界定时，对已知的典型作品复制方式进行了列举，但随着技术的发展，新的作品使用方式会不断地出现。作为事先的预防措施，当事人会在合同中做出类似下述内容的约定，即现在未知的但将来可能出现的新的作品使用方式都将被许可合同所涵盖，这样的约定有效吗？另外，当事人通常只针对已知作品著作权权项订立许可合同，但在实践中也存在着以未来作品著作权为对象的许可合同或者类似的"约稿"合同，对此又该如何认定其效力呢？

（一）法律规定范围之外的"权利"能否作为许可合同的对象

当事人能否在规定范围之外设立新的"权利"并将其作为许可合同的对象，关键是看著作权法中是否存在着类似物权法中的"物权法定主义"原则。"物权法定主义"，系 19 世纪欧陆各国从事民法典编纂运动以来，各国关于物权立法的一项基本原则，在物权法的结构体系中居于枢纽地位。其内容包括当事人不得创设法律所不认可的新类型物权及与物权法定内容相悖的物权。❶ 我

---

❶ 陈华彬. 物权法［M］. 北京：法律出版社，2004：77.

国于 2007 年开始实施的《物权法》也以条文的形式确立了该项原则。❶ 物权的绝对性、直接支配性、物的经济效用、保障完全的合同自由、公示的需要、交易安全与便捷的需要及整理旧物权、适应社会的需要等是近现代各国民法之所以采取物权法定主义的主要理由，❷ 这些特点和需要同样存在于版权法、商标法、专利法等知识产权法中，能否可以由此推导出"知识产权法定主义"存在的应然性和实然性？对实践中在法律之外任意创设知识产权的现象，国内一些学者从应然的角度提出应该在立法中确立"知识产权法定原则"或"知识产权法定主义原则"，即"任何一项知识产权，都必须通过制定法加以创设，凡是制定法没有明文规定的，就是知识产品生产者不能享有的，不能成为权利"，该原则与"法定的知识产权优先保护原则"、"知识产权优先保护前提下的利益平衡原则"并称为知识产权法的三项基本原则。❸ 但是，从实然的角度看，当前各国或各地区制定的知识产权制度中实在难以找到关于"知识产权法定主义"的直接或间接表述。❹那么，是否有必要在未来的知识产权立法中确立这一原则？笔者认为，同物权一样，知识产权也具有绝对性和支配性，为避免不

❶　我国《物权法》第 5 条规定："物权的种类和内容，由法律规定。"

❷　陈华彬. 物权法 [M]. 北京：法律出版社，2004：79 - 81.

❸　李扬. 略论知识产权法定原则 [J]. 电子知识产权，2004（8）.

❹　有学者认为，"知识产权法定原则贯穿于知识产权立法的始终，贯穿于知识产权的所有制度和规范之中"，知识产权法定原则的内容包括"知识产权的内涵和类型法定"、"知识产权关系的构成法定"、"知识产权的利用、使用、限制和转让等法定"、"知识产权的保护制度法定"等方面。见李建华. 论知识产权法定原则——兼论我国知识产权制度的创新 [J]. 吉林大学社会科学学报，2006（4）. 笔者认为，该观点是对"法定原则"的误读，如果"法律规定的"都可以被归纳为"法定原则"，那么所有制定法中都存在着"法定原则"，也根本没有必要再去单独论证所谓的"知识产权法定原则"。类似物权法中的知识产权"法定主义"或"法定原则"中的"法定"应具有特定的内涵，而且"法定原则"本身就应该"法定"，即在立法中明确规定。

确定的义务人侵犯已存在的权利，必须让其事先知悉对方享有的具体权利类型和内容，换言之，知识产权的类型和内容需要进行"法律上的公示"，但并不能因此推导出知识产权法中也要确立"法定主义"。物权法中"法定主义"的确立具有特定的历史背景，发挥着诸多重要的功能，但物权法定主义，"因其所言的'法'拘泥于民法典等成文法，结果使自身陷于僵化的泥坑，并与社会的需要脱节，甚至成为社会经济进一步发展的桎梏"，"承认社会惯性上产生的、不悖于物权的绝对支配性和保护的绝对性，并有适当的公示方法的新类型'物权'的合法性"已成为缓和物权法定主义僵化性的重要尝试。❶ 在知识经济时代，知识产权制度所面临的挑战极度频繁，知识产权立法者更加难以预测应接不暇的新情况、新问题，此时再确立所谓的"知识产权法定主义"原则同样会使知识产权制度陷入僵化的泥潭中，甚至会出现有过之而无不及的现象。❷ 此外，从历史的视角看，促进社会发展的功利主义考虑是知识产权立法的根本动因，社会与知识产品创造人之间如同存在着一个契约关系，前者能够给予后者的对价是通过立法所明确的具体权利。进一步讲，知识产品创造人所享有的权利从一开始就是"法定"的，离开了法律的规定，其所拥有的充其量是难以有效行使的"自然权利"。既然"法定"与知识产权制度如此唇齿相依，为何原来没有而又非要在当下确立

---

❶ 陈华彬. 物权法［M］. 北京：法律出版社，2004：83.

❷ 一些曾主张"知识产权法定主义"的学者也意识到了这个问题，并主张通过"侵权构成的非限定性"来克服"知识产权法定主义"的缺陷，即对那些没有或无法被现有知识产权制定法明文规定为"绝对权利"的利益，通过法官在个案中行使自由裁量权来提供保护。见李扬. 知识产权法定主义的缺陷及其克服——以侵权构成的限定性和非限定性为中心［J］. 环球法律评论，2009（2）. 这实际上从一定程度上否定了"知识产权法定主义"原则的适用，因为一方面是为了限制法官自由裁量权的行使，另一方又赋予其自由裁量权，本身就充满了无法克服的自相矛盾。

"知识产权法定主义"原则呢？

综上所述，笔者认为，知识产权立法中没有必要也不可以确立"法定主义"原则，而是应当在更加合理化的基础上秉持以一贯之的做法，即基于知识产权绝对性与支配性的特点，在立法可以预测的范围内对具有普适性保护价值的利益上升为具体的权利类型，并对其内容进行明确的限定，同时要借助兜底性条款及弹性的立法表达（如对"等"词语的采用）来保持立法的开放性，避免陷入尴尬的法律适用上的窘境。在知识产权领域，承认法官享有适度的自由裁量权具有客观上的不可或缺性。具体到版权法，在认定以版权法规定范围之外的"权利"作为对象的许可合同的效力时，应采取类似"三步检测法"的做法：一是判断该"权利"能否借助弹性的立法表达将其融入版权法已明确的权利类型中；二是类推适用版权法中最相类似的权利类型；三是适用版权法中的兜底性条款，但需要司法解释、典型案例、案例指导等相关司法政策的辅助。需注意的是，上述步骤具有适用上的顺位性。如穷尽所有上述步骤仍不能确定新"权利"的归属，即可得出许可合同"标的不能"的结论。

（二）未知的作品使用方式能否被许可合同涵盖

从印刷版权到电子版权，再到现在的网络版权，技术的每次重大突破都会带来作品使用方式的革新。为使合同内容尽量周全以避免将来出现纠纷，当事人会约定具有以下效果的条款，即现在未知❶的但将来可能出现的作品使用方式也将被现有合同所涵

---

❶ "未知"是与"已知"或"有名"相对应的概念。根据德国学者雷炳德教授的解释，判断某使用类型是否已经属于法律上有名的使用类型，不在于人们是否已经了解了它在技术上的可能性，而在于人们对其经济意义的认知，也就是说这种使用类型必须已经产生了一个新的作品消费者群体。M. 雷炳德. 著作权法［M］. 张恩民，译. 北京：法律出版社，2005：362.

盖，这样的条款有效吗？另外，如果现有合同中没有对未知的作品使用方式进行约定，又该如何解释其中诸如一揽子或者兜底性的条款，即其能否涵盖当时未知但现在已知的作品使用方式？

对于上述第一个问题，许多国家的版权法都有明确的回答。《比利时著作权法》、《希腊著作权法》、《意大利著作权法》、《西班牙知识产权法》及旧的《德国著作权法》都明确禁止就未知的作品使用权达成转让或许可协议。❶ 此外，《巴西著作权法》也将版权转让合同的对象限定为合同订立时已经存在的作品使用方式。❷ 与上述做法不同，《法国著作权法》允许当事人就不确定或未确定的作品使用方式达成转让协议，但必须明示并约定使用所得相应的提成。❸《德国著作权法》原来曾规定"在无名的使用类型上设定许可或者设定各种义务的行为无效"，❹ 但 2008 年 1 月 1 日生效的新的《德国著作权法》废除了该项规定，开始允许就未知使用权达成许可协议，以回应被许可人的经济上的需要，充分保障许可人的参与权利，提高作品整体上的市场化程度。❺ 根据新修订的《德国著作权法》，著作权人可以授予他人未知使用权，但有权撤销该授予，且撤销权不得事先放弃。不过，在被许可方愿意接受新的作品使用方式并且发出通知三个月后，许可方的撤销权即归于消灭。此外，被许可方接受新的利用方式时应当承担

---

❶ 尹腊梅，纪萍萍 . 论作品未知使用权的转让与许可 [J]. 知识产权，2009 (5).

❷ 见《巴西著作权法》第 49 条第 5 款。

❸ 条文内容见：黄晖，译 .《法国知识产权法典》（法律部分）L131 - 6 [M] //《十二国著作权法》翻译组 . 十二国著作权法，北京：清华大学出版社，2011：78.

❹ 条文内容见：《德国著作权法与邻接权法》第 31 条第 4 款。载 M. 雷炳德 . 著作权法 [M]. 附录三，张恩民，译 . 北京：法律出版社，2005：719.

❺ SCHEJA KATHARINA, MANTZ RETO. Copyright Law Reform Finally Enacted in Germany [J]. Convergence，2007，3 (2)：158.

向著作权人支付特殊报酬的义务。❶相对于上述国家著作权法中明确的态度，我国尚没有关于未知作品使用权许可或转让的具体规定。笔者认为，禁止未知作品使用权许可的本来目的是保护版权人的利益，但随着版权交易市场的完善以及版权产业的发展，限制未知作品使用权的许可将会阻碍版权交易的充分进行甚至会对版权人的利益造成不利影响。因此，我国著作权立法中应当明确允许未知作品使用权的许可或转让。同时，为避免出现对版权人的不利，应当参考《德国著作权法》的做法，赋予版权人撤销权，并对被许可人施加通知义务及特别报酬支付义务。

对于第二个问题，有学者主张，应当承认一揽子许可协议或者合同中兜底性条款的效力，但如果其中没有将未知作品使用权包括进来的明确表达，则只能涵盖订立合同当时已知的作品利用方式。❷在学者 Joanne Benoit Nakos 看来，"在许可协议未能就新出现的作品利用权利进行安排的情况下，任何模糊性都应当做出对许可人有利的解释——一个最佳的解释版权许可协议的从严的方法，即所有未明确授予的使用都将由许可人保留"，"合同理论将会支持这种从严的方法：没有合意，通常情况就没有合同形成。在缺少未来使用条款时，当事人甚至不可能考虑到一个尚未发明的使用，因而不可能就转让这样的使用形成一个同意的意图。因而，不存在有关该使用的合同，使用将由许可方保留。"❸笔者认为，任何单一的解释方法都不可取，从严的解释方法需要

---

❶　条文内容见：许超，译．《德国著作权法》第 31 条 a、第 32 条 c［M］//《十二国著作权法》翻译组．十二国著作权法，北京：清华大学出版社，2011：154 - 155.

❷　尹腊梅，纪萍萍．论作品未知使用权的转让与许可［J］．知识产权，2009（5）.

❸　NAKOS JOANNE BENOIT. An Analysis of the Effect of New Technology on the Rights Conveyed by Copyright License Agreements［J］. Cumb. L. Rev. , 1995, 25：433, 434, 449.

与传统的合同解释方法相互补充。在当事人意思表示真实的情况下，应当承认一揽子许可协议的效力。但在未明确指出未知的或新的作品使用方式、进而涉及对协议的解释时，仍要遵循体系解释、历史解释、目的解释等合同解释原则，寻找当事人之间是否存在共同的意思表示。只有在穷尽这些原则仍不能探求当事人意思表示的情况下，才可以采取从严的解释方法，做出对被许可人不利的解释，即一揽子协议不包括未知的作品使用方式。

（三）未来作品著作权的许可

著作权以现有作品作为客体，被许可人通常获得的是现有作品的使用权。不过在实践中还存在着这样的情形，即当事人以当时尚不存在但在将来某个时间创作完成的作品著作权作为许可的对象，此时便产生一个问题：这样的许可协议有效吗？或者当事人能否就未来作品著作权自由地设定许可？对于该问题，我国著作权法中没有规定，德国、印度、巴西、英国、法国等国家的著作权法则明确规定可以就未来作品的著作权订立许可协议，但与此同时都设定了限定性的条件。如《德国著作权法》第 40 条规定，就未来作品上所享有的各种使用权许可他人而签订的合同应当以书面形式进行。当事人双方可以自合同订立 5 年后通知解除合同。若未就更短的解约期限作出约定，通知解约期限为 6 个月。通知解约权不得预先放弃。合同约定的解约权或者法定的解约权不在此限。❶ 雷炳德教授认为，如此限制是为了"保障作者经济上的活动自由以及创作自由不受那些欠缺考虑的以及不可预

---

❶ 条文内容见：《德国著作权法与邻接权法》第 40 条。M. 雷炳德．著作权法[M]．附录三，张恩民，译．北京：法律出版社，2005：722-723.

见的条款约束所伤害"。❶《印度著作权法》第 18 条第 1 款规定："现有作品的著作权所有人或未来作品可能的著作权人，可以全部或部分概括地或者限制地将全部或部分保护期限的著作权转让给他人；但在转让未来作品著作权的情况下，此种转让仅在作品实际存在的情况下生效。"❷ 即未来作品著作权的转让是附停止条件的法律行为，仅在作品创造完成实际存在的情况下才生效。《巴西著作权法》规定了转让将来作品著作权的期限不得超过 5 年。❸ 此外，英国和法国也分别就未来著作权的处分设定了相应的限定性条件。❹ 笔者认为，以未来作品著作权为对象的许可协议对双方当事人均存在着很大的风险，特别是对许可方而言，因为通常情况下作者很难对未来作品的价值进行准确的评估，订约当时给付的酬金与作品创作出来的实际价值之间可能会存在着巨大的差额，而当事人又很难通过合同变更、合同撤销等制度获得救济，❺ 因此我国著作权法应当在肯定该许可形式的同时，也要借鉴国外好的经验，明确规定适当的限定性条件，以确保著作权交易市场的健康发展。

在我国现有著作权法尚未明确规定的情况下，应当主要基于合同法的规定来调整未来作品著作权许可合同，并参照著作权法中关于著作权许可使用合同的规定。关于此种合同的性质，表面

---

❶　M. 雷炳德. 著作权法［M］. 张恩民，译. 北京：法律出版社，2005：381.

❷　条文内容见：相靖，译. 印度著作权法［M］//《十二国著作权法》翻译组. 十二国著作权法，北京：清华大学出版社，2011：231.

❸　见《巴西著作权法》第 51 条。

❹　见《英国版权法》第 51 条、《法国知识产权法典》（法律部分）第 L. 132 - 4 条。

❺　一般的合同变更与合同撤销制度限于在订立合同时存在着重大误解、显失公平、欺诈、胁迫或者乘人之危的情形，而当前所讨论的显然不属于此种情况，此外由于情势变更判断上的争议，也很难借助相关规定来主张合同的变更。

看似乎可以归入"预约"的范畴，但"在实务中，一个合同究竟属于本约抑或预约，应探求当事人的真意予以认定"，❶ 仔细分析不难看出，当事人订立该合同的目的并非将来订立"著作权许可本约"而是直接获得作品的使用权，因此实质上属于"本约"的范畴。❷ 关于未来作品著作权许可合同的成立、效力、履行、变更和转让、权利义务终止及违约责任等均应遵循合同法的一般性规定。同时，在我国当前立法中类似上述国家相关规定缺位的情况下，作者可以基于合同法中关于"情势变更"的规定来寻求救济，即当作品创作完成后，客观情况发生了当事人在订立合同时无法预见的、非不可抗力造成的不属于商业风险的重大变化，如由于作者知名度的提高而带动作品市场价值的极大高涨，继续履行合同对于作者明显不公平时，作者可以请求人民法院变更或者解除合同。❸

三、版权许可合同履行中的几个问题

版权许可合同生效后，当事人应当按照约定全面履行自己的义务。除了约定的义务外，作为许可方的版权人是否也要承担如买卖合同中卖方所要承担的法定的瑕疵担保义务？在合同履行过

---

❶ 崔建远．合同法［M］．北京：法律出版社，2003：32.

❷ 以未来作品著作权的许可或转让为客体的合同在《俄罗斯联邦民法典》（著作权部分）第 1288 条、第 1289 条中以"著作权预约合同"的名义进行了详细表述，但从内容上看，显然更属于合同法中一般意义上的"本约"。有关未来作品著作权许可或转让性质的讨论，可见：谈晓颖，张海涛．未来作品著作权的许可和转让［J］．中国出版，2006（5）.

❸ 2009 年 5 月 13 日开始施行的《最高人民法院关于适用〈中华人民共和国合同法〉若干问题的解释（二）》第 26 条对情形变更的适用进行了明确规定。当然，作者知名度的提高所带来的作品价值的提高究竟是商业风险或者是情势变更区分起来相当困难，需要结合具体情况进行分析。

程中，如果许可方又设立了新的许可，或者将版权转让或质押给他人，或者放弃其拥有的权利，被许可方使用作品的权利是否受到影响？此外，为促进版权的充分行使，保障作品的广泛传播，保护作者的经济利益，是否有必要在立法中明确旨在赋予许可方法定解除或变更合同权利的条款？接下来，笔者将针对上述问题分别进行论述。

（一）版权许可合同履行中的瑕疵担保义务

对于许可方是否要承担瑕疵担保义务的讨论首先涉及对瑕疵担保义务本质及功能的认识。瑕疵担保义务存在于有偿合同中，在买卖合同中表现得最为典型，包括权利的瑕疵担保义务与物的瑕疵担保义务，其内容为出卖人对其所交付的标的物，应担保其权利完整无缺并且有依照通常观念或当事人的意思应当具有的价值、效用或品质。❶瑕疵担保义务的内容可以通过在合同中予以明确的方式转化为约定义务，此时便不再存在发挥其法定义务功能的必要。只有在合同没有明确的情况下，瑕疵担保义务才最能发挥其法定义务的功能，对当事人产生拘束力。笔者认为，由于作品利用上的非排他性及作品登记的非强制性，仅凭作者署名及有关作者身份的声明很难确保著作权的真正归属，因此在未约定的情况下，关于权利瑕疵担保义务的规定更能发挥其应有的功能。此外，虽然作品具有不同于物的非物质性品性，但也只有在具有相应价值或效用的基础上才能实现许可合同的目的，因此关于物的瑕疵担保义务的规定虽然不能够直接适用，但仍然具有参照适用的必要性。接下来需要讨论的是，瑕疵担保义务该如何在版权许可合同中具体应用呢？

---

❶　崔建远．合同法［M］．北京：法律出版社，2003：336.

《合同法》第 150 条规定："出卖人就交付的标的物，负有保证第三人不得向买受人主张任何权利的义务，但法律另有规定的除外。"具体到版权许可合同场合，除法律另有规定的外，许可方负有保证第三人不得向被许可方主张任何权利的义务。第三人向被许可方主张权利的情形包括以下几种：一是第三方为真正的版权人；许可方冒充版权人；二是第三方为版权人，许可方为非专有使用权人，许可方在未经第三方同意的情况下又与被许可方订立了版权许可合同；三是第三方已与许可方订立了专有许可协议，许可方又与被许可方订立了版权许可合同；四是许可方已与第三方订立了非专有许可协议，又与被许可方订立了专有许可协议，第三方向被许可方主张继续使用抗辩权的；❶ 五是许可方虽然为版权人，但该版权已经向第三方进行了质押，在未经质押人同意的情况下又与被许可方订立了版权许可合同；六是许可方与第三方共有著作权，未经后者同意与被许可方订立了版权许可合同。在上述几种情况下，被许可方或者可以撤销合同，要求许可方承担缔约过失责任；或者解除合同，要求许可方承担违约责任。❷ 此外，参照《合同法》第 150 条的规定，虽然第三方尚未向被许可方主张权利，但有确切证据证明第三人可能向其主张权利的，被许可方可以中止支付相应的价款，但许可方提供适当担保的除外。关于物的瑕疵担保义务在版权许可合同的适用，即作品的瑕疵担保义务主要表现在以下两个方面：一是对著作权计算

---

❶ 关于版权转让或专有许可不影响先前产生的非专有许可的问题将在下文中详细论述。

❷ 关于瑕疵担保责任究竟属于违约责任还是一种独立的合同责任存在不同的认识。见：崔建远. 合同法［M］. 北京：法律出版社，2003：340. 笔者主张将其归入违约责任的范畴。

机软件、地图等功能性作品，应具有其描述之功能或者依通常之观念应具有之功能。二是对非功能性作品，应具有完整性而不能是作品的片段。❶ 需要注意的是，被许可方对作品的使用又可分为以下两种情况：一是被许可方可以通过公开渠道直接获得作品，许可方不需要向被许可方交付作品的载体。此种情况下，许可方仅需要承担作品的瑕疵担保义务。二是被许可方不能通过公开渠道直接获得作品，或者对作品的载体有特殊要求（如供电影院线放映），许可方需要向被许可方交付作品的载体。在这种情形下，许可方既要承担物（作品载体）的瑕疵担保义务即担保载体能够安全、高质量地记录作品，也要承担作品的瑕疵担保义务即担保载体上的作品的功能性或完整性。

（二）权属变动对许可使用权的影响

在知识产权许可合同履行过程中存在这样的问题，即如果许可方就相同内容的权利又设立了新的许可，或者将版权转让或质押给他人，或者放弃其拥有的权利的情形下，被许可方使用作品的权利是否受到影响？最高人民法院于 2002 年颁布的《关于审理商标民事纠纷案件适用法律若干问题的解释》第 20 条规定："注册商标的转让不影响转让前已经生效的商标使用许可合同的效力，但商标使用许可合同另有约定的除外。"除此之外，我国现有的知识产权法中很难找到有关该问题的具体内容。对于版权领域的上述问题，《德国著作权法》及我国台湾地区"著作权法"有较明确的规定。《德国著作权法》第 33 条规定："排他性使用权与普通使用权可以有效对抗后来许可的各种使用权。同样，将

---

❶　见：赖文智．智慧财产权与民法的互动——以专利授权契约为主［D］．台北：国立台湾大学法律学研究所．

使用权许可他人的权利人发生变更或者该权利人将权利予以放弃时也是如此"。❶我国台湾地区"著作权法"第 37 条第 2 款规定了"授权不因著作财产权人嗣后将其著作财产权让与或再为授权而受影响"。这些规定是否有借鉴的必要性和可能性呢？

笔者认为，对于上述问题的回答要区分专有许可使用权与非专有许可使用权两种情况。如果仅从合同角度分析，专有使用权与非专有使用权都属于债权，仅在许可当事人间产生效力，并不具有对抗第三人的效力。而事实上，依照我国《著作权法实施条例》第 24 条的规定，在合同没有约定或者约定不明确的情况下，专有使用权人视为有权排除包括著作权人在内的任何人以同样的方式使用作品。根据我国台湾地区"著作权法"第 37 条第 4 款的规定，专有使用权人在合同许可的范围内可以以著作财产权人的地位行使权利。正是由于专有使用权固有的排他性内容，其自然可以有效对抗后设立的各种许可使用权。问题是，先设立的非专有许可使用权是否可以对抗其后的专有许可使用权和非专有许可使用权？另外，在发生著作权主体变更或者被质押的情况下，许可使用权（不分专有与非专有）是否受到影响或者具有对抗性？如果答案都是肯定的话，其理论依据又是什么呢？

以效力所及之范围为标准，权利分为绝对权与相对权，前者具有对抗一般人之效力，以物权为典型，后者仅可对抗特定之人，最典型者为债权。❷ 最符合逻辑的推理是，受制于先天的不足，债权只有借助物权的外壳才能将其效力范围从对抗特定之人

---

❶ 条文内容见：德国著作权法与邻接权法［M］//M. 雷炳德. 著作权法［M］.附录三，张恩民，译. 北京：法律出版社，2005：720.

❷ 见：史尚宽. 民法总论［M］. 北京：中国政法大学出版社，2000：22.

扩大至对抗一般之人。但此时的债权，仅仅具有物权的外壳，并非真正的物权，以"准物权"或者"物权化的债权"称之更为恰当。不过，债权"准物权"地位的获得并非一厢情愿，需要借助立法的力量，而立法这样做必须找出充分的理由。"租赁权"是"债权物权化"的典范，这样做目的是保护承租人的利益，维护交易安全。❶既然能够基于交易安全的考虑赋予"租赁权"物权的效力，那么是否也可以同样的理由对版权许可使用权做出同样的对待？笔者认为，相对于租赁物而言，非物质化的知识产品可以为不同的主体同时使用，不具有天然的排他性特征，又由于知识产权（特别是版权）许可使用权缺乏有效的公示手段，外界很难知晓权利被许可的状况，因而对被许可人而言，仅具有债权效力的使用权将始终受制于许可人与第三方可能进行的交易行为，使其深刻体会到交易缺乏安全保障。为充分发挥许可制度的功能，实现知识产品的有效利用，确保知识产权许可交易的安全至关重要，而对许可使用权赋予物权效力，使其成为准物权将成为其中必不可少的关键环节。正如德国著名版权法专家雷炳德教授所言，"普通的许可使用权是一种（在特定的对象上具有效力的）准物权（quasi-dingliches Recht），这种权利对作为无形财产权的著作权设定了某种负担，从而限制了作者本人及权利继受人的排他性权利"，"与普通的许可使用权一样，排他性的许可使用权也是一种准物权（einquasi-dingliches Recht），该物权属于在作者以及作者继受人所享有的各种排他性权能上所设定的某种负担，但却是与著作权本身联系在一起的。这种准物权类似于民法上在所

---

❶　见：崔建远．合同法［M］．北京：法律出版社，2003：368．

有权上设定的地役权"。❶.

既然许可使用权属于准物权，上述的两个问题便迎刃而解。在非专有许可使用权存续期间又发生许可的，由于两个许可使用权都属于"准物权"，根据"时间在先，权利在先"的确定物权相互间效力的基本原则，❷ 先成立的非专有许可使用权优先于后产生的许可使用权，即前者可以对抗后者。对于合同期间发生权属发生变更的情形（包括转让、继承、承继等），受让人、继承人、承继人等获得的是类似所有权效力的版权，而先前存在的许可使用权人由于仅获得了版权中使用权能，其拥有的仅是类似于"定限物权"的准物权，同时基于"时间在先，权利在先"原则和"定限物权优先于所有权"❸ 的考虑，许可使用权人可以有效对抗权属变更后的权利主体。此外，根据我国《物权法》第227条的规定，知识产权出质后，出质人不得转让或者许可他人使用，但经出质人与质权人协商同意的除外。对于该规定不禁要问：如果知识产权许可发生在质押之前，质押权还能够对抗许可使用权吗？笔者认为同样可以基于"时间在先，权利在先"的原则而得出否定的答案。

实践中可能还存在着许可期间知识产权被法院采取保全措施的情形，例如根据《最高人民法院关于审理专利纠纷案件适用法律问题的若干规定》第13条的规定，专利权人与被许可人已经签订的独占实施许可合同，不影响人民法院对该专利权进行财产保全。先前的使用许可不影响其后的财产保全，其后的财产保全

---

❶ M. 雷炳德. 著作权法［M］. 张恩民，译. 北京：法律出版社，2005：369，371.

❷ 陈华彬. 物权法［M］. 北京：法律出版社，2004：96.

❸ 陈华彬. 物权法［M］. 北京：法律出版社，2004：97.

是否影响先前的使用许可？换言之，采取财产保全措施后，许可使用权人能否对知识产权继续进行使用？对于该问题的回答首先涉及对财产保全法律性质的认识。法院依申请对财产保全后，债权人对保全财产所享有的权利（保全财产权）究竟是债权还是物权？有人认为，保全财产权本质上属于物权，又债权人只能支配标的物的价值形态而非标的物本身，因此可划入定限物权的范畴。保全财产权具有优先效力，表现在可破除债权、相对于未设定保全财产权的一般债权优先受偿、限制所有权等方面。❶ 也有人针对一些学者所提出的财产保全具有"担保物权"性质的主张，认为财产保全并非为原告的诉讼请求所设立的担保，其仅具有"临时救济"的性质，是对被告权益的暂时性限制，限制其部分权能的行使或债权的实现。❷笔者认为，"临时救济"的主张并没有从法理上根本解决为何财产保全具有优先于其后权利设定的法律现象，相比较而言，赋予保全财产以物权效力可以更好解释这一现象：基于"时间在先，权利在先"的原则，先设立的担保物权优先于后发生的保全财产权；基于物权的排他性，财产保全后不能再在其上设立担保物权；基于物权破除债权的属性，财产保全后未经债权人同意不能再被许可。同样，财产保全前设立许可的，由于许可使用权属于产生在先的"准物权"，因此可以有效对抗后面的保全行为，许可使用权人可以在原有范围内对知识产权继续进行使用。

综上所述，赋予知识产权许可使用权以对抗效力，在法理和

---

❶　吴修新. 申请人对保全财产享有的权利性质——兼论保全财产权的优先效力 [J]. 西南政法大学学报，2002（6）.

❷　沈杨，朱业明. 财产保全的法律性质辨析 [J]. 法律适用，2001（4）.

法律的层面均具有充分的逻辑自足性，无论是对著作权还是对专利权、商标权而言均是如此。然而，知识产权许可使用权对抗效力的存在是否应当受某些前置性限制条件（比如许可使用合同的备案）的约束？我国现有法律中有诸多有关知识产权许可使用合同备案的内容。《著作权法实施条例》第 25 条规定："与著作权人订立专有许可使用合同、转让合同的，可以向著作权行政管理部门备案。"即著作权许可使用合同实行自愿备案制度，且仅涉及"专有"使用许可。《著作权法》（修改草案二）也规定："与著作权人订立专有许可合同或者转让合同的，可以向国务院著作权行政管理部门设立的专门登记机构登记。经登记的专有许可合同和转让合同，可以对抗第三人。"根据《专利法实施细则》第 14 条的规定，专利权人与他人订立的专利实施许可合同，应当自合同生效之日起 3 个月内向国务院专利行政部门备案。但"应当"备案而不备案会产生什么样的后果，当前法律中尚缺乏明确的规定。此外，根据《商标法》第 40 条的规定，商标使用许可合同应当报商标局备案，并且《最高人民法院关于审理商标民事纠纷案件适用法律若干问题的解释》第 19 条专门对"应当"备案而不备案的后果做出了明确规定，即商标使用许可合同未在商标局备案的，不得对抗善意第三人。❶ 为何针对不同类型的知识产权许可使用合同备案，法律做出了不同的规定？笔者认为，在对该问题进行分析时，应对著作权、专利权和商标权区别对待。

---

❶ 按照笔者的理解，不备案不得对抗善意的第三人的规定具体指：（1）商标使用许可合同已生效；（2）许可方又将权利转让给第三人或者与之达成了专有使用许可合同；（3）第三人不知且不应当知道之前已存在使用许可；（4）第三人在商标局办理了备案手续。在同时具备上述条件情况下，第三人可以向许可使用权人主张，该权利对其不产生对抗效力，即许可使用权人不能再继续使用商标。参见：赖文智：《智慧财产权与民法的互动——以专利授权契约为主》，台湾大学法律学研究所硕士论文。

　　注册商标固有的识别功能注定了商标法要保护商标权人的利益，同时还要保护消费者的利益，针对商标权的许可，法律设置更加严格的限定条件可以更有效地让消费者知悉生产者或经营者的真实情况，促使许可人及时监督被许可使用人使用其注册商标的商品质量。相比较而言，著作权法和专利权法主要以保护著作权人、专利权人的利益为内容，著作权和专利权的"私权"属性更加明显，公众关注更多的是作品和专利产品的利用，而对这些内容的提供者（许可人或者被许可人）并不真正关心，因此对于许可合同的备案效力没有必要如同商标权那样设置非常苛刻的限制。著作权和专利权许可合同的备案及备案效力不能是强制性的，所承载的主要功能应当是规范许可行为，促进权利的有效运用，商标领域"应当备案，不备案不得对抗善意第三人"的内容不应当适用于著作权和专利权领域。

　　我国《著作权法》应当对著作权许可使用权的对抗效力进行明确规定，具体可以表述为："著作权的转让、继承、承继、再许可、质押、保全等不影响之前已经生效的著作权许可使用合同的效力，但当事人另有约定的除外。"此外，基于相同的原理，有关专利权、植物新品种权、集成电路布图设计权、商业秘密等知识产权的许可也可进行类似表述的规定。上述《最高人民法院关于审理商标民事纠纷案件适用法律若干问题的解释》中关于商标许可使用权对抗效力的规定范围太窄，仅涉及商标转让的情形，建议修改为："注册商标专用权的转让、继承、承继、再许可、质押、保全等不影响之前已经生效的商标使用许可合同的效力，但当事人另有约定的除外。商标使用许可合同应当备案，未

273

经备案的，不影响许可合同的效力，但不得对抗善意的第三人。"❶ 基于权利的相似性，对商号权的使用许可也可作具有同样效果的表述。

（三）许可人的合同解除或变更权

蕴藏于作品中的经济价值在创作完成、传播之前尚难以估量，只有经过时间的流逝和空间的位移才能被逐渐彰显。此外，相对于作为使用方的出版社、唱片公司等传媒机构，作为许可方的版权人的经济地位及有关经验往往略逊一筹。正是由于这些局限性条件的存在，版权方难以在合同的缔结过程中为自己的作品赢得一个上等的价码，类似下面的现象可能在实践中经常出现：使用方借助合同所获取的经济利益与版权人的报酬之间明显失衡，而面对着对方拒绝补偿的强硬态度，后者更多的是无奈。"纠偏"是法律应有的功能，针对如此大的偏差，是秉持严格的合同自愿原则并由此听之任之，还是进行适当的法律干预、赋予许可人解除或变更合同的权利？接下来，笔者将在分别介绍美国和德国两大代表性国家相关做法的基础上，针对我国实际情况提出相应的建议。

《美国版权法》中规定了许可终止制度。根据该法第203条规定，除雇用作品外，自版权许可授予后的第35年起的5年内，作者或其继承人可以终止许可，从而收回之前已被许可的权利，

---

❶ 我国现有商标法律中针对的是注册商标专用权的使用许可，但在实践中还存在着对已经使用并有一定影响的未注册商标使用许可的情形。对此，笔者认为，《商标法》赋予了未注册的驰名商标拥有人禁止他人使用的效力，对于已经使用并有一定影响的未注册商标只赋予了阻止他人抢注的效力，因此以未注册商标驰名商标作为对象的使用许可合同具有法律效力，而以其他未注册商标作为对象的许可合同，要么可以以标的不存在为由否定合同效力的存在，要么寻找其是否可归入商号许可范畴的可能性（前提条件是企业所使用的商标与商号相同）。

但应当在终止生效前的 2 至 10 年内将通知送达被许可人。此外，该条还规定，除非有法定的例外存在，终止许可所覆盖权利的进一步授权或进行进一步授权的协议只能够在许可终止日之后进行才具有效力，即使之前存在着相反约定的情况下也是如此。权利终止的规定的引入是为了回应版权许可时作者获得极少报酬的问题，因为在作品创作完成时不可能预测作品商业价值的存在，以及作者弱小的讨价还价的地位，他们有时会将其版权转让出去从而获得非常少的报酬，因而被阻止公平地分享来自此后在商业上取得成功的作品的使用而获得的收入。权利终止的规定给作者一个基于对其作品价值有更多了解因而获得公平地分享来自作品的报酬机会后就许可重新磋商的可能。❶ 当然，35 年只是法律所允许的许可授权后作者可以行使终止权的最长日期，当事人完全可以就作者终止权的行使约定更短的日期，比如许可授权后的第 30 年，因为这样对作者会更有利，更符合立法意欲达到的目的。❷ 《美国版权法》中的上述规定是对作者合同终止权的保驾护航，在这种机制中，当事人协议终止或约定终止的自由原则上仍受到尊重，而一旦未就许可的终止达成一致的意思表示或者达成的意思表示超过法律所允许的时间界限，作者或其继承人即可获得法律所赋予的法定终止权利，无论其是否意识到法律这样会对其有利。通过该制度，许可方的地位得到了提高，获取充分报酬的诉求得到了极大的保障。

　　与《美国版权法》的做法不同，面对着可能出现的作者与使

---

❶　543 F. Supp. 844，859（S. D. N. Y. 1982）.

❷　See NIMMER MELVILLE B, NIMMER DAVID. Nimmer on Copyright［M］. LexisNexis，2009：§ 11. 01.

用方利益严重失衡的状况，《德国著作权法》通过合同变更权或撤回权的赋予来保障作者的权益得到实现。根据《德国著作权法》第32a条的规定，除非特殊情况（共同报酬规则或劳资合同已有规定）存在，当作者许可所约定的条件会导致当初约定的对等义务由于作品使用行为而产生的收益与有利条件，在考虑到作者与他人的全部关系的情况下已经明显不成比例时，另外一方当事人在作者提出要求的情况下有义务同意对合同进行修改而让作者能够适当分得与相关状况相符的利益。此外，当被许可人转让使用权或者将相应的使用权许可他人并且第三人因此取得了明显不成比例收益或者有利条件时，考虑到该第三人在许可链条中的相应合同关系应当直接向作者负责。出于作者利益的考虑，该条同时规定以上请求权不得预先予以放弃。❶ 作者的经济利益往往与作品的及时、充分利用密切相关，获得授权后被许可方在作品利用上的懈怠可能会给作者的利益造成严重损害，特别是在专有许可的情形下。为此，《德国著作权法》第41条规定，在非主要基于作者原因并且在满足了法定程序的情况下，排他性使用权人不行使使用权或者不完全行使权利并且因此给作者的合法权益造成严重损害时，作者有权撤回该使用权，且该撤回权不得预先予以放弃并且只能在许可或者转让开始生效的2年后（作品迟延交付情况下自交付完成始2年后）行使，同时还要满足一定的程序性条件如向使用权人发出通知并在其中规定适当的续展期限。❷相对于美国的做法，《德国著作权法》的上述规定在保护作者的

---

❶ 条文内容见：德国著作权法与邻接权法 [M] //M. 雷炳德.《著作权法》附录三，张恩民，译. 北京：法律出版社，2005：719－720.

❷ 条文内容见：德国著作权法与邻接权法 [M] //M. 雷炳德.《著作权法》附录三，张恩民，译. 北京：法律出版社，2005：723.

权益上更加周到，集中体现在法定权利行使的期限上，其只设定了最长的 2 年时间限制而非《美国版权法》所规定的 35 年。不过，在制度目的、规范的效力等方面，两者还是体现出了极大的相似性，都承载着维护公平与正义理念在版权交易领域实现的功能。

　　相对于上述《美国版权法》和《德国著作权法》的规定，在我国现有著作权制度中很难找到关于版权许可变更以及与终止、撤回实质效果相同的版权许可解除的内容。也许有人会问，《美国版权法》和《德国著作权法》上述规定旨在解决的问题是否可以借助我国当前的合同制度来解决？如果答案是肯定的话，就没有必要再在著作权制度中予以规定；如果答案是否定的话，就会存在是否有必要借鉴及如何借鉴上述国家做法的问题。针对合同生效后当事人可以采取的补救措施，我国《合同法》第 54 条、第 93 条、第 94 条分别规定了合同撤销、协议或约定解除、法定解除制度。由于协议或约定解除均属双方自愿解除的范畴，而此处主要讨论当事人就许可合同变更或解除没有约定或不能达成一致的情形，因此接下来将围绕第 54 条、第 94 条进行讨论。此外，《最高人民法院关于适用〈中华人民共和国合同法〉若干问题的解释（二）》第 26 条就情势变更原则的适用进行了规定，即"合同成立以后客观情况发生了当事人在订立合同时无法预见的、非不可抗力造成的不属于商业风险的重大变化，继续履行合同对于一方当事人明显不公平或者不能实现合同目的，当事人请求人民法院变更或者解除合同的，人民法院应当根据公平原则，并结合案件的实际情况确定是否变更或者解除。"该规定也将是接下来要讨论的对象。

　　笔者认为，《合同法》第 54 条所规定的合同撤销对本书要解

277

决的问题是无助的，因为该条只适用于在订立合同当时出现重大误解、显示公平的情形，而在作品因尚未使用因而价值在合同订立时难以估计的情况下，很难说许可人有重大误解，显示公平也无从谈起。就《合同法》第 94 条而言，其适用的条件是出现不可抗力、不履行或迟延履行主要债务及因违约导致合同目的不能实现等情形，而许可合同履行中所出现的利益明显失衡情况显然也不属于债务的范畴。此外，根据《民法通则》第 153 条的规定，不可抗力是指"不能预见、不能避免并不能克服的客观情况"，而由作品使用所带来的收益上的极大上涨与被许可人的努力程度及效果、作品质量、文化产品消费环境等综合因素密切相关，确实无法预见，但收益上涨的情形是完全可以避免和克服的，因为一个不言而喻的道理是：赔钱容易赚钱难！因此所要讨论的问题也不能归入不可抗力的情形。至此，剩下需要解决的一个关键问题是：关于情势变更的内容有适用的可能吗？

根据上述规定，"无法预见"、"非不可抗力"及"不属于商业风险"是判断"情势变更"是否存在的三个关键要素。基于上述分析，"无法预见"与"非不可抗力"两个要素已经满足，接下来只要判断"不属于商业风险"的要素是否存在即可，而这可能是最难以回答的棘手问题，因为实践中区分商业风险与情势变更本来就是一件非常困难的事情。按照《最高人民法院关于当前形势下审理民商事合同纠纷案件若干问题的指导意见》第 3 条规定，商业风险属于从事商业活动的固有风险，情势变更是当事人在缔约时无法预见的非市场系统固有的风险。正如上文所述，使用人收益远远超过预期的风险主要与被许可人的努力程度及效果、作品质量、文化产品消费环境等非市场系统因素相关，属于非市场系统固有的风险而非从事版权许可交易活动固有的风险。

基于上述分析，情势变更有适用的可能性，但这样做会存在很大的不确定性，因为关于情势变更的规定针对的是一般合同类型，而面对版权交易的特殊性，其能否适用及如何适用，难免在实践中引起争议。

笔者认为，考虑到版权交易的特殊性以及借助合同法解决的力不从心，在我国版权制度中引入关于版权许可使用合同变更和解除的内容已非常必要，而如何借鉴上述《美国版权法》及《德国著作权法》的规定即成为不可回避的问题。实际上，通过详细比较就会发现，两者各有千秋：前者对解除权的行使几乎无实体性条件的限制，但同时设置了长达 35 年的期限限制；后者对解除权规定了短至 2 年的期限限制，对变更权无期限限制，但却分别设置了包括明显不成比例收益和不充分行使权利在内的实体性限制条件。相比较而言，美国的做法更加简便、更易操作，因为解除权的行使只需要时间上的等待及程序性条件的满足即可，避免了在"明显不成比例"和"不充分行使权利"界定问题上的纠缠不清。但对作者而言，35 年的期限限制毕竟太长，而更短的期限又可能不利于版权许可交易的稳定性，因此不妨折中选取一个介于 2 年至 35 年的一个时间（如 10 年）作为我国版权制度上的一个参考。建议在我国未来的版权制度中确立具有以下效果的条款：从版权使用许可合同生效 10 年开始计算的两年内，著作权人可以通知被许可人变更或解除合同，当事人如果就更短的期限进行约定的以该约定为准，但不得事先就合同变更或解除作出超过 10 年的约定。当然，这样的条款在实践中是否可行还有待于继续探讨和深入论证。

结　语

　　变革与发展是版权历史进程中的永恒主题，承载着版权重要价值理念的许可制度也同样要融入这一历史进程之中。在知识经济和全球化的时代，版权许可制度只有不断自我革新才能很好地完成其所担负的重要使命。

　　授权许可制度、法定许可制度及强制许可制度在制度基础、许可对象、发生机理以及制度价值等方面存在着共通的地方。从制度基础看，如果把版权制度视为一个契约的话，那么只有在以社会和作品创作者为缔约主体，以平等、正义、效率等为契约观念的版权制度中，三种许可制度才能够不断地发展和完善。当代版权制度在某些方面背离了平等、正义等契约观念，广泛的版权立法参与机制、动态的版权权利限制机制是平等、正义等契约观念回归的关键。从许可对象上看，由于受人格价值观的影响以及外部性等原因的存在，三种许可都只能以版权中的财产权利而非精神权利为对象。精神权利不能被许可可以维持作者与作品之间的特定联系，可以使作者以外的其他人的利益免受损害，可以避免作者由于受一时冲动而做出对其不利的行为。从发生机理看，三种许可均体现为版权中使用权能、收益权能的相应分离。具体而言，版权中的使用权能、收益权能可以根据合同的约定或者法律的规定暂时从版权中分离出去，从而形成版权许可或者合理使用。版权是由不同"权利束"组成的复杂系统，版权许可实质上为"权利束"的拆分与重组。从制度价值看，三种许可制度实现一些共同的价值理念，具体体现在回报创作者劳动、彰显作品创作者人格、促进知识传播以及实现财富增值等方面。版权许可使作品创作者的劳动得到了回报，这是作品源源不断地涌现出来的源泉。版权许可的过程也是作品创作者人格实现的过程，由版权许可所带来的作者收入的增加也为作者寻找其他更加合理的人格表达方法奠定坚实的物质基础。从符号学来看，作品可以被看做一个特殊的符号，传达作者重要的情感经历。但是，作品只是近似地传达作者的情感经历，两者之间存在着难以克服的"鸿沟"即符号空间。版权许可的过程可以促进不同符号的相互替代，版权许可市场的建立为人们创造出了不断发现或者创造新的物质财富与精神财富的机会。此外，由于只能以版权中的财产权利为许可对象，三种许可制度在实际运行过程中都面临一个共同的问题，即如何有效地协调精神权利与财产权利的冲突。对此，笔者主张采取"精神权利保留－精神权利限制"的协调路径，即在作者保留精神权利的基础上，通过精神权利限制制度来减少精神权利对财产权利的有效掣肘，精神权利的限制包括精神权利的权项限制、精神权利的权能限制以及精神权利的权利救济限制等三个方面。

授权许可制度、法定许可制度及强制许可制度在适用范围和适用条件等方面存在很大的不同，在实际运行过程中也各自面临着不同的难题。以交易自由为主要特点的授权许可制度在三种许可制度中一直占据着主导性的地位。随着数字化技术的出现，各种的新的授权许可方式不断出现，从而大大丰富了授权许可制度的内容。新的授权许可方式主要包括 DRM 许可、默示许可、

GNU 许可及知识共享许可，这些新的授权许可方式的有效性还有待于实践的进一步检验。授权许可过程中可能会出现一些不当的行为，包括由搭售、一揽子许可、捆绑许可以及限制作品使用范围所产生的不当行为，在计算机软件版权授权许可过程中通过拆封合同、点击合同等格式合同规避信息产品责任、版权客体限制及合理使用制度的不当行为。针对授权许可过程中所出现的不当行为，特别是在软件版权授权许可过程中所出现的通过格式合同规避合理使用制度的行为，笔者主张从反垄断法和权利滥用两个视角分别进行规制。此外，笔者主张通过构建完善的许可公示制度来解决专有授权许可实践中日渐突出的交易安全问题。具体而言，以登记作为专有授权许可的公示方式，以登记对抗主义作为公示的效力。数字化技术的出现不仅促进了授权许可方式的革新，也在很大程度上挑战了现有的法定许可制度。在数字化环境下，旨在为减少交易成本而存在的法定许可制度必须不断地进行自我调适才能够很好地适应不断出现的新情况。针对法定许可制度的适用范围，目前出现了两种不同的倾向，一是扩张法定许可制度的适用范围，二是遏制法定许可制度适用范围不断扩张的趋势，通过版权集体管理制度来解决由于数字化传播技术的出现而对作品利用所带来的影响。笔者认为，在对待法定许可制度的适用范围上，可以采取四个方面的对策，即在 P2P 问题上密切关注其他国家或者地区所采取的立场；在保持现有制度相对稳定的基础上在在线广播技术、数字声音取样技术等领域有限度地扩张法定许可制度的适用范围；完善我国的版权集体管理制度以解决数字图书馆技术环境下的版权许可问题。强制许可制度在实践中面临着存废之争，这种争论的背后实质上是效率与公平两种价值观的冲突。笔者认为，公平的价值理念不应成为废除版权强制许可制度的理由，强制许可制度在我国版权法中需要占有一席之地。当前，在我国版权法中应确立通过向主管机关申请而获得强制许可的制度，通过司法程序获得强制许可的制度可以在实践中逐步引入。有关版权强制许可制度的适用条件和程序等需要通过版权法予以明确规定，从而增强该项制度的透明性及可操作性。

　　法定许可制度、强制许可制度与授权许可制度之间存在一定的合作博弈关系。法定许可制度和强制许可制度适用范围的扩张会从整体上挤压授权许可制度的适用空间，授权许可制度适用空间的拓展也会从整体上缩小法定许可制度和强制许可制度的适用范围。但是，在某个特定的阶段，它们各自的扩张幅度又是处于对方可容忍限度之内的，即它们之间存在着一个平衡点，在这个平衡点上，三种制度实现了和谐共处的局面。

　　版权许可合同的存在为版权法与合同法之间架起了一道桥梁。主体平等、意思表示自愿、交易对象的财产性等要素使合同法的张力在版权实践中的延伸成为可能，而作品的非物质性、使用上的排他性、权利取得方式的特殊性及范围的不确定等成分又充分保障着版权许可面对着合同法的渗透仍然保持着一定的绝缘性。对于版权许可合同实践而言，版权的无形财产权属性不能成为其丧失与善意取得、债权物权化、标的确定、情势变更等制度结缘的充分理由，而通过对版权这一平台的借助，这些与传统合同实践形影不离的制度又在特殊的领域获得了生命力。

参考文献

中文文献

[1] M. 雷炳德. 著作权法 [M]. 张恩民，译. 北京：法律出版社，2005.

[2] 黑格尔. 法哲学原理 [M]. 范扬，张企泰，译. 北京：商务印书馆，1961.

[3] 卡尔·拉伦茨. 德国民法通论 [M]. 王晓晔，等，译. 北京：法律出版社，2003.

[4] 考夫曼. 法律哲学 [M]. 刘幸义，等，译. 北京：法律出版社，2004.

[5] 柯武刚，史漫飞. 制度经济学：社会秩序与公共政策 [M]. 韩朝华，译. 北京：商务印书馆，2000.

[6] 沃尔夫. 物权法 [M]. 吴越，李大雪，译. 北京：法律出版社，2002.

[7] 西尔克·凡·莱温斯基. 专有权的强制性集体管理—与国际版权法和欧盟版权法相一致的案例研究 [J]. 刘跃伟，译. 版权公报，2004（1）.

[8] 露西·吉博. 欧洲版权和邻接权使用的跨国许可授权何时开始？[J]. 刘板盛，译. 版权公报，2005（2）.

[9] C. 保罗. 斯伯吉翁. 许可还是限制？在线教育使用：保留版权人专有权的替代办法 [J]. 郑向荣，译. 版权公报，2003（2）.

[10] E. 博登海默. 法理学：法律哲学与法律方法 [M]. 邓正来，译. 北京：中国政法大学出版社，1999.

[11] Jay Dratler, Jr. 知识产权许可 [M]. 王春燕，等，译. 北京：清华大学出版社，2003.

[12] 奥德丽·R. 查普曼. 将知识产权视为人权：与第 15 条第 1 款第 3 项有

关的义务［J］. 刘跃伟，译. 版权公报，2001（3）.

［13］肯尼斯 . 万德威尔德 . 19 世纪的新财产：现代财产概念的发展［J］.
　　　王战强，译 . 经济社会体制比较，1995（1）.

［14］劳伦斯 . M. 弗里德曼 . 法律制度—从社会科学角度观察［M］. 李琼
　　　英，林欣，译 . 北京：中国政法大学出版社，2004.

［15］罗宾 . 保罗 . 马洛伊 . 法律和市场经济－法律经济学价值的重新诠释
　　　［M］. 钱弘道，朱素梅，译 . 北京：法律出版社，2006.

［16］托马斯·C. 格雷 . 论财产权的解体［J］. 高新军，译 . 经济社会体制
　　　比较，1994（5）.

［17］托马斯 . 库恩 . 科学革命的结构［M］. 金吾伦，胡新和，译 . 北京：
　　　北京大学出版社，2003.

［18］威廉·M. 兰德斯，理查德· A. 波斯纳 . 知识产权法的经济结构
　　　［M］. 金海军，译 . 北京：北京大学出版社，2005.

［19］詹姆斯 . 戈德雷 . 现代合同理论的哲学起源［M］. 张家勇，译 . 北京：
　　　法律出版社，2006.

［20］哈泽尔 . 卡提，基思 . 霍金森 . 评英国《1988 年版权、外观设计和专
　　　利法案》对精神权利的保护［J］. 法学译丛，1990（2）.

［21］尼尔 . 麦考密克，奥塔 . 魏因贝格尔 . 制度法论［M］. 周叶谦，译 .
　　　北京：中国政法大学出版社，2004.

［22］萨莉 . 斯皮尔伯利 . 媒体法［M］. 周文，译 . 武汉：武汉大学出版社，
　　　2004.

［23］约翰 . 洛克 . 政府论两篇［M］. 赵伯英，译 . 西安：陕西人民出版社，
　　　2004.

［24］曹新明 . 知识产权主体制度的演进趋向［J］. 法商研究，2005（5）.

［25］曹新明 . 中国知识产权法典化研究［M］. 北京：中国政法大学出版
　　　社，2005.

［26］陈华彬 . 物权法［M］. 北京：法律出版社，2004.

［27］崔建远 . 合同法［M］. 北京：法律出版社，2003.

［28］崔建远．论他物权的母权［J］．河南政法干部管理学院学报，2006（1）．

［29］董焱．信息文化论－数字化生存状态冷思考［M］．北京：北京图书馆出版社，2003．

［30］范领进．知识价值理论研究［D］．吉林：吉林大学，2004．

［31］冯晓青．知识产权法哲学［M］．北京：中国人民公安大学出版社，2003．

［32］高富平．从实物本位到价值本位—对物权客体的历史考察和法理分析［J］．华东政法学院学报，2003（5）．

［33］顾肃．自由主义基本理念［M］．北京：中央编译出版社，2003．

［34］管文革，秦柯，张怀涛．数字图书馆版权问题协调模式探讨［J］．图书馆论坛，2002（2）．

［35］郭明瑞，等．民商法原理［M］．北京：中国人民大学出版社，1999．

［36］韩世远．合同法总论［M］．北京：法律出版社，2004．

［37］何炼红．著作人身权转让之合理性研究［J］．法商研究，2001（3）．

［38］胡开忠．知识产权法比较研究［M］．北京：中国人民公安大学出版社，2004．

［39］胡申友，李远行，章友德，等．传播社会学导论［M］．上海：上海大学出版社，2002．

［40］金海军．知识产权私权论［M］．北京：中国人民大学出版社，2004．

［41］赖文智．智慧财产权与民法的互动——以专利授权契约为主［D］．台北：台湾大学法律学研究所．

［42］李开国．民法总则研究［M］．北京：法律出版社，2003．

［43］李扬．略论知识产权法定原则［J］．电子知识产权，2004（8）．

［44］李扬．信息产品责任初探［J］．中国法学，2004（6）．

［45］联合国教科文组织．版权基本知识［M］．北京：中国对外翻译出版公司，1984．

［46］梁慧星，陈华彬．物权法［M］．北京：法律出版社，2003．

［47］梁慧星．从近代民法到现代民法：20 世纪民法回顾［J］．中外法学，1997（2）．

［48］刘家瑞．精神权利的再生［M］//郑成思．《知识产权文丛》第四卷，北京：中国政法大学出版社，2000．

［49］刘家瑞．论知识产权与占有制度［J］．法学，2003（10）．

［50］刘植惠．知识经济中知识的界定和分类及其对情报科学的影响［J］．情报学报，2000（2）．

［51］刘志刚．博客作品适用版权授权方式的可行性分析［J］．中国版权，2006（4）．

［52］刘作翔．权利冲突的几个理论问题［J］．中国法学，2002（2）．

［53］麻昌华，黎栋．所有权及其内部结构论［J］．法商研究—中南政法学院学报，1996（1）．

［54］马骁．开放源代码软件及其许可证的法律特征研究［M］//张平．网络法律评论，北京：法律出版社，2002．

［55］梅夏英．财产权构造的基础分析［M］．北京：人民法院出版社，2002．

［56］孟勤国．物权二元结构论—中国物权制度的理论重构［M］．北京：人民法院出版社，2002．

［57］穆英慧，苏玉环．未来版权转让合同之民法基础［J］．华东政法学院学报，2003（4）．

［58］沈宗灵．对霍菲尔德法律概念学说的比较研究［J］．中国社会科学，1990（1）．

［59］孙鹏．物权公示论—以物权变动为中心［M］．北京：法律出版社，2004．

［60］孙笑侠，郭春镇．美国的法律家长主义理论与实践［J］．法律科学，2005（6）．

［61］谈晓颖，张海涛．未来作品著作权的许可和转让［J］．中国出版，2006（5）．

[62] 唐广良. 试论版权法中的"精神权利" [J]. 版权参考资料, 1990 (6).

[63] 陶鑫良. 网上作品传播的"法定许可"适用探讨(续) [J]. 知识产权, 2000 (5).

[64] 陶鑫良. 网上作品传播的"法定许可"适用探讨 [J]. 知识产权, 2000 (4).

[65] 汪源智. 论禁止权利滥用原则 [J]. 法学研究, 1995 (5).

[66] 王瑞龙, 林蕾. 我国知识产权制度的现代转型: 从限制使用到促进交易 [J]. 西南民族大学学报: 人文社科版, 2004 (8).

[67] 王先林. 若干国家和地区对知识产权滥用的反垄断控制 [J]. 武汉大学学报: 社会科学版, 2003 (2).

[68] 王晓晔. 知识产权滥用行为的反垄断法规制 [J]. 法学, 2004 (3).

[69] 王晔. 试论公示公信原则与知识产权保护 [J]. 知识产权, 2001 (5).

[70] 吴汉东, 刘剑文, 等. 知识产权法 [M]. 北京: 北京大学出版社, 2002.

[71] 吴汉东. 知识产权国际保护制度的变革与发展 [J]. 法学研究, 2005 (3).

[72] 吴汉东. 著作权合理使用制度研究 [M]. 北京: 中国政法大学出版社, 2005.

[73] 吴汉东, 等. 知识产权基本问题研究 [M]. 北京: 中国人民大学出版社, 2005.

[74] 谢铭洋. 智慧财产权之基础理论 [M]. 台北: 翰庐图书出版有限公司, 2004.

[75] 谢在全. 民法物权论 [M]. 北京: 中国政法大学出版社, 1999.

[76] 杨德兴. 论著作权集体管理组织的性质 [J]. 重庆工商大学学报: 社会科学版, 2003 (5).

[77] 杨佳红. 我国物权立法应否定准占有制度 [J]. 现代法学, 2006 (3).

[78] 杨明. 知识产权请求权研究—兼以反不正当竞争为考察对象 [M]. 北

京：北京大学出版社，2005.

[79] 叶金强．公信力的法律构造［M］．北京：北京大学出版社，2004.

[80] 尹腊梅，纪萍萍．论作品未知使用权的转让与许可［J］．知识产权，2009（5）.

[81] 袁志刚．论知识的生产和消费［J］．经济研究，1999（6）.

[82] 张耕，唐弦．我国著作权质押制度探析［J］．西南政法大学学报，2003（3）.

[83] 张广良．知识产权侵权民事救济［M］．北京：法律出版社，2003.

[84] 张乃根．西方法哲学史纲［M］．北京：中国政法大学出版社，1997.

[85] 张平，张韬略．数字环境下版权授权方式研究［M］//张平．网络法律评论第6卷，北京：北京大学出版社，2005.

[86] 张维迎．信息、信任与法律［M］．上海：生活．读书．新知三联出版社，2003.

[87] 张文显．法哲学范畴研究［M］．北京：中国政法大学出版社，2001.

[88] 张玉敏．建立著作权登记制度，促进版权产业发展—从《老鼠爱大米》的著作权纠纷说起［J］．中国版权，2006（2）.

[89] 张玉堂．利益论［M］．武汉：武汉大学出版社，2001.

[90] 赵莉．质疑网络版权中默示许可的法律地位［J］．电子知识产权，2003（12）.

[91] 郑成思．版权法［M］．北京：中国人民大学出版社，1997.

[92] 郑成思．民法草案中知识产权篇（总则）的专家建议稿及说明［J］．电子知识产权，2003（4）.

[93] 郑成思．知识产权论［M］．北京：法律出版社，2003.

[94] 郑小鸿．著作权补偿金制度在网络时代的发展趋势［M］//张平．网络法律评论第6卷，北京：法律出版社，2005.

[95] 周枏．罗马法原论［M］．北京：商务印书馆，1994.

[96] 周旺生．论法律利益［J］．法律科学，2002（4）.

[97] 朱雪忠．传统知识的法律保护初探［J］．华中师范大学学报：人文社

会科学版，2004（3）.

［98］朱祖平. 知识进化与知识创新机理研究 ［J］. 研究与发展管理，2000（6）.

二、英文文献

［1］ACKERMAN SUSAN ROSE. Inalienability and the Theory of Property Rights ［J］. Colum. L. Rev. , 1985, 85.

［2］ANDREWSJEFFREY A. Reversing Copyright Misuse: Enforcing Contractual Prohibitions on Software Reverse Engineering ［J］. Hous. L. Rev. , 2004, 41 (2004).

［3］BACH SCOTT L. Music Recording, Publishing, and Compulsory Licenses: Toward a Consistent Copyright Law ［J］. Hofstra L. Rev. , 1986, 14.

［4］BARONI MICHAEL L. A Pirate's Palette: The Dilemmas of Digital Sound Sampling and a Proposed Compulsory License Solution ［J］. U. Miami Ent. & Sports L. Rev. , 1993, 11.

［5］BARRETT JARED. Podcasting Pop Songs?: Licensing Concerns with Podcasts that contain Mainstream music ［J］. Shidler J. L. Com. & Tech. , 2006, 3.

［6］BEEBE BARTON. The Semiotic Analysis of Trademark Law ［J］. UCLA L. Rev. , 2004, 51.

［7］BEITZ CHARLES R. The Moral Rights of Creators of Artistic and Literary Works ［J］. The Journal of Political Philosophy, 2005, 13.

［8］BENKLER YOCHAI. Taking Stock: The Law and Economics of intellectual Property Rights: An Unhurried View of Private Ordering in Information Transactions ［J］. Vand. L. Rev. , 2000, 53.

［9］BEYER LAWRENCE ADAM. Intentionalism, Art, and the Suppression of Innovation: Film Colorization and the Philosophy of Moral Rights ［J］. Nw. U. L. Rev. , 1988, 82.

［10］BOTEIN MICHAEL, SAMUELS EDWARD. Compulsory Licenses in Peer-to-Peer File Sharing: A Workable Solution? ［J］. S. Ill. U. L. J., 2005, 30.

［11］BOYLE JAMES. A Theory of Law and Information: Copyright, Spleens, Blackmail, and Insider Trading ［J］. Calif. L. Rev., 1992, 80.

［12］BROOKSM ERIC M. "Tilted" Justice: Site-Specific Art and Moral Rights after U. S. Adherence to the Berne Convention ［J］. Calif. L. Rev., 1989, 77.

［13］BUGBEE BRUCE W. Genesis of American Patent and Copyright Law ［M］. Washington: Public Affairs Press, 1967.

［14］CALABRESI GUIDO, Melamed A Douglas. Property Rules, Liability Rules and Inalienability: One View of the Cathedral ［J］. Harv. L. Rev., 1972, 85.

［15］CHON MARGARET. Postmodern "progress": Reconsidering the Copyright and Patent Power ［J］. DePaul L. Rev., 1993, 43.

［16］CIOLINO DANE S. Rethinking the Compatibility of Moral Rights and Fair Use ［J］. Wash & Lee L. Rev., 1997, 54.

［17］DAMICH EDWARD J. The Right of Personality: A Common — Law Basis for the Protection of the Moral Rights of Authors ［J］. Ga. L. Rev., 1988, 23.

［18］DEMSETZ HAROLD. Toward a Theory of Property Rights ［J］. Am. Econ. Rev., 1967, 57.

［19］DICKERSON REED. Semiotics, Dialectic, and the Law: Toward a Legal Dialectic ［J］. Ind. L. J., 1986, 61.

［20］DRAHOS PETER. A Philosophy of Intellectual Property ［M］. Dartmouth: Dartmouth Publishing Company Limited, 1996.

［21］EKSTRAND VICTORIA SMITH. Protecting the Public Policy

Rationale of Copyright: Reconsidering Copyright Misuse [J]. Comm. L. & Pol'y, 2006, 11.

[22] GORDON WENDY J. An Inquiry into the Merits of Copyright: The Challenges of Consistency, Consent, and Encouragement Theory [J]. Stan. L. Rev. , 1989, 41.

[23] GORDON WENDY J. Fair Use as Market Failure: A Structural and Economic Analysis of the Betamax Case and Its Predecessors [J]. Colum. L. Rev. , 1982, 82.

[24] GORDON WENDY J. Render Copyright Unto Caesar: On Taking Incentive Seriously [J]. U. Chi. L. Rev. , 2004, 71.

[25] GUIBAULT LUCIE M C R. Copyrights Limitations and Contracts: An Analysis of the Contractual Overridability of Limitations on Copyright [M]. London: Kluwer Law International, 2002.

[26] HANSMANN HENRY, SANTILLI MARINA. Authors' and Artists' Moral rights: A Comparative Legal and Economic Analysis [J]. J. Legal Stud. , 1997, 26.

[27] HARTZOG NEAL. Gaining Momentum: A Review of Recent Developments Surrounding the Expansion of the Copyright Misuse Doctrine and Analysis of the Doctrine in Its Current Form [J]. Mich. Telecomm. Tech. L. Rev. , 2004, 10.

[28] HATCH ORRIN G, LEE THOMAS R. To Promote the Progress of Science: The Copyright Clause and Congress's Power to Extend Copyrights [J]. Harv. J. Law & Tec. , 2002, 16.

[29] HEATH STEVEN A. Contracts, Copyright, and Confusion: Revisiting the Enforceability of "Shrinkwrap" Licenses [J]. Chi. -Kent J. Intell. Prop. , 2005, 5.

[30] HEMNES THOMAS M S. Restraints on Alienation, Equitable Servitudes, and the Feudal Nature of Computer Software Licensing [J].

Denv. U. L. Rev. , 1994, 71.

［31］HUGHES JUSTIN. The Philosophy of Intellectual Property ［J］. Geo. L. J. , 1988, 77.

［32］HYMAN MIDGE M. The Socialization of Copyright: The Increased Use of Compulsory License ［J］. Cardozo Arts & Ent. L. J. , 1985, 4.

［33］ISAACS NATHAN. Book Review on Hohfeld Wesley N. Fundamental Legal Conceptions as Applied in Judicial Reasoning and Other Legal Essays. COOK WALTER W, ed. ［J］. Harvard law Review, 1923.

［34］JUDGE KATHRYN. Rethinking Copyright Misuse ［J］. Stan. L. Rev. , 2004, 57.

［35］KANG PETER H, YANG JIA ANNE. Doctrine of Indivisibility Revived? Ninth Circuit Confirms Copyright Exclusive License Has No Right to Transfer License Absent Owner's Consent: Garner v. Nike, Inc ［J］. Santa Clara Computer & High Tech. L. J. , 2002, 18.

［36］KNIGHT JENNIFER R. Copyright Misuse v. Freedom of Contract: And the Winner IS ［J］. Tenn. L. Rev. , 2006, 73.

［37］KRONMAN ANTHONY T. Paternalism and the Law of Contracts ［J］. Yale L. J. , 1983, 92.

［38］KUNZ CHRISTINA L, DUCA MAUREEN F DEL, THAYER HEATHER, et al. Click-Through Agreements: Strategies for Avoiding Disputes on Validity of Assent ［J］. Bus. Law, 2001, 57.

［39］KUNZ CHRISTINA L, OTTAVIANI JOHN E, ZIFF ELAINE D, et al, Browse-wrap Agreements: Validity of Implied Assent in Electronic Form Agreements ［J］. Bus. Law, 2003, 59.

［40］LAWSON GARY. Efficiency and Individualism ［J］. Duke L. J. , 1992, 42.

［41］LEMLEY MARK A. Beyond Preemption: The Law and Policy of Intellectual Property Licensing ［J］. Calif. L. Rev. , 1999, 87.

[42] LOREN LYDIA PALLAS. Slaying the Leather-Winged Demons in the Night: Reforming Copyright Owner Contracting with Clickwrap Misuse [J]. Ohio N. U. L. Rev. , 2004, 30.

[43] MALLOY ROBIN PAUL. Book Review: A Sign of the Times — Law and Semiotics. The Law as a System of Signs by R. Kevelson [J]. Tul. L. Rev. , 1990, 65.

[44] MAY CHRISTOPHER, SELL SUSAN K. Intellectual Property Rights: A Critical History [M]. Boulder& London: Lynne Rienner Publishers, 2006.

[45] MERGES ROBERT P. Contracting into Liability Rules: Intellectual Property Rights and Collective Rights Organizations [J]. Calif. L. Rev. , 1996, 84.

[46] MERGES ROBERT P. Expanding Boundaries of the Law: Intellectual Property and the Costs of Commercial Exchange: A Review Essay [J]. Mich. L. Rev. , 1995, 93.

[47] MITCHELL HENRY C, Jr. The Intellectual Commons: Toward an Ecology of Intellectual Property [M]. Lanham: Lexington Books, 2005.

[48] MOBLEY MICHAEL TODD. Davis v. Blige: The Second Circuit's Rejection of Retroactive Copyright Licenses [J]. Berkeley Tech. L. J. , 2009, 24.

[49] MOSSOFF ADAM. Rethinking the Development of Patents: An Intellectual History, 1550 – 1800 [J]. Hastings L. J. , 2001, 52.

[50] NAKOS JOANNE BENOIT. An Analysis of the Effect of New Technology on the Rights Conveyed by Copyright License Agreements [J]. Cumb. L. Rev. , 1995, 25.

[51] NETANEL NEIL. Alienability Restrictions and the Enhancement of Author Autonomy in United States and Continental Copyright Law [J]. Cardozo Arts & Ent LJ. , 1994, 12.

[52] NIMMER MELVILLE B, NIMMER DAVID. Nimmer on Copyright [M]. LexisNexis, 2009.

[53] NOREK JOSH. "You Can't Sing without the Bling": The Toll of Excessive Sample License Fees on Creativity in Hip-Hop Music and the Need for a Compulsory Sound Recording Sample License System [J]. UCLA Ent. L. Rev., 2004, 11.

[54] PARRISH CATHERINE. Unilateral Refusals to License Software: Limitations on the Right to Exclude and the Need for Compulsory Licensing [J]. Brooklyn L. Rev., 2002, 68.

[55] PATTERSON L RAY, LINDBERG STANLEY W. The Nature of Copyright: A Law of Users' Right [M]. Athens: The University of Georgia Press, 1991.

[56] PENNER J E. The "Bundle of Rights" Picture of Property [J]. UCLA L. Rev., 1996, 43.

[57] PHELPS MARTHA F. Complying with Requirements for a Statutory License in Sound Recordings under the Digital Millennium Copyright Act of 1998 [J]. B. B. J., 2001, 45.

[58] POLLACK MALLA. What Is Congress Supposed to Promote?: Defining "Progress" in Article I, Section 8, Clause 8 of the United States Constitution, or Introducing the Progress Clause [J]. Neb. L. Rev., 2001, 80.

[59] POSNER RICHARD A. Transaction Costs and Antitrust Concerns in the Licensing of Intellectual Property [J]. Marshall Rev. Intell. Prop. L., 2005, 4.

[60] PRAGER FRANK D. A History of Intellectual Property from 1545 to 1787 [J]. J. Pat. Off. Soc'y, 1944, 26.

[61] PULOS MICHAEL. A Semiotic Solution to the Propertization Problem of Trademark [J]. UCLA L. Rev., 2006, 53.

[62] RADIN. Property and Personhood [J]. Stan. L. Rev., 1982, 34.

［63］ RAHNASTO ILKKA. Intellectual Property Rights, External Effects and Anti-Trust Law: Leveraging IPRs in the Communications Industry ［M］. New York: Oxford University Press, 2003.

［64］ ROOKS JASON S. Constitutionality of Judicially-Imposed Compulsory License in Copyright Infringement Cases ［J］. J. Intell. Prop. L., 1995, 3.

［65］ SCHLICHER JOHN W. Licensing Intellectual Property: Legal, Business, and Market Dynamics ［M］. Toronto: John Wiley & Sons, Inc., 1996.

［66］ SHAMOS MICHAEL I. Machines as Readers: A Solutions to the Copyright Problem ［J］. J Zhejiang Univ SCI., 2005 (6A).

［67］ SHERMAN BRAD, BENTLY LIONEL. The Making of Modern Intellectual Property Law ［M］. Cambridge: Cambridge University Press, 1999.

［68］ THORNBURG ROBERT H. The Presumption against Implied Transfer of Electronic Rights in Licenses Under Section 201 (c) of the 1976 Copyright Act: A New Right for the Bundle? ［J］ U. Ill. J. L. Tech. & Pol'y, 2002.

［69］ VERSTEEG RUSS. Federal Moral Rights for Visual Artists: Contracts Theory and Analysis ［J］. Wash. L. Rev., 1992, 67.

［70］ WATERSHEDS EDWARD J. The Early Evolution of the United States Patent Law: Antecedents ［J］. J. Pat. & Trademark Off. Soc'y, 1995, 76.

［71］ YONOVER GERI G. Artistic Parody: The Precarious Balance: Moral Rights, Parody, and Fair Use ［J］. Cardozo Arts & Ent. L. J, 1996, 14.

［72］ YONOVER GERI G. The "Dissing" of Davinci: The Imaginary Case of Leonardo v. Duchamp: Moral Rights, Parody, and Fair Use ［J］. Val. U. L. Rev., 1995, 29.

后　记

　　2012年初，严寒天气席卷着欧洲大陆，但仍挡不住街道上不断发出的反对《反仿冒贸易协议》的声音。在美国，关于《反网络盗版法案》的纷争也在热火朝天地上演。在中国内地，唯冠与苹果之间的商标之争同样激起人们有关知识产权保护与商业伦理关系的讨论。所有的这些争论都与数字技术密切相关。的确，互联网技术的兴起对知识产权制度的冲击已超出了人们当初的想象，版权制度也不例外。如何重新认识现有的版权许可制度是一个非常大的挑战，再加上许可制度涉及物权法和合同法等方面的知识，因此对之进行深入系统的探讨对研究者的民法功底也会提出非常高的要求。正是基于上述原因，笔者当初打算以版权许可制度作为博士论文选题时，感觉有点缺乏底气，唯恐力所不及。在犹豫不决之际，是恩师吴汉东教授给了我极大的鼓励和支持，使我有信心将该研究持续下来。令人欣慰的是，辛勤的努力没有白费，我的博士论文《版权许可制度论》获得了评审专家和答辩委员会的一致好评，并被评为2007年度"中南财经政法大学优秀博士论文"。博士毕业后，一直盼望着研究成果能尽早与公众见面，不过总觉得一些地方需要完善，因此一直拖到现在才出版。这期间，博士论文中的个别部分以期刊论文的形式进行了发表，获得了较不错的学术评价。此外，我还对其中所涉及的一些数据进行了更新，并在原论文的基础上增添了本书的第七章内容。

在攻读硕士和博士学位的六年时间内，我非常有幸投身到了吴汉东教授门下，并在硕士阶段担任了吴老师的学术助手，这给予了我更多聆听恩师学术教诲、感受恩师人格魅力的机会。吴老师待人的宽容与谦虚、对学术的执着与严谨以及渊博的学识都给我们留下了深刻的印象。

在博士学习阶段，我有幸得到了覃有土教授、陈小君教授、吕忠梅教授、曹新明教授、朱雪忠教授、赵家仪教授、胡开忠教授、彭学龙教授、黄玉烨教授等诸位老师的无私帮助，在此表示由衷的致谢和崇高的敬意！

在这里，我要特别感谢郑州大学法学院院长田土城教授及民商法学科各位老师对我工作的帮助。感谢我的家人对我学业的大力支持。感谢我的同班博士同学王莲峰、胡淑珠、王瑞龙、郭雷生、何华、宋哲、毕巍明、张文勇以及挚友罗瑞、孙继文、朱明、于志高、李彦峰、禹明等对我的学习生活所提供的无私帮助。

杨红军

2012 年 2 月于郑州